En el Amanecer de la Esperanza

Las expectativas de pacientes en psicoanálisis y psicoterapia psicoanalítica

En el Amanecer de la Esperanza

Las expectativas de pacientes en psicoanálisis y psicoterapia psicoanalítica

Socorro Ramonet Rascón

Primera edición   2009

©ARCHITECTHUM PLUS S.C.
Díaz de León 122-2 Aguascalientes, Aguascalientes, México CP 20000
libros@architecthum.edu.mx

ISBN 978-607-95151-4-0

AGRADECIMIENTOS

Este es un trabajo de investigación que se logró gracias a muchas importantes personas que confiaron en mí. La Universidad de Guadalajara, con su programa de Doctorado en Ciencias de Salud Pública –dirigido por el señor doctor Alfredo Celis de la Rosa. Mi tutora, la señora doctora Teresa Margarita Torres López.

El señor ingeniero Alonso Ulloa, junto con Alejandra, y el señor doctor Rubén Soltero cuidaron que mi computadora funcionara con absoluta eficiencia.

Los señores doctores Pablo Cuevas Corona, David Nelson López Garza, Héctor Ávila y Noé Alfaro han sido cálidos e inteligentes mentores.

El señor doctor José Remus Araico y Estelita hicieron renacer mi esperanza y mi creatividad.

Las señoras doctoras Isabel Rodríguez Lamarque, Carolina Martínez Salgado e Isabel Valadez contribuyeron mucho a que yo encontrara el difícil camino de la claridad.

Mis fieles asistentes, por orden cronológico de afiliación a este trabajo, Atai Coronado, Denisse López Villalobos, y Sofía Rodríguez quien fue una editora serena, afectuosa y paciente.

Los analistas y pacientes han de quedar en el anonimato, pero su identidad e imagen permanecen diáfanas en mi mente, sonriendo ante el final.

Mi padre y mi madre, David y Eva, eternamente vivos en mi expectativa. Ellos esperaban esto de mí y comparten conmigo el gozo inmenso de complacerlos.

Mi esposo, Luis Enrique, y mis hijos, Luis Enrique y Belisa, han compartido conmigo los momentos felices y las dificultades, han tolerado mis distracciones por estar embebida en esta tarea, y han sido mi cimiento más fuerte y tenaz; mi vida ha tenido sentido por ellos: me han enseñado a vivir.

Pero las opiniones vertidas en este texto son mi entera responsabilidad.

A todos ellos, espero no defraudar sus expectativas sobre mí.

CONTENIDO

PRÓLOGO

Tengo la enorme satisfacción de prologar este libro de la Doctora en Ciencias de la Salud Pública por la Universidad de Guadalajara (2008) y Psicoanalista Didáctica de la Asociación Psicoanalítica Mexicana y la Asociación Psicoanalítica Internacional (API), Socorro Ramonet Rascón, que es el resultado de un largo y profundo compromiso de ella con la práctica del psicoanálisis. Este compromiso es refrendado ahora con su trabajo como miembro del Comité de Investigación de la Asociación Psicoanalítica Mexicana, donde es la Investigadora Principal del Proyecto, "Factores que favorecen y los que se oponen al establecimiento del proceso del tratamiento con psicoanálisis (3 a 5 sesiones por semana) o con psicoterapia psicoanalítica (1 ó 2 sesiones por semana)", de donde obtuvo el material clínico para su disertación doctoral.

Su proyecto de investigación lo registró en el Programa de Doctorado en Ciencias de la Salud Pública de la Universidad de Guadalajara, bajo la Tutoría de la Doctora Teresa Margarita Torres López.

Para complementar su preparación como investigadora asistió al Curso de Formación de Investigadores en Psicoanálisis de la API en Londres en 2003, a donde ha regresado a las reuniones de ex alumnos de esa escuela en varias ocasiones.

9

Su marco teórico se inscribe en la perspectiva psicoanalítica de la escuela inglesa actual y la teoría de la mente y del apego, representada por Peter Fonagy, así como on la perspectiva fenomenológica de Merleau-Ponty.

En su investigación usó el instrumento "Q Sort" de Enrico Jones, que consta de 100 ítems para medir las intervenciones del terapeuta, la colaboración del paciente y la interacción entre ambos. De esos 100 ítems, escogió cuatro de ellos, los que se refieren a las expectativas de los pacientes que inician un tratamiento psicoanalítico.

Los ítems tomados de Jones fueron los siguientes: 1) El 4, donde se evalúa si en las sesiones discuten los objetivos (expectativas) del paciente en el tratamiento; 2) El 52, para detectar si el paciente se apoya en el terapeuta para resolver (con la expectativa de resolver) sus problemas; 3) El 55, que explícitamente investiga si el paciente comunica expectativas positivas acerca de la terapia. Expresa la esperanza o expectación de que la terapia será de ayuda; 4) Y el 72, diseñado para explorar si el paciente entiende la naturaleza de la terapia y sus expectativas.

Como procedimiento realizó 10 entrevistas individuales semiestructuradas a pacientes tratados en Guadalajara, Ciudad de México, Monterrey, Veracruz y Tuxtla Gutiérrez, con las siguientes preguntas abiertas: 1) ¿Cómo ha sido su vida? 2) ¿Cómo influyen sus experiencias pasadas en su presente? 3) ¿Qué objetivos tiene para usted el tratamiento? ¿Se habla de ellos en la terapia? 4) ¿Cómo es la relación con su analista? 5) ¿Cómo puede usted contribuir al proceso del tratamiento? 6) ¿Qué espera del tratamiento? 7) ¿Qué sabe usted de lo que el tratamiento le puede ofrecer? 8) ¿Qué piensa usted de sus propias habilidades y su eficiencia para resolver sus problemas? 9) ¿Cuáles de sus habilidades pueden contribuir al éxito del tratamiento?

Las entrevistas siguieron el modelo de la entrevista psicoanalítica de investigación de Cartwright y Frommer. Tuvieron una duración variable de acuerdo con las necesidades de obtener la información. Se partió de una entrevista de 90 minutos en la que se permitió la asociación libre y la manifestación transferencial, con el fin de poder captar motivaciones inconscientes. Las entrevistas fueron realizadas, audiograbadas, transcritas y analizadas por la Doctora Ramonet. Para realizar el análisis de las entrevistas se usó el programa de cómputo ATLAS.ti.

Entre sus conclusiones señala que los tratamientos son directamente influidos por la acción de las expectativas positivas, las propias habilidades y la eficiencia para resolver problemas y que este conocimiento deberá ser tomado en cuenta en las políticas de salud, que deben evaluar las expectativas prototípicas de los usuarios de servicios para lograr una mejor utilización de los mismos.

Esta investigación muestra el camino para formular claramente una pregunta de investigación, los objetivos, la metodología, el marco teórico, el diseño y el procedimiento para poder responder la pregunta en forma afirmativa o negativa.

Sus resultados obligan a seguir investigando cómo detectar las expectativas positivas, las propias habilidades y la efectividad para resolver problemas, lo que seguramonte hará la Doctora Ramonet o alguno de sus distinguidos discípulos.

DAVID N. LÓPEZ GARZA
Doctor en Psicoterapia
Médico Psiquiatra y Psicoanalista
Director de la Comisión de Investigación
de la Asociación Psicoanalítica Mexicana

I. INTRODUCCIÓN Y JUSTIFICACIÓN

La motivación personal para estudiar las expectativas de los pacientes en tratamiento psicoanalítico y psicoterapia psicoanalítica surge de una impresión personal: no sólo en psicoanálisis, sino en el mundo general circundante, y muy en especial el mundo de la medicina, los pacientes no son considerados sujetos vivos y agentes volitivos, personas en su cabal dimensión, con una determinada expectativa al momento de la interacción con el terapeuta. (Comparto la opinión de Greenberg, Constantino y Bruce, 2006, así como de Weinberger y Eig, 1999.)

Esta actitud tiene implicaciones muy graves:

Primera: Los niveles de frustración, encono, rabia, desilusión y desesperanza de los pacientes que "esperan" encontrar alivio para su condición en un tratamiento y que no reciben, simplemente porque sus expectativas no son reconocidas, colaboran en generar algunos índices interesantes de fracaso en la procuración de salud. Tal es el caso de los sujetos con sufrimiento emocional, en los ámbitos de salud mental, donde sólo uno de cada diez pacientes, precisamente por estas razones, busca y recibe atención (Mora-Ríos e Ito-Sugiyama, 2005).

Segunda: Se deben tomar en cuenta las expectativas de las personas en el primer nivel de contacto y de atención, lo cual conlleva abrir un modo y estilo de relación donde se reconozca la naturaleza humana del paciente en toda su dimensión psíquica y social. En la relación de necesidad y demanda de satisfactor, esto significa escuchar, atender y darle preponderancia al sujeto (Van Manen, 1997).

13

Tercera: En un mundo plagado de extremas dificultades, ver, oír, palpar, entender las expectativas del otro, contribuye a reducir aquéllas en forma importante. Lo cual no es algo despreciable, sobre todo en el mundo de la medicina (Sotsky, 2002).

Con este trabajo intento comprender cómo son las expectativas de pacientes al inicio de un tratamiento de psicoanálisis o de psicoterapia psicoanalítica.

Estoy consciente de las extremas limitaciones del propósito en tanto que podría indagarse un ámbito mucho más amplio desde la misma perspectiva. Por ejemplo, se pueden estudiar las diferentes etapas del tratamiento: inicial, media y final, ya que en todas ellas intervienen las expectativas. O, más ambicioso aún, estudiar las expectativas de pacientes diagnosticados con diabetes, hipertensión u obesidad, y así otras muchas áreas de la salud, como la educación de los médicos o los pacientes en condiciones de investigación.

Muchos psiquiatras biológicos se sienten más cómodos pensando en diagnósticos que refieren neurotransmisores desequilibrados, que en expectativas o auto representaciones distorsionadas (Bateman y Fonagy, 2005).

La principal justificación para fijar estas limitaciones temáticas es el tiempo y los recursos. Sin embargo, estas limitaciones no demeritan el trabajo, sino al contrario, pues una buena investigación cualitativa y psicoanalítica, por definición, debe ser específica, centrada con detenimiento en un tema, al mismo tiempo que totalizadora, para mostrar su esencia (Angen, 2000).

Especificando aún más, el propósito es estudiar las expectativas que los pacientes comunes tienen al inicio de su tratamiento psicoanalítico o de psicoterapia psicoanalítica, en el curso de los primeros tres meses, o el primer año y medio (Clarkin, Yeomans y Kernberg, 2006) en el

14

caso de que se hicieran interrupciones, hasta llegar a comprender el punto de vista del paciente.

La hipótesis determinante es la expectativa optimista y confiada: una cualidad psíquica, una fuerza que prueba ser inextinguible y llevar a buen puerto todas las iniciativas que el sujeto emprende. Muchas de las curaciones inexplicables para la ciencia son producto de la segura y confiada expectativa de que lo que se espera con optimismo, se logra.

Pero también sucede exactamente lo mismo con lo opuesto: cuando la expectativa es angustiosa y pesimista, un augurio desastroso y trágico se hace presente, a veces como profecía auto cumplidor.

Los méritos empíricos e intelectuales del estudio se centran en el objetivo de proporcionar evidencias que sustenten los efectos de las expectativas de pacientes en psicoanálisis o en psicoterapia psicoanalítica. A la vez que en hacer posible que estas evidencias lleguen a todos los campos a los que atañe la relación intersubjetiva en el proceso de atención a la salud en general.

Este trabajo contribuirá al avance en el conocimiento de un fenómeno que existe, sin dar fe de su papel en la eficacia o fracaso de casi todos los procesos de salud-enfermedad.

La mayoría sabe que "tenerle fe" al médico y a la medicina ofrece más posibilidades de un desenlace optimista, positivo. Pero pocos saben cómo se da ese proceso. El propósito de este estudio es contribuir a aclarar este punto.

El trabajo se inscribe en el campo de la salud pública, en el de las ciencias sociales y el del psicoanálisis, ya que las expectativas están íntimamente ligadas a las nociones de placebo y nocebo, incluidos en la mayoría de los estudios de doble ciego, pero inadvertidos en cuanto a sus poderosas influencias en los resultados. Considero que esto

15

por sí solo justifica el estudio.

Con esta investigación se espera aumentar el conocimiento sobre este tema. Por eso, en el capítulo II se expone el planteamiento del problema, haciendo énfasis en cómo los pacientes vivencian las expectativas al iniciar el tratamiento.

En el capítulo III se plantean los objetivos generales y específicos que guiaron el estudio y que permitieron mantenerlo en sus límites.

El capítulo IV contiene el marco teórico, dividido en dos apartados: uno con la perspectiva teórica fenomenológica y la metodología que relaciona la investigación cualitativa y el psicoanálisis, y otro con las aportaciones teóricas que explican las expectativas.

Las aportaciones teóricas se hacen desde seis perspectivas: neurociencias, psicoanálisis, aportaciones directas de Freud, perspectiva cognitiva, expectativas sobre el proceso de tratamiento psicoanalítico y la psicoterapia psicoanalítica, y diferencia entre psicoanálisis y psicoterapia psicoanalítica.

En el capítulo V se revisa el estado de la cuestión, en una búsqueda intensa de la palabra expectativas en relación al tratamiento psicoanalítico, en diversas fuentes, como libros de psicoanálisis o de la teoría cognitivo-conductual, revistas científicas, internet (Proquest, SCIELO, Blackwell, GOGGLE, PEP) y en bibliotecas como la de la Asociación Psicoanalítica Mexicana (APM) o la del Centro Universitario de Ciencias de la Salud (CUCS) de la Universidad de Guadalajara.

Inicia con los resultados obtenidos sobre expectativas y salud mental en salud pública y continúa con estudios psicoanalíticos sobre expectativas, aportaciones desde el concepto de transferencia, el papel de las expectativas del analista, las expectativas populares al inicio y transcurso del tratamiento, las expectativas como resistencias, los estudios sobre expectativas en psicoterapia y los cognitivo-conductuales, para finalmente integrar un estudio sobre expectativas en psicoterapia interpersonal y sobre diferentes perspectivas metodológicas.

El capítulo VI reporta la metodología empleada. El estudio que se llevó a cabo en esta investigación intentó cumplir los requerimientos metodológicos adecuados, haciendo una conexión lógica entre la teoría y la práctica, un razonamiento inductivo-abductivo apropiado, y usando términos precisos, no ambiguos.

El método aplicado consistió en entrevistar una muestra de pacientes seleccionados de acuerdo con el tiempo de su ingreso al tratamiento, su definición de éste y su decisión de participar o no en el proyecto de investigación.

La orientación teórica fue fenomenológica, con interpretación del contenido (heurística) y análisis del contenido temático[1] y de la narrativa (Labov y Waletsky, 1967), buscando en primer lugar el significado de la experiencia del paciente. Se usó el modelo de la entrevista psicoanalítica de investigación (EPI) de Cartwright (2002), Frommer, Langebach y Streeck (2004), y Kvale (2001), con inferencias inductivas y abductivas (Rennie, 2001).

El análisis de los datos se basa en el análisis de contenido temático que proponen Taylor y Bogdam (1996), las aportaciones de Krippendorff (1990), Minayo (1995), Lanigan (1997), Van Manen (1997), Madjar (1998) y Frommer y Rennie, (2001), además de seguir la metodología fenomenológica descrita en este mismo capítulo. Todo esto apoyado en el sistema computacional ATLAS.ti

En este capítulo se hace un acercamiento a los pacien-

---

[1] Van Manen (1997) se refiere a cuando menos cinco modos posibles de organización textual: temático, analítico, ejemplificativo, exegético y existencial.

17

tes que ingresan al tratamiento, con entrevistas estándares, semiestructuradas, buscando la perspectiva emic, haciendo énfasis en la opinión y la descripción del fenómeno, contextualizando en un procedimiento fenomenológico y hermenéutico. La selección de la muestra, el material, los métodos y el diseño en general, son abordados desde la óptica cualitativa. Los instrumentos de recolección de información básicos son las entrevistas cualitativas, semiestructuradas, estándares, de final abierto.

El capítulo VII contiene una descripción detallada de los resultados obtenidos del análisis de los datos. Muestra cómo son las expectativas sobre el tratamiento psicoanalítico y la psicoterapia psicoanalítica encontradas en la muestra de informantes. Estos resultados reflejan la enorme importancia de las expectativas y sus implicaciones para el tratamiento, así como su fuente de origen según la historia personal de cada entrevistado.

En el capítulo VIII se desarrolla la discusión entre los elementos del marco teórico y el estado de la cuestión, indicando puntualmente cuáles supuestos fueron corroboradas en los resultados y cuáles no. Informa sobre un dato que no existía, a saber: Que las expectativas sobre el tratamiento definitivamente pueden estar influidas por el nivel socioeconómico y educativo de la población, cruzadas por los patrones de crianza y la conducta de apego particulares.

En este mismo capítulo se presentan las conclusiones, sumamente interesantes ya que parecen mostrar que las expectativas de los pacientes, en efecto, tienen implicaciones esenciales en el tratamiento tanto psicoanalítico como de psicoterapia psicoanalítica.

Enseguida, antes de comenzar el primer capítulo, se exponen los aprendizajes personales, como una forma de reseñar de entrada la gran experiencia que esta investigación ha sido para mí.

Aprendizajes personales.

La interacción clínica siempre ha sido para mí una actividad muy especial: un ser humano acepta compartir conmigo un trozo o el total de su historia personal, y ese momento existencial es único e irrepetible. Decir que uno siempre aprende algo de otro ser humano es demasiado trillado, pero es una de las pocas verdades absolutas de la vida. Y yo aprendí mucho de mis informantes. Al compartirme su historia, aprendí a dolerme de sus sufrimientos y a gozar con sus alegrías. Aprendí a ser más firme en mi creencia de que realmente existe el amanecer de la esperanza cuando se tiene una expectativa positiva, y que el dolor de no tenerla es acuciante.

Aprendí de los formidables autores que tuve que consultar, y me dije de nuevo que investigar es el camino correcto para llegar a la profundidad del conocimiento. También me di cuenta de que la técnica está en constante cambio gracias a los esforzados investigadores que continuamente la renuevan.

Pero esta experiencia influyó en forma absolutamente decisiva en mi formación como investigadora y como terapeuta. Como investigadora, me llevó a reconocer la extrema dificultad que entraña ampliar el saber en cualquier campo, la rigurosidad ética que exige el manejo de la técnica, y el cuidado que se debe tener con los informantes, la recolección de fuentes y la lectura misma de los discursos.

Así, cada entrevista finalizó con la opinión de los pacientes hacia la misma. Fue un momento vivencial importante para mí y para ellos porque externaron su satisfacción por haberla hecho y sentirse parte de un proceso que ellos y yo consideramos bueno y útil.

El doctorado fue una experiencia única en mi vida. Mi expectativa más intensa era poder lograr el grado después de vivir una aventura en el conocimiento. Quería comprobar si era cierto que a partir de "no saber algo sobre algo" podía llegar a saber algo. Creo que lo logré, sobre todo porque desde un inicio me situé en el caos y la desorganización, aunque tuviese una vaga idea de lo que buscaba. Hubo maestros que reforzaron el caos, sobre todo la confusión del concepto de ciencia. Todos con la mejor voluntad de enseñarla, pero la distinción de lo que es cualitativo y cuantitativo no es nítida para algunos de ellos, aún impregna el ambiente académico ese enamoramiento positivista típico de siglos anteriores, conviviendo con auténticos representantes del encuentro humano.

Una sorpresa reforzó mi intuición primaria sobre el tema. En la sesión inaugural del curso, los maestros enfatizaron sus expectativas hacia los alumnos. Manifestaron su deseo de tener alumnos comprometidos con la academia, y su esperanza de que se lograran niveles internacionales; pero también, que la academia estaba más que dispuesta a dar de baja a aquellos que no siguieran los lineamientos exigidos.

El grupo había sido cuidadosamente seleccionado. Yo me pregunté la razón de la advertencia y por qué no mejor se reforzaba la expectativa de que todos, sin excepción, habríamos de concluir exitosamente. A mi juicio, ello hubiese sido una expectativa positiva, basada en la confianza de la academia en que el curso habría de aminorar las deficiencias.

Pero ello no ocurrió así y la consecuencia fue que el temor a ser dado de baja se instaló en el grupo. Pude deducir, como una implicación de la advertencia, que los maestros debían ser complacidos estudiando en los reportes lo que ellos compartían en clases, al menos según yo, muy personalmente.

De acuerdo con mis indagaciones, una tesis doctoral es una propuesta personal del alumno, por ello el examen de grado consiste en "defender la tesis"; así que el alumno no está para complacer a los maestros, sino para desarrollar su punto de vista y fundamentarlo. Y para lograrlo debe utilizar todas las herramientas que los maestros le brindan, conservando el derecho a equivocarse en el proceso, aunque cumpliendo con todas las tareas que se le solicitan. Tardé un tiempo considerable en comprender esto, y a pesar de los avances el temor nunca desapareció. Aun bajo mi autovigilancia, siempre subsistió el temor de estar diciendo algo que no agradara al maestro. La excepción fue con mi directora de tesis, quien continuamente me animó a expresarme.

Una vez que viví el aprendizaje centrado en los datos que recogí, ratifiqué la idea de que las expectativas positivas deben ser explicitadas por los maestros de la academia con el fin de impulsar la confianza en el alumno de que podrá lograr su meta y que debe ser valiente para confrontar sus ideas con el grupo, escuchando libremente, con epoché (suspensión de juicio), para aprender.

Ello implicó retomar el problema ético de mi formación como psicoanalista y constantemente vigilar mi actuación, sobre todo en las entrevistas y en el análisis de los datos, cuidando de no hacer interpretaciones ni, por supuesto, comentarlas a los entrevistados, pero al mismo tiempo considerando el impacto que estuviera teniendo en ellos. Creo que logré hacer una alianza que llevó el trabajo por la línea de la investigación y no de la terapia.

Durante las clases del doctorado hubo deficiencias formativas, lo que impidió que los conceptos quedaran más claros, sobre todo los de índole teórica, pero los lectores subsanaron en mucho este problema, aunque hubo necesidad de recurrir a lectores externos, que afortunadamente accedieron.

Debo anotar que me sorprendió encontrar camaradería y generosidad entre todos los compañeros, intensamente brillantes y comprometidos. La formación en la dimensión de la salud pública fue decisiva para mí. Los puntos do vista que colocan a cada especialidad en la amplia perspectiva de los impactos quo tiene en el contexto general de la población, no se aprenden en ninguna otra área que no sea la de salud pública. De hecho, la clínica misma aplicada en cada paciente tiene una implicación que reverbera en la sociedad en general, pero el conjunto de los datos ofrece una visión que ayuda a situar al profesional en las consecuencias de sus acciones. Fue muy complejo conjugar la fenomenología, el psicoanálisis y a investigación cualitativa. El principal problema consistió en hacer una deconstrucción de mi propia formación como psicoanalista y suspender el juicio para penetrar en los contenidos de los discursos de los pacientes siguiendo el fenómeno consciente ahí presentado. Ante la imposibilidad de deshacerme de mi propio bagaje, intenté apreciar con la mayor honestidad posible lo encontrado. No se alcanzó un logro total, pero la intención fue constante. Aun con las limitaciones, creo que es posible unir estas perspectivas analíticas y encontrar la forma de enriquecer cada una de ellas en el conjunto.

Pero mi mayor aprendizaje llegó cuando el programa me puso en contacto con el saber compartido por los maestros y tutores, lo cual me abrió horizontes insospechados y me confirmó la importancia de proseguir la formación académica hasta el final.

Como terapeuta, creo que aumentó mi sensibilidad en favor de la cercanía y el respeto al otro. A partir de mi investigación jamás he soslayado las expectativas de ningún paciente, pero además ello trascendió ese nivel y cada día soy más y más reverente para con las expectativas de aquellos con quienes convivo. Porque ahí están y de nuestra interacción respetuosa y de nuestro encuentro cualitativo depende nuestro futuro relacional.

Han sido dos años continuos de constante aprendizaje. En alguna forma me duele que terminen, pero creo que me han enseñado un camino en el que persistiré hasta el final de mis días, y que deseo compartir en los siguientes capítulos.

II. PLANTEAMIENTO DEL PROBLEMA

El problema metodológico consiste en entender y comprender cómo los pacientes vivencian las expectativas al inicio del tratamiento, qué sentido tiene para ellos la experiencia de buscar un tratamiento, qué esperan obtener de él, y situar esta experiencia en el contexto histórico de su propio desarrollo personal.

Las expectativas siguen un continuo entre dos polos, hay desde las más optimistas hasta las ominosas. Sus características no son ajenas a la cultura y educación del paciente y además se fincan en la experiencia personal.

La esperanza, considerada un gran valor positivo y auspiciante de vida, se basa en expectativas positivas, de seguridad y sobre todo de confianza.

Las expectativas forman parte de la teoría de la mente, esto es, el conjunto de verdades entendidas como creencias que todo sujeto va acumulando en el curso de su vida y con las cuales se orienta interna y socialmente (Fonagy, 2001).

La dimensión del problema de salud del paciente está en la fuerza y la magnitud de las expectativas que éste lleva al tratamiento. Mientras más alta sea la expectativa positiva de solución y menor la complejidad del caso, más probabilidades hay de que fuerza y magnitud vayan en sentido positivo. Mientras menor sea la fuerza de las expectativas y mayor el problema, hay menos posibilidades de lograr el objetivo (Kirsch, 1999).

Los elementos que dan forma a las expectativas son cognitivos: creencia, confianza y fe, experiencias previas, memoria y eficiencia para resolver el problema. Pero todos ellos son dominados por las fantasías prototípicas de expectación, fijadas en las primeras experiencias de vida en forma inconsciente (Seganti, 1995).

Creencia, confianza y fo pueden formar un trío con características positivas que, de hecho, son los principales ingredientes del placebo (Stewart-Williams y Podd, 2004). Experiencias previas y memoria han sido estudiadas por Seganti (1995), quien se refirió a las expectativas prototípicas que se gestan en los primeros años de vida y después se repiten como un patrón de comportamiento desde la memoria. Ésta puede ser declarativa o de procedimiento, pero ambos tipos entran en el estatuto de lo inconsciente y lo preconsciente.

Por su parte, Kirsch (1995) abordó las habilidades mentales del sujeto para resolver problemas en forma operativa.

Puede ser que experiencias previas, memoria y habilidades mentales se relacionen entre sí, porque todas juntas forman un patrón automático e inconsciente de respuesta anticipada a los estímulos que se presentan en la mente – es decir, de índole involuntaria–, establecido en el curso autoconfirmatorio de la historia del sujeto.

Las expectativas se forjan en torno a resultados, estímulos (creencias, fe, confianza), habilidades y eficacia, valor de resultados, objetivos, intenciones y atribuciones. Todos éstos a su vez tienen una carga afectiva específica que alerta.

Las expectativas son procesos esencialmente mentales que configuran deseos, actitudes, posturas y motivaciones intencionales hacia la gran mayoría de las interacciones entre el ser y el mundo que lo rodea (Heiddeger, 1951; Husserl, 1972). Tienen su origen en las funciones del sistema nervioso de anticipación y predicción. Por lo tanto, son fenómenos comunes a todo el mundo animal, aunque en el ser humano se observen en niveles altamente sofisticados, como corresponde a la mente humana (Baeza, 1994; Siegel, 1999).

La expectativa forma parte del funcionamiento cotidiano, común, del ser humano, en cualquier cultura y circunstancia, y es influida por todas y cada una de las interacciones biológicas, sociales, económicas y políticas que participen en el desarrollo y surgimiento del sujeto. Es decir, es parte de su estructura psíquica (Bateman y Fonagy, 2005; Seganti, 1995).

Este funcionamiento tiene una importante manifestación en el campo de la salud pública porque su fuerza y magnitud orientan los resultados de los tratamientos. Lo que origina una predicción del proceso, que fortalece la alianza terapéutica y determina la efectividad del tratamiento desde su inicio (Sotsky, 2002).

Tomar en cuenta las expectativas conlleva darle voz al paciente. Lo cual se relaciona directamente con el método de investigación cualitativa, que busca precisamente eso. Sandoval (2002:35) dice:

Desde la ventana de la fenomenología, inaugurada por Husserl y desarrollada por Heiddeger y Merleau-Ponty (1985) en el plano filosófico, y por autores como Schutz (1977, 1973, 1994) y Berger y Luckman (1987) en el plano sociológico, se traza como eje argumental la defensa del carácter específico de la realidad humana, que la hace irreducible a las categorías de análisis de la realidad física, cuya esencia son los objetos o cosas materiales.

La orientación fenomenológica, común a la mayor parte de las opciones de investigación cualitativa, propone como alternativas de análisis las categorías de sujeto, subjetividad y significación, cuya mutua filiación se encontrará en los conceptos de interioridad y vivencia[2].

Desde el punto de vista del conocimiento, lo que interesará abordar en el análisis es aquello que en las percepciones, sentimientos y acciones de los actores sociales aparece como pertinente y significativo. Por lo tanto, los esfuerzos investigativos se orientarán a descubrir dicha realidad, aun tratándose de los propios actores, sujetos de investigación; porque, como lo afirmó Hegel: "Lo conocido, por conocido, no es necesariamente reconocido".

Un ejemplo de lo anterior se refleja en los resultados de Mora-Ríos e Ito-Sugiyama (2005), quienes estudiaron la experiencia de los habitantes de una comunidad urbana marginal de México, respecto de sus padecimientos emocionales, a quienes recurren para enfrentarlos y sus expectativas de atención.

Al principio encontraron que los servicios de atención en salud mental son muy escasos y, cuando los hay, prácticamente no se recurre a ellos ya sea porque la población no tiene conocimientos acerca de los padecimientos emocionales, o bien porque los profesionales de la salud no satisfacen las expectativas de atención. En el contexto de las instituciones, entre las experiencias de los entrevistados predominan aquellas que se refieren a las expectativas de apoyo no cubiertas por los profesionales de la salud.

La expectativa, psíquicamente, tiene los elementos constitutivos de esperanza, creencias, fe, confianza, me-

---

[2] El término vivencia fue acuñado en castellano por Ortega y Gasset como traducción de Erlebnis, palabra utilizada por Dilthey con la connotación de 'experiencia inmediata de la vida'. El tipo de conocimiento que aporta es determinable a partir del modo de conocimiento al que se contrapone: el conocimiento de las ciencias físico-objetivas (Gadamer, citado por Gómez Heras, 1989: 274).

28

moria de experiencias previas y habilidades para resolver problemas. Son los mismos elementos del placebo (Stewart-Williams y Podd, 2004) y el nocebo (Hahn, 1999)[3].

La mente humana funciona con mecanismos de anticipación, usando los elementos antes mencionados para resolver cualquier problema que se le presenta, porque está biológicamente estructurada para responder rápido al ambiente. Al hacerlo usa patrones (o modelos)[4] perceptuales, llamados aquí expectativas, para resolver las ambigüedades de los estímulos. Debido a que las respuestas internas funcionan como estímulos altamente ambiguos, las expectativas acerca de ellos (respuesta expectativa) son autoconfirmatorias a un grado muy regular (Maddux, 1999).

En este estudio se pone el acento en cómo son las experiencias pasadas que gestan la expectativa única y diferente de cada paciente, para poder entender su punto de vista y la forma como se manifiesta aquélla e influye en el tratamiento psicoanalítico o de psicoterapia.

Los resultados en este punto, pueden llevar a comprender cómo las expectativas se presentan e inciden en otros tratamientos médicos y en la investigación. Por ejemplo, cómo y por qué es tan difícil para el enfermo diabético adherirse al tratamiento, en función de sus expectativas, después de conocer el diagnóstico.

Y lo contrario ocurrirá si la expectativa es negativa o, como la nombro, ominosa, caso en el que el paciente incumplirá las reglas del tratamiento en aspectos como asistir a tiempo a las sesiones, abordar las cuestiones subjetivas que le aquejan y cumplir con los pagos y las ca-

---

[3] De hecho, tanto el placebo como el nocebo funcionan como expectativas para el paciente. El problema es que los investigadores no lo ven así y desprecian una variable muy importante.
[4] En inglés, template.

racterísticas específicas del contrato establecido. Las manifestaciones más directas de las expectativas se presentarán en aspectos de la terapia como la formación de la alianza terapéutica y la adhesión al tratamiento. Los componentes de las expectativas participan en los resultados de la conducta (Kirsch 1999), en los estímulos internos (como esperanza, creencia, fe, confianza) y externos (como objetivos por lograr, por ejemplo, obtener un grado), en las habilidades y la eficiencia para resolver problemas (se espera lograr algo con base en habilidades propias o la eficiencia conocidas), y en las intenciones (se puede esperar ser un buen terapeuta). Además, cada uno de estos componentes tiene una carga afectiva específica que alerta al sujeto.

Los mecanismos que hay que estudiar en estos procesos de tratamiento pueden ofrecer conocimiento replicable en todas las áreas de atención de la salud. Igualmente en los procesos educativos y en la investigación, reforzando la necesidad de la vigilancia epistemológica, ya que de acuerdo con Rosenthal (1966, 1968, y en Rosenthal y Jacobson, 1973) los investigadores y los maestros encuentran lo que esperan encontrar.

Por psicoanálisis y psicoterapia psicoanalítica entiendo un tratamiento en el que interviene un analista que fija un encuadre (parámetro) para la realización de éste, estableciendo un horario regular de sesiones (tiempo) que se llevan a cabo en su consultorio (lugar). El analista se compromete a interactuar con el paciente y éste se compromete a seguir las reglas fijadas por la asociación libre —en el psicoanálisis– o por la comunicación particular de sus contenidos psíquicos en conflicto —en la psicoterapia psicoanalítica.

Se entiende que este tratamiento tendrá lugar dentro de un proceso que se desarrollará durante un tiempo que no es determinado desde el inicio por el psicoanalista, con una fase inicial, otra media y una final. (En la psicoterapia psicoanalítica se puede fijar un tiempo específico desde el inicio: seis, doce, dieciocho... meses.) En este proceso es donde se estructura la interacción entre paciente y analista (Jones, 2000). También, donde se desarrollan la transferencia, contratransferencia y resistencias. La transferencia es todos los esquemas de conducta que el paciente utiliza en su interacción con el analista, y la contratransferencia todos los esquemas de conducta del analista con los cuales reacciona ante la transferencia del paciente.

Considero que si el terapeuta entiende las expectativas del paciente al iniciar el tratamiento, el proceso va a desarrollarse armoniosamente, satisfaciéndolas. Si esto no ocurre, puede observarse con claridad el destino que ha seguido la estructura de la interacción (Jones, 2000), mostrando la mejoría, el mantenimiento de la patología o un impasse.

Lo que el paciente espera del tratamiento puede ser diferente de lo que el analista espera, y ambos pueden trabajar en diferentes caminos, ocasionando cuando menos una pérdida de tiempo porque la relación no ofrece resultados terapéuticos, al grado de que puede ser iatrogénica (Bateman y Fonagy, 2005).

El tratamiento es diferente de las expectativas, ya que está diseñado para conseguir entender el funcionamiento mental, aunque otras expectativas lo pueden desviar de curso (Freud, 1913).

El supuesto básico del psicoanálisis y la psicoterapia psicoanalítica o psicodinámica es que la expectativa del paciente y la del analista se centran en el entendimiento de la manera cómo funciona la mente de cada uno, y que esto llevará a buen término el proceso.

Como dicen Clarkin, Yeomans y Kernberg (2006) refiriéndose a lo que es normal o lo usualmente esperado entre paciente y analista cuando ambos acuerdan el arreglo para el tratamiento: en este contrato, el analista espera que el paciente comunique sus experiencias, pero si no lo hace, el analista puede sospechar que algo sucede en el interior del paciente. De manera general, eso se manifiesta en los límites y el encuadre de la situación, donde existe una clara expectativa acerca de las tareas y responsabilidades de cada participante en la terapia.

Las expectativas se mencionan al hacer el contrato, en especial cuando se efectúa la entrevista estructural de Kernberg (1984a, 1984b, 1996) y Clarkin, Yeomans y Kernberg (1999), donde sí se investiga qué espera el paciente del tratamiento. Pero esto no es rutina para el analista común, que no maneja esta orientación de verbalizar las expectativas al inicio.

Excepto los autores que acabo de mencionar, las expectativas suelen manejarse como resistencias cuando son negativas y bloquean el curso del tratamiento. De hecho, "la habilidad del terapeuta para refrenarse de satisfacer o reaccionar a las expectativas transferenciales del paciente contribuye al cambio terapéutico, ya que ellas permiten el reconocimiento de los aspectos fantaseados de la relación con el terapeuta" (Jones, 2000).

Las expectativas tratadas como resistencias son preconcepciones que no se reconocen como formas activas de esperanza, creencias, fe, confianza, memoria de experiencias previas y habilidades para resolver problemas, ni como derechos, anhelos, deseos y posibles metas autorreparadoras.

Cuando no son comprendidas, tienen un impacto social porque generan frustración, hostilidad, demandas irracionales y conflicto, y esto no sólo en la relación terapéutica, sino en cualquier relación diádica: escolar, profesional, amorosa.

El problema derivado de estos supuestos es que las expectativas están perfectamente determinadas y pueden ser cognoscibles a través de la transferencia y la contratransferencia en las primeras sesiones de tratamiento, mediante las experiencias pasadas recordadas por el o la paciente (Seganti, 1995).

Expectativas es un concepto que debe ser definido en términos de cualidad psíquica determinante. Debe ser explicado su origen y proceso de desarrollo, para poder llegar a clarificar sus manifestaciones:

Son una cualidad de la mente humana, que integra todas las funciones mentales (atención, memoria, juicio, volición, comprensión, abstracción) en una representación conectada al afecto, anticipando la respuesta al estímulo o estado psíquico interno o externo. Su fin es predecir, en primer lugar, el estado mental del otro, así como las consecuencias e implicaciones en la interacción con el ambiente. Son autoconfirmatorias, características de cada persona, automáticas y repetitivas.

Esta definición se apega al psicoanálisis y también a la teoría cognoscitiva del aprendizaje social (Kirsch, 1999; Jones, 2000; Fonagy, en Fonagy, Gergely y Target, 2007).

No está por demás agregar que la calidad de las expectativas, en cuanto a su mayor eficiencia adaptativa o su desajuste adaptativo de la psicopatología, estriba en la cualidad de la creencia que las sustenta.

En el Cuadro 1 se presenta un esquema conceptual que resume lo aquí planteado.

La pregunta principal de la investigación es: ¿Cómo expresan sus expectativas los pacientes en tratamiento psicoanalítico o en psicoterapia psicoanalítica?

Y la postura epistemológica desde la que se intentará responderla es fenomenológica y psicoanalítica. Eso implica que se preguntará a los entrevistados cómo son sus expectativas sobre el tratamiento, y se tratará de contener el juicio propio sobre sus aseveraciones, tratando de ubicarse en su marco de referencia para comprender lo más heurísticamente posible sus respuestas.

Enseguida presento el Cuadro 1, con el marco conceptual del problema, para luego proseguir con el capítulo de los objetivos de este estudio.

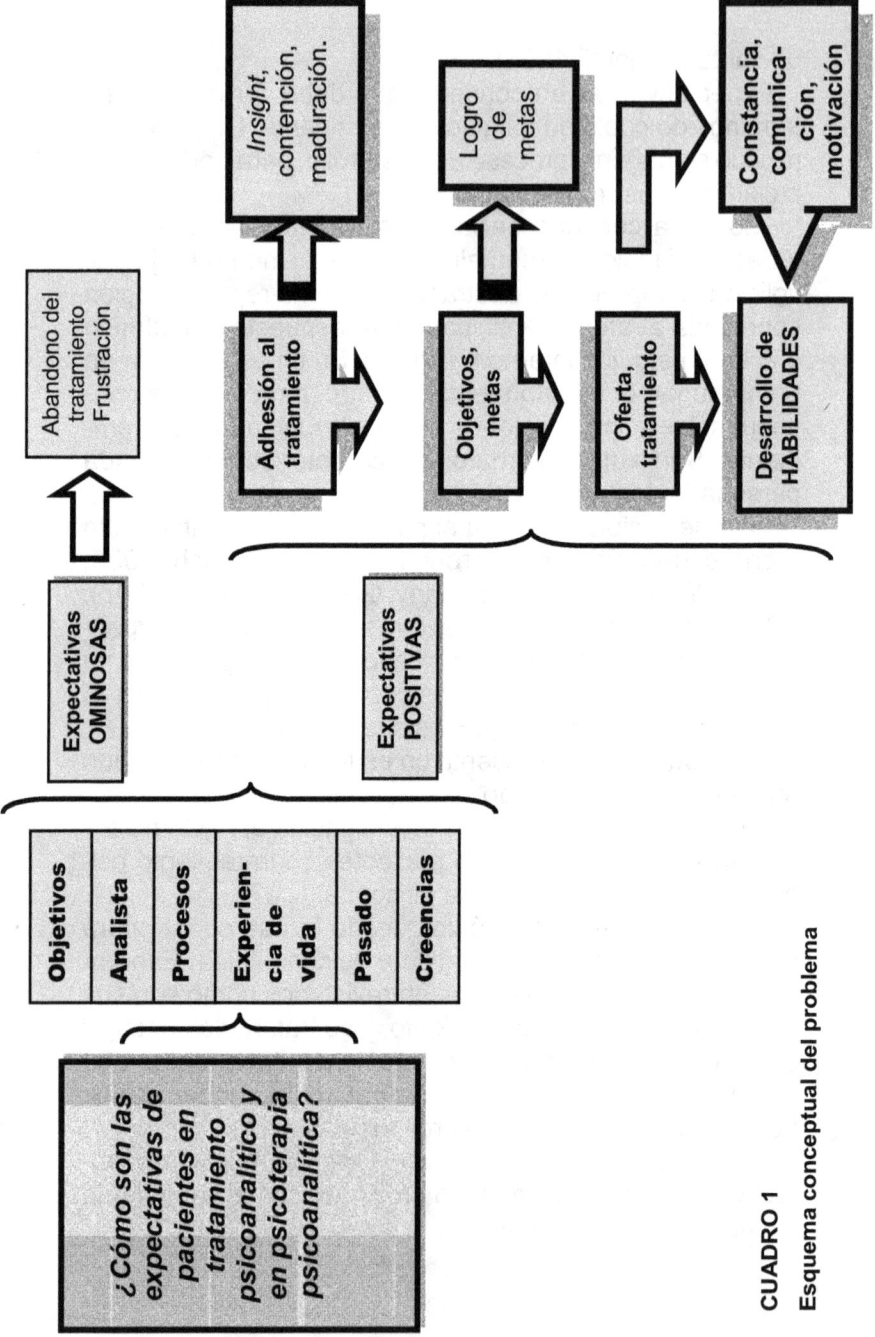

¿Cómo son las expectativas de pacientes en tratamiento psicoanalítico y en psicoterapia psicoanalítica?

Objetivos
Analista
Procesos
Experiencia de vida
Pasado
Creencias

Expectativas OMINOSAS

Expectativas POSITIVAS

Abandono del tratamiento Frustración

Adhesión al tratamiento → Insight, contención, maduración.

Objetivos, metas → Logro de metas

Oferta, tratamiento

Desarrollo de HABILIDADES → Constancia, comunicación, motivación

CUADRO 1
Esquema conceptual del problema

III. OBJETIVOS

OBJETIVO GENERAL
Conocer cómo son las expectativas de pacientes en tratamiento psicoanalítico o en psicoterapia psicoanalítica, para entender las implicaciones que aquéllas tienen en estos procesos.

OBJETIVOS ESPECÍFICOS
Describir la cualidad específica de las expectativas de pacientes en tratamiento psicoanalítico o en psicoterapia psicoanalítica, para entender las implicaciones que tienen en él.

Saber si las expectativas presentes tienen relación con la historia pasada del o la paciente.

Identificar si lo que el paciente espera del tratamiento se manifiesta en su adhesión a las reglas.

Precisar si la expectativa del paciente es alcanzar una nueva comprensión o insight sobre su conflicto, y si su conducta se manifiesta como una colaboración positiva con el tratamiento al iniciar éste, esperando resultados positivos.

Clarificar si las creencias, la fe y la confianza del paciente en el proceso psicoanalítico, contribuyen para que entienda su problema y colaboran con el proceso terapéutico.

Descubrir si las expectativas positivas se basan en las habilidades y el estilo del paciente para resolver problemas.

Para situar el estudio, a continuación presento su marco teórico.

IV. MARCO TEÓRICO

Este capítulo se conforma de dos apartados: uno que corresponde a la teoría de base que se ha seguido para el desarrollo de este trabajo, es decir a la fenomenología, la investigación cualitativa y el psicoanálisis, y otro referente al fundamento de las teorías científicas que explican las expectativas.

La fenomenología

La perspectiva teórica de este trabajo incluye la fenomenología, ya que la indagación básica se refiere al ser manifiesto en su quehacer en el mundo. El enfoque de la Escuela Inglesa de psicoanálisis[5], basado en la evidencia, tiene un fuerte sesgo neopositivista porque, en un primer momento, insiste en constreñir el cuerpo psicoanalítico en la camisa de la ciencia, usando la metodología científica tradicional. Pero en un segundo momento se abre a una posición donde el mismo concepto de ciencia es sometido a crítica. Como en las ciencias sociales, la pregunta entre los expositores de la Conferencia

---

[5] Con "Escuela Inglesa" me refiero al grupo que actualmente trabaja en Londres bajo la égida de Peter Fonagy y que retoma los planteamientos de algunos insignes pensadores como John Bowlby y otros. Estoy consciente de que existen muchos otros puntos de vista, igualmente valiosos, no sólo en Inglaterra sino en otras partes del mundo. El que se expone aquí es personal y no pretende generalizarse o devaluar otros.

Sandler[6] fue: ¿Qué clase de ciencia dice el psicoanálisis que es? o ¿Qué clase de no-ciencia es el psicoanálisis? Este trabajo intenta incursionar en la aplicación de una clase de ciencia en la que la fenomenología, la investigación cualitativa y el psicoanálisis puedan dar una respuesta a la indagación de las expectativas que los pacientes llevan consigo al tratamiento psicoanalítico.

A. El cuerpo teórico de la fenomenología

Smith (2005) plantea la fenomenología como el estudio de las estructuras de la conciencia desde el punto de vista de la primera persona. Señala que la estructura central de una experiencia es su intencionalidad y que la experiencia es siempre acerca de un objeto en virtud de su contenido o significado.

En ese largo camino del pensamiento hasta ahora, se cruzan el estudio y el interés por la subjetividad y la vida privada, que florecieron en la antigüedad, como indica Foucault (2006) al estudiar la hermenéutica del sujeto a través de la "inquietud del sí mismo" en la antigua Grecia, la enseñanza latina y romana, así como más recientemente en la literatura. En ésta última, la búsqueda del sujeto inicia en el mundo feudal y se va construyendo lentamente (Barthélemy, Contamine, Duby y Régnier-Bohler, 1992).

Cuando Brentano (1838-1917) clasificó variedades de fenómenos mentales (definidos por la direccionalidad de la conciencia), estaba practicando fenomenología. Cuando

---

[6] Reunión anual de investigadores en psicoanálisis. Lleva el nombre del fundador y se efectúa el 2 y 3 de marzo, en el University College London, en Londres, Inglaterra.

William James (1842-1910) estimaba diferentes clases de actividad mental en el fluir de la conciencia (incluyendo su corporeidad y sus dependencias en los hábitos), también estaba practicando fenomenología. Cuando Kierkegaard (1813-1855) planteó sus conceptos sobre la "subjetividad" y el "salto de fe", iniciaba la fenomenología y el existencialismo.

Y cuando los recientes filósofos analíticos de la mente se refieren a los temas de conciencia e intencionalidad, están practicando fenomenología.

Aun así, esta disciplina y sus raíces hacia atrás y a través de los siglos sólo llegaron a florecer con Husserl (1972). Surge en el siglo XX en los trabajos de Husserl (1972), Heidegger (1951), Sartre (1943), Merleau-Ponty (2000) y otros. Tradicionalmente, el término fenomenología implica el significado que las cosas tienen en nuestra experiencia: objetos, eventos, herramientas, el flujo del tiempo, el self y otros; cómo todo esto emerge y es experimentado en nuestro "mundo de vida".

De acuerdo con Husserl (1972), toda nuestra vida mental tiene intencionalidad, dirige la experiencia hacia las cosas en el mundo, tiene la propiedad de dirigir la conciencia hacia algo. También, Husserl desarrolla un recuento complejo de conciencia temporal, espacial, atención, conciencia de la propia experiencia, autoconciencia, el self en diferentes roles, acción corporal, propósito o intención en la acción, conciencia de otras personas, actividad lingüística, interacción social y actividad cotidiana en los alrededores de la vida del mundo en cada cultura particular. En tiempos recientes se enfoca en los sustratos neurológicos de la experiencia (Smith, 2005).

Los fenomenólogos clásicos refieren métodos distintos para estudiar la experiencia consciente basados en la descripción (Husserl, 1972; Merleau-Ponty, 2000), la interpretación (Heidegger, 1951), la hermenéutica (Ricoeur, 1999) o el análisis (Devereux, 1996).

Como se ha subrayado en psicoanálisis, mucha de nuestra actividad mental intencional no es consciente, pero puede devenir en conciencia mediante el proceso de la psicoterapia o la interrogación[7]. Por lo tanto, la dimensión fenomenológica puede ir más allá de la experiencia consciente, hasta lo semiconsciente y aun la actividad inconsciente.

Husserl (1972) introdujo el concepto de noesis para designar el proceso intencional de la conciencia, y el de noema para el contenido ideal de la misma. Así, el fenómeno, u objeto-como-aparece, es el noema, o bien, el objeto que es intencionado. Aún hoy se utilizan estos conceptos para el análisis de los contenidos subjetivos.

Husserl (1972) definió la fenomenología como "la ciencia de la esencia de la conciencia", centrada en el rasgo definido de la intencionalidad, enfocado explícitamente en "la primera persona". Definió también el método epoché (término griego), que consiste en "suspender el juicio y volverlo a la estructura de la experiencia consciente".

Heidegger (1951) desarrolló el concepto de "ser ahí y en el mundo" al indagar en el ser. El hombre es el ente abierto al ser, pues sólo a él "le va" su propio ser. Define la esencia del ser en relación con el tiempo. Ubica el ser en sí dentro de la temporalidad, ésta es lo que le da sentido al ser en sí.

---

[7] Dilucidar el problema fenomenológico de las relaciones entre consciente e inconsciente excede en mucho los límites de este estudio, sólo puedo aclarar que el modo en que se solucionó fue precisamente tratando de integrar los métodos fenomenológicos, psicoanalíticos y de investigación cualitativa tanto en la recolección como en el análisis de datos.

El "ser ahí" se comprende a sí mismo partiendo de su existencia, de una posibilidad de ser él mismo o no él mismo [...] Como sentido del ser del ente que llamamos "ser ahí", se muestra la temporalidad (Heidegger, 1951: 22-27).

Se entiende que el estudio del ser humano parte de su propia esencia y su existencia ubicada en el periodo circunstancial de su nacer y morir. El término alemán Dasein: "ser-en-el-mundo", creado por Heidegger (1951), se refiere al ser abierto al mundo de las posibilidades, pero siempre encontrándose a sí mismo ya en el mundo. Es el ser en un espacio determinado, el que le corresponde a su existencia, representado en la mente.

Sartre siguió con esta idea y estableció el existencialismo. Considera que el ser humano está "condenado a ser libre"; o sea, es arrojado a la acción y es responsable plenamente de la misma sin excusas. Reaparecieron las influencias de Kierkegaard (1813-1855), Schopenhauer (1788-1860), Nietzsche (1844-1900) y Unamuno (1864-1936), haciendo patente el elemento de la angustia ante la existencia, en el mundo cotidiano y la interacción entre humanos.

Merleau-Ponty (2000) clarifica aún más la fenomenología definiéndola como el estudio de las esencias, y no cree que pueda comprenderse al hombre y al mundo más que a partir de su "facticidad". Su punto de partida es la percepción y toda la complejidad que implica, ya que ella es la que construye la experiencia. Se trata de describir, no de explicar ni analizar.

Es sumamente interesante el modo en que plantea la enorme complejidad de la formación del conocimiento, a partir del cuestionamiento que hace desde las sensaciones, las asociaciones y el momento final de la percepción construida "en el mundo". Sin perder nunca la idea de que el mundo como es, no puede desligarse de lo percibido. Además, la atención se centra en quién dirige el proceso, lo cual pone a la voluntad, la intención del sujeto, en el hecho. La percepción deviene en interpretación.

El mundo es lo que percibimos. El mundo no es lo que yo pienso, sino lo que yo vivo. El métodoeidético es el de un positivismo fenomenológico que funda lo posible en lo real. La adquisición más importante de la fenomenología estriba, sin duda, en haber unido el subjetivismo y objetivismo extremos en su noción del mundo o de la racionalidad. La racionalidad se mide, exactamente, con las experiencias en las que se revela (Merleau-Ponty, 2000: 17).

Las premisas de la fenomenología son:
De acuerdo con Merleau-Ponty (2000: 7), "La fenomenología es el estudio de las esencias y, según ella, todos los problemas se resuelven en la definición de las esencias" (esencia de la percepción, esencia de la conciencia, por ejemplo).

Se trata de describir –no de explicar ni analizar–, a partir de una visión más o menos completa de una experiencia del mundo, sin la cual nada significará, los símbolos de la ciencia. Todo el universo de la ciencia está construido sobre el mundo vivido, y si queremos pensar rigurosamente la ciencia, apreciar exactamente su sentido y alcance, tendremos primero que despertar esta experiencia del mundo del que ésta es expresión segunda. "Soy quien hace ser para mí."

El mundo es lo que percibimos y la evidencia es la "experiencia de la verdad". El mundo no es lo que yo pienso, sino lo que yo vivo. La noción de intencionalidad se observa en que "toda conciencia es conciencia de algo".

Este método considera la conciencia misma como proyecto del mundo, de ahí que Husserl (1972) distinga la intencionalidad de acto –de nuestros juicios y tomas voluntarias de posición–, la única de la que habla la "Crítica de la razón pura", y la intencionalidad operante, la que constituye la unidad natural y ante predicativa del mundo y de nuestra vida, la que se manifiesta en nuestros deseos, nuestras evaluaciones, nuestro paisaje, de manera más clara que en el conocimiento objetivo, y la que proporciona el texto del cual nuestros conocimientos quieren ser la traducción en un lenguaje exacto.

La adquisición más importante de la fenomenología estriba, sin duda, en haber unido el subjetivismo y el objetivismo extremos en su noción del mundo o de la racionalidad. La racionalidad se mide precisamente con las experiencias en las que se revela.

El mundo fenomenológico no es puro, se fragua en la intersección de mis experiencias y en la intersección de mis experiencias con las del otro, por el engranaje de unas con otras. Es inseparable, pues, de la subjetividad e intersubjetividad, que constituyen su unidad a través de la reasunción de mis experiencias pasadas en mis experiencias, y nadie sabe mejor que nosotros cómo se efectúa por primera vez.

La racionalidad no es problema, no hay detrás de ella una incógnita que tengamos que determinar deductivamente o demostrar inductivamente a partir de aquélla: asistimos en cada instante a este prodigio de la conexión de las experiencias, y nadie sabe mejor que nosotros cómo la efectuamos, por ser nosotros este nudo de relaciones. El mundo y la razón no constituyen un problema; digamos, si se quiere, que son misteriosos, pero este misterio los define.

La fenomenología en cuanto revelación del mundo se

apoya en sí misma, se funda en sí misma[8]. Etimológicamente significa 'la descripción de lo que aparece a la conciencia, el fenómeno'.

La expresión "fenomenología" significa primariamente el concepto de un método. No caracteriza el "qué" sino el "cómo" formal de ésta (Heidegger, 1951: 38).

Tesis fundamentales de la fenomenología:
Para captar el fluir y el contenido de la conciencia debemos limitarnos a describir lo que se presenta en ella, sin dejarnos condicionar por las teorizaciones que pudimos haber hecho sobre ese contenido.

La descripción muestra que en el fluir de la conciencia se presentan, además de referencias a objetos concretos, referencias a "esencias ideales".

Objeto de la fenomenología.
Describir con exactitud la construcción de los objetos de la conciencia en las significaciones "primitiva y positiva del fenómeno", y distinguir el "fenómeno de 'parecer ser' de todo tipo" (Heidegger, 1951: 39).

Suspensión de juicio.
Reducción o epoché: Remontarse a la evidencia originaria que antecede a todo pensamiento y a toda filosofía: a la experiencia inmediatamente accesible de cada cual.

Método fenomenológico.
Construye su concepto en forma diferente de la actitud ingenua, "natural", con que el hombre se enfrenta en su vida cotidiana a las cosas sin cuestionar ni plantearse pro-

---

[8] Agradezco a María de los Ángeles Aguilera su extraordinario resumen sobre el desarrollo metodológico de la fenomenología aplicada al método cualitativo (véase Aguilera, 2006).

blemas sobre sus posibles fundamentos, o sobre si la apariencia de las cosas responde realmente a lo que en el fondo son.

Campo de observación:
Las operaciones internas.
Las vivencias de un sujeto.
Análisis del flujo de conciencia.

En la percepción de lo externo y lo interno hay que distinguir entre el modo de mostrarse el objeto, que siempre tiene sus sombras (Abschattung), y la vivencia con que se lo percibe, que tendría las características de la evidencia de lo inmediatamente dado.

Implicaciones del método fenomenológico:
Interpretación de los procesos estudiados.
Captar el sentido de los fenómenos.
Captar la intención de las actividades sociales.
Significa abordar el fenómeno como experiencia concreta del hombre, tan libremente de presuposiciones conceptuales como sea posible.
No parte del diseño de una teoría, sino del mundo conocido, del cual hace un análisis descriptivo con base en las experiencias compartidas.
El énfasis se encuentra en la interpretación de los significados del mundo (Lebenswelt) y las acciones de los sujetos.
El sentido (significado) se desarrolla a través del diálogo y las interacciones, para lograr así una interpretación en términos sociales, dado que las acciones de las personas tienen una intencionalidad e influyen en los demás, y viceversa.
Instrumento metodológico más utilizado en investigaciones cualitativas.

Análisis fenomenológico:

Propone como alternativas para el análisis las categorías de sujeto, subjetividad y significación, interioridad y vivencia.

Se describe la experiencia subjetiva sin acudir a explicaciones causales.

La experiencia vivida es la base del marco de comprensión y de análisis de la realidad humana.

Los cuatro existenciales básicos son:

Cuerpo vivido (corporeidad).
Espacio vivido (espacialidad).
Tiempo vivido (temporalidad).
Relaciones humanas vividas (relacionabilidad o comunalidad).

Definiciones operacionales:

Cuerpo vivido o corporeidad es la manifestación de la función o disfunción de la totalidad del ser en sí mismo a través de su cuerpo.

Pelinski (2005:11) lo explica como una estructura experiencial fenoménica que funciona como la conciencia subjetiva en relación a los diferentes contextos históricos, socioculturales y medioambientales. Señala que "no se trata de una realidad puramente mental, sino que el cuerpo es la conciencia intencional vivida a través del cuerpo físico, pensamiento corporalizado que no se inscribe en representaciones intelectuales". Cada persona vive su cuerpo de diferente manera. Así, el mundo no es lo que se piensa sino lo que se vive.

Espacio vivido o espacialidad es la representación mental de los límites donde el sujeto define su interioridad y desde donde descubre el mundo.

El espacio vivido se refiere al espacio cotidiano en cuanto que es habitado por la persona y permite que se halle en él. "Los lugares del espacio vivido no se agotan en coordenadas geográficas, sino que poseen densidad afectiva: la tierra deviene en terruño o querencia, la casa deviene en hogar, el vértice de una pieza deviene en rincón, la cama deviene en lecho. El espacio vivido es dinámico porque está surcado de posibles acciones. Es finito porque se define por el alcance de la mirada, por el extender de la mano o brazo. Es ante todo ámbito y sus entornos son borrosos, difusos" (Flores 2007: 275). Los lugares del espacio vivido o los enseres que se encuentran en él pueden ser extraños o no extraños en cuanto que son portadores de recuerdos y expectativas.

Tiempo vivido o temporalidad es la conciencia del periodo comprendido entre nacer y morir que le da sentido al vivir del ser para sí mismo.

El tiempo vivido es el tiempo tal cual se experimenta antes de cualquier abstracción. Es la experiencia trascendental del sujeto que vive el tiempo (Valerio, 2006). Es la conciencia íntima del tiempo, vivida como una separación en un presente que permanece desde un pasado y que se está yendo hacia un futuro que aún no ha llegado. Es la conciencia significativa del tiempo. Es el cómo se llegan a constituir los objetos temporales en nuestra conciencia. El tiempo vivido es la condición de posibilidades que habilitan toda esa experiencia. Tiempo inseparable o conciencia íntima del tiempo.

Relacionabilidad es la posibilidad que tiene el ser humano de interactuar con todos los otros seres en el mundo que lo rodea y consigo mismo.

Fases del método fenomenológico:
Descripción
Reducción
Interpretación

Descripción

Desestructuración de los hechos de la experiencia por medio de la entrevista.

Establecer diferencias entre la interpretación de los hechos y la realidad de los mismos. Por consiguiente, se dejan de lado las interpretaciones y se pasa directamente a transcribir las ideas originales.

Reducción

Poner entre paréntesis, a modo de una suspensión de juicio (epoché), lo que Husserl (1972) denomina la "actitud natural":

Creencia en la realidad del mundo.

Cuestionamiento de si lo percibido es real.

Supuestos teóricos que lo justifican.

Afirmaciones de las ciencias de la naturaleza.

Resultado: "residuo fenomenológico" o vivencias:

El contenido de conciencia, noema, y el acto con que se expresa este contenido, noesis.

Tematización real del fenómeno.

Proceso codificado directamente, acerca de las ideas vagas, redefinidas, expandidas, desarrolladas o dispersas.

Interpretación

Redescubrir los significados o sentidos que no aparecen inmediatamente en la descripción o reducción.

Clave para el entendimiento de los fenómenos incorporados o que sean semejantes a cada persona concreta.

En las dos primeras fases se trabaja con la semántica de la entrevista (hechos), pero en la interpretación se intenta cubrir a todas las personas en cuanto a cómo vivieron o pueden vivir una experiencia.

Presupone el establecimiento de un sentido de la información.

Además, en Minayo (1995) se encuentra una excelente aproximación metodológica respecto al análisis temático, que coincide plenamente con lo antes expuesto.

Técnica para el análisis de los datos de acuerdo con Lanigan (1997):
Con la trascripción se busca aproximarse a una media de respuesta igual entre los sujetos.
Se realiza una guía de comentarios.
Se deben insertar las temáticas y comentarios en los discursos. De esta manera empiezan a emerger los patrones o modelos (categorías).
Se deben caracterizar las descripciones narradas y relacionarlas con las que parezcan similares entre sí.
Se clasifica la temática y se desarrollan subítems.
Se buscan modelos y patrones y se revisa su sentido.
Se establece la existencia de los patrones en el resto de las entrevistas, buscando tener por lo menos siete organizaciones.

Técnica para el análisis de los datos de acuerdo con Martínez (1996).
Martínez (1996) hace una aportación muy rica para la aplicación del método fenomenológico. Con la fenomenología se estudia "una realidad cuya esencia depende del modo en que es vivida y percibida por el sujeto, una realidad interna y personal, única y propia de cada ser humano" (Martínez, 1996: 167).
Los principales supuestos que define indican que "la esencia, aunque aparece sólo en las intuiciones de los seres individuales, no se reduce a ellos, pues en cierto

modo se encuentra fuera del tiempo y del espacio, es decir, no está ligada al tiempo y al espacio" (Martínez, 1996: 169).

Asimismo plantea que el método fenomenológico "respeta plenamente la relación que hace la persona de sus propias vivencia, ya que, al tratarse de algo estrictamente personal, no habría ninguna razón externa para pensar que ella no vivió, no sintió o no percibió las cosas como dice que las hizo" (Martínez, 1996: 169).

Y aconseja: "en el estudio de todas estas situaciones, el procedimiento metodológico será oír detalladamente muchos casos similares o análogos, describir con minuciosidad cada uno de ellos y elaborar una estructura común representativa de esas experiencias vivenciales" (Martínez, 1996: 169).

"Entre los presupuestos relacionados con el tema que se desea estudiar, habrá ciertos valores, actitudes, creencias, presentimientos, intereses, conjeturas e hipótesis. Es necesario hacer patentes estos puntos de partida y precisar su posible influencia en la investigación" (p. 171)[9].

Para lograr el análisis del estudio, Martínez (1996) indica dos etapas:

a) Etapa descriptiva (tres pasos):
    A. Elección de la técnica o procedimiento apropiada:
        a. Observación directa o participativa.
        b. Entrevista coloquial o dialógica, estructurada, grabada.
        c. Encuesta o cuestionario, parcialmente estructurados, abiertos, flexibles.

---

[9] En este estudio, el supuesto principal que pudiera obstaculizar el proceso es mi formación psicoanalítica, que interviene profundamente en la forma en que abordo la comprensión de los fenómenos y que debo poner "en paréntesis" para lograr la interpretación fenomenológica del material recogido. Pero la expectativa es lograr una integración entre ambas: mi formación y la interpretación fenomenológica.

d. Autorreportaje (sic), con guía.
B. Realización de la técnica elegida.
C. Elaboración de la descripción protocolar.

b) Etapa estructural:
A. Lectura general de la descripción del protocolo.
B. Delimitación de las unidades temáticas naturales: unidades significantes o constituyentes de una posible estructura.
C. Determinación del tema central que domina cada unidad temática: alternar entre lo dicho y el significado.
D. Expresión del tema central en lenguaje científico.
E. Integración de todos los temas centrales en una estructura descriptiva: análisis intencional.
F. Integración de todas las estructuras particulares en una estructura general.
G. Entrevista final con los sujetos estudiados.

B. Metodología fenomenológica, investigación cualitativa y psicoanálisis

a. El método fenomenológico
Todos los conceptos antes planteados forman un modelo para estudiar los fenómenos de la conciencia, incluyendo el inconsciente.

Encuentro que estos conceptos tienen una cercanía con el psicoanálisis y la investigación cualitativa, en cuanto que ambos intentan encontrar el sentido y significado de lo que la experiencia arroja para el sujeto.

Además de lo explicitado, Van Manen (1997) menciona la importancia de los temas indicando que "el tema le da control y orden a la investigación y al escrito". Son "las estructuras de la experiencia", "el deseo de encontrar signi-

ficado y entendimiento".
Definiendo el tema dice:
El tema es la experiencia focal de significado, el punto en cuestión expresado.
La formulación del tema es cuando mucho una simplificación.
Los temas no son objetos que uno encuentra en ciertos puntos o momentos del texto, son intransitivos.
El tema es la forma de capturar el fenómeno que uno trata de entender.

b. Investigación cualitativa y psicoanálisis

Por otro lado, de acuerdo con lo planteado antes por Ramonet y López (2004), me interesa lograr una perspectiva que pueda unir la fenomenología, la investigación cualitativa (IC) y el psicoanálisis.

Mella (1998) señala que Malinowski (1961) y Mead (1934) son considerados los iniciadores del método de la IC basados en el estilo personal, involucrado, y tratando de descubrir al "Otro" en el que acometieron sus investigaciones.

Sociólogos como Whyte (1943) en su estudio clásico acerca de los grupos de las esquinas, o Gans (1962) en investigaciones sobre una comunidad ítalo-americana en Estados Unidos, o Roy (1960) investigando acerca de los trabajadores industriales, han empleado esta metodología (véase Garfinkel, 1968). La existencia de este tipo de estudios implica que la investigación cualitativa no es una tradición con una historia relativamente breve, sino con una que precede al surgimiento del interés actual.

El método cualitativo parte de un acontecimiento real acerca del cual se quiere extraer un concepto. El punto de partida son las observaciones que se han hecho y se hacen acerca del acontecimiento inmerso en la realidad.

La meta es reunir y ordenar todas esas observaciones de una manera comprensible.

El esfuerzo constante de la IC se centra en entender el corazón mismo del fenómeno en estudio, desde la subjetividad –similar a la fenomenología. El psicoanálisis ha logrado entrar a la médula misma de la verdad subjetiva, modificarla y promover niveles de crecimiento y significación que liberan al sujeto de su enajenación médica, social, económica; pero sus métodos y sistemas de evidenciar la eficacia y la eficiencia de sus resultados se han quedado muy cortos, sobre todo en cuanto a sistematización del lenguaje que comunica la metodología de la ciencia.

La IC persigue investigar un saber desde la perspectiva del investigador de tipo emic, lo cual significa que el investigador quiere saber lo que la persona investigada piensa, siente, percibe, opina, defiende, desde su estricto punto de vista, sin ninguna interferencia por parte del investigador o el medio circundante, para obtener el punto de vista del actor en cuanto a su postura social, política, psicológica, económica, etcétera (Borelli, 2002).

También pretende que esta postura sea una perspectiva holística de la realidad del sujeto investigado, su propia y total cosmovisión, y que sea obtenida en un marco de naturalidad. El material utilizado es el discurso también total de la persona, lo que nos dice y sus prácticas, lo que hace, buscando así la subjetividad en la práctica.

El discurso textual es interpretado con métodos y marcos de referencia en los que el aspecto de la naturalidad es el determinante para encontrar el discurso verdadero.

También se establecen relaciones de involucración en el proceso del hallazgo (Denman y Haro, 2000). La verdad es la del sujeto y las muestras no son representantes de un universo, sino expresiones de una realidad única aunque resultante de una vivencia común que es el marco referencial de donde surge.

Los resultados son aplicables y aun generalizables (sobre todo si son replicables) cuando las verdades subjetivas se convierten en la visión general del grupo estudiado o cuando una sola verdad arroja luz sobre una causa que, en el desconocimiento anterior, impedía el análisis de su paradigma.

En ese momento, el investigador necesita del saber psicoanalítico, que ha debatido su destino descubriendo esas verdades (Frommer, Langebach y Streeck, 2004), en un contexto y con una metodología no totalmente ajenos entre sí pero diferentes (Kvale, 2001).

Porque al entrar en el espacio subjetivo, el entrevistador se convierte en actor intersubjetivo intérprete y el resultante deja de ser natural, aun cuando se use el mismo medio donde se dan los hechos. Rennie (2001) resalta la aportación de Giddens (1976, en Rennie, 2001) referente a la "doble hermenéutica" que implica manejar un mundo pre-interpretado donde la creación y producción de los marcos de significado son la condición que se busca analizar en la llamada conducta social humana.

Desde que yo percibo, estoy interpretando, cuando hablo, interpreto mi percepción y cuando otro me interpreta está en la doble hermenéutica.

En el proceso de investigar, ante el sujeto se da un pasaje metodológico de lo manifiesto a lo latente: El campo del discurso que dice, expresa, significa, en el plano consciente o preconsciente que elabora.

Por eso, para entender la motivación de la pulsión y el deseo, y las estructuras simbólicas que conforman una cosmovisión, que le dan sentido a la práctica y al discurso, se precisa tener acceso a los dinamismos que las estructuras simbólicas están movilizando en el aquí y el ahora, para poder contextualizar el origen, el desarrollo y la génesis del presente. Tal acceso es lo que el psicoanálisis ofrece a la IC.

Éste es un punto en el que la IC puede entrar con su posición emic y la perspectiva de ir en busca del sujeto. Donde puede encontrarse con el psicoanálisis, que le ofrece el encuadre de su experiencia metodológica. Se llega al momento de interpretar los datos. Si se reporta estrictamente lo que el sujeto dice en el nivel manifiesto, sin tomar en cuenta que la interacción misma ha modificado ese discurso, entonces se hace referencia a una realidad parcializada.

Si se reporta el tema sobre lo preconsciente que se logró entender con la traducción hermenéutica, uniendo las ligas de lo presente, se sigue obteniendo una realidad observada desde el afuera sobre el adentro y no se comprende qué significa el fenómeno para el sujeto. Se comprende sólo lo que él quiere decir sobre el tema.

Ahora bien, sobre la interpretación: se entiende que en IC se hace referencia a la interpretación que el investigador hace de la realidad que observa, no de la realidad del mundo interno del otro.

En cambio, en psicoanálisis no se trata nada más de interpretar lo que se percibe, sino de seguir las leyes de la interpretación que configura el abordaje al inconsciente, para devolver una interpretación que agrega la parte inconsciente que el otro tiene perdida en su construcción y que le comparte al analista (quien observa, escucha, metaboliza de manera intersubjetiva, responde contratransferencialmente, construye la síntesis simbólica, señala y, finalmente, interpreta). La fluidez en el hablar del otro ha de corresponder con la fluidez de la escucha (asociación libre a partir de la atención libre y flotante).

¿Cuál es la escena de la realidad inconsciente que subyace a lo que dice el sujeto? Aquí entra la estructuración de lo inconsciente, lo dinámico, económico, estructural, adaptativo. La estructura simbólica del decir y la semiótica, es decir, lo que oculta el síntoma.

El psicoanálisis hace un escenario "natural" en el consultorio, donde los datos se recogen, se procesan y se interpretan, dando lugar a una construcción que intersubjetivamente modificará a los sujetos. De esa forma, la IC que tiene lugar en el psicoanálisis no es la misma, porque el paradigma psicoanalítico tiene tres vertientes en el mismo acto: investigar, curar y teorizar. Pero los productos de ambas disciplinas pueden complementarse.

Para la comunidad psicoanalítica es una sorpresa encontrarse con la IC a la cabeza de técnicas metodológicas del saber científico sobre cómo aprehender la verdad subjetiva, porque fue en el estudio sobre el "Mecanismo psíquico de la histeria", en 1895, donde Freud y Breuer (1893-1895) desarrollaron el instrumento de la indagación sobre el saber del otro. Y desde entonces, ése es el método cotidiano para la sesión analítica.

En 1895 Breuer y Freud presentan el caso de Anna O., un paradigma narrativo tomado de la gran aventura intersubjetiva entre médico y paciente.

Un día de ésos, Freud acude a ver a Anna en ausencia del doctor Breuer y no logra hipnotizarla. Anna de todos modos inicia una conversación con Freud, quien atenta y empáticamente la sigue. Hablan del síntoma, su historia, su origen, sus circunstancias. Anna dice que es una "limpieza de chimenea" refiriéndose al efecto catártico de la conversación. Antes de llegar al momento de la comprensión total del fenómeno, aparece la resistencia y la sesión es interrumpida, no sin antes haber desaparecido los síntomas del momento. Freud, maravillado, descubre la determinación inconsciente del síntoma. Juiciosamente, describe y anota todo lo ocurrido. Es un diario de campo.

En su elaboración posterior deduce la represión, y ante la manifestación clara de una movilización de afectos tanto del médico como de la paciente, que llevan a ambos a abandonar el trabajo o, cautamente, hacerlo bajo la égida del doctor Breuer, igualmente deduce la transferencia y, poco después, la contratransferencia. Esta huida en ese primer momento, se parece a la que se observa en algunos trabajos cualitativos donde se describe lo observado pero no se interpreta la parte subjetiva del investigador. Para que el síntoma desaparezca, es necesario interpretar el inconsciente. Elaborar una segunda explicación del origen y la historia, una transformación mental de la primera narrativa.

Por último, se tiene la narrativa del caso, historia viva de Anna O., "Freud" y "Breuer". Aquí ya está presente la parte subjetiva del investigador, la contratransferencia.

Esto es lo que teóricamente se describe ahora como IC: la sesión psicoanalítica.

Esto es lo que se define como teoría fundamentada, una modalidad de investigación cualitativa que pudiese tener semejanza con el método psicoanalítico:

La teoría se construye a partir de un proceso inductivo y, mediante el análisis cualitativo, se van formulando las interpretaciones teóricas de los datos producidos en la realidad, lo que provee de importantes significados para la comprensión del mundo de los actores sociales [...] se desarrolla en íntima relación con los datos y los investigadores son conscientes de su papel como instrumentos para el desarrollo de la teoría que está siendo generada (Natera y Mora, 2002: 77).

Por lo tanto, se puede decir que la sesión psicoanalítica es:
- Una investigación cualitativa en sí misma.
- Un tratamiento terapéutico que utiliza la entrevista no estructurada.

- Un encuentro intersubjetivo.
- Un diálogo constructor de la concepción del mundo y de una teoría.
- Un espacio natural donde lo específicamente psicoanalítico es la percepción del contenido psíquico inconsciente del analizando en el contexto intersubjetivo.

Pero también existe otra dimensión que define a la entrevista no estructurada psicoanalítica en comparación con otras, en la que:

- El analista escucha al paciente con atención libre y flotante.
- El paciente asocia libremente.
- Aparece la resistencia.
- Se deduce la represión.
- Se deduce la transferencia y la contratransferencia.
- Aparece la interpretación del inconsciente en el aquí y ahora y el allá y ayer.
- La interpretación transforma el síntoma en una construcción.
- Aparece una narrativa del proceso.

Los grandes pilares de la teoría psicoanalítica son los definidos por la transferencia, la represión y la resistencia del inconsciente dinámico y estructurante. El conflicto productor del síntoma es su consecuencia, pero la dinámica intersubjetiva, surgida de la transferencia y la contratransferencia, propicia en forma natural el proceso de la construcción.

Poco mérito se le ha dado a Freud en su descubrimiento de la construcción. Los que menos lo reconocen han sido los autores del desarrollo del construccionismo (Freud, 1937). Es necesario asentar que si Freud no hubiese dado en 1939 las bases de éste, difícilmente se hubiese desarrollado con tanta amplitud.

El otro gran elemento del psicoanálisis que Freud aportó

es la narrativa. Él era un gran escritor y eso le facilitó describir magistralmente sus hallazgos.

El psicoanálisis tiene en esencia las técnicas para establecer confiabilidad en los enfoques cualitativos que han sido diseñados posteriormente en la teoría de la IC (Denman y Haro, 2000: 61):

- Para los criterios de credibilidad: el compromiso prolongado, la observación persistente y la triangulación metodológica. El uso de colegas interlocutores, el análisis de los casos negativos, la adecuación referencial y la opinión de los estudiados en el proceso y al final.
- Para los criterios de transferibilidad, la descripción densa.
- Para la dependabilidad, la audiencia de análisis.
- Para la confirmabilidad, la audiencia de análisis, todas las anteriores y el diario de campo reflexivo.

Sin embargo, la gran dificultad se sitúa en las limitaciones. Ulrich (2002: 113, en Leuzinger-Bohleber, Stuhr, Rüger y Beutel, 2003) indica:

Los datos de análisis y las interpretaciones son selectivos, lo cual quiere decir que los autores consciente e inconscientemente seleccionan aquellos hechos que acomodan sus ideas preconcebidas, de tal modo que no pueden ser replicadas ni falsificadas y por lo tanto son inválidas.

Los resultados no pueden ser generalizados. Los resultados cualitativos y sus generalizaciones son frecuentemente basados en casos individuales.

Por lo tanto, podemos intentar un análisis temático siguiendo las reglas de las tres perspectivas: fenomenología, IC y psicoanálisis, donde lo específico psicoanalítico es la captación del contenido psíquico inconsciente en el contexto intersubjetivo.

La entrevista psicoanalítica no estructurada o semiestructurada ofrece un encuadre para la investigación, el tratamiento y la teoría del sistema psíquico con los mismos paradigmas que la IC sostiene, a saber: observar, escuchar, interpretar. La IC recibe del psicoanálisis la metodología y el entrenamiento en la formación psicoanalítica para poder obtener el discurso inconsciente del sujeto. El psicoanálisis necesita de la IC toda la sistematización y los enfoques socioculturales que conforman el marco de referencia holístico. La fenomenología sitúa la episteme del sujeto "en el mundo".

C. Metodología psicoanalítica en investigación

La necesidad de comprender lo significados inconscientes y los procesos intrapsíquicos dentro de los procedimientos de investigación particular llevaron a Cartwright (2002) a plantear el modelo de la entrevista psicoanalítica de investigación (EPI), cuya finalidad es desarrollar métodos de investigación que focalicen las necesidades específicas de la investigación psicoanalítica.

El enfoque trata de explorar procesos intrapsíquicos y significados inconscientes asociados con situaciones, fenómenos o conductas no necesariamente ligados a la condición clínica.

Es, por lo tanto, un punto de vista que puede, muy en especial, ser aplicado a la investigación fenomenológica y a la IC con el fin de integrar en ellos la dimensión inconsciente del discurso.

En esencia se trata de que el entrevistador recoja material asociativo suelto, pero relacionado con un tópico particular de la investigación dentro de un lapso corto de una, dos, tres a cuatro entrevistas. Durante ellas, el entrevistador debe poner atención especial en los estados emocionales, cómo ocurren en el/la entrevistado/a y el entrevistador.

El análisis y la interpretación de la entrevista tienen tres tareas esenciales:

• La búsqueda de narrativas centrales mientras se explora el texto de la entrevista en su totalidad.
• Equiparar narrativas con las impresiones iniciales de la transferencia-contratransferencia.
• Rastrear identificaciones claves y relaciones objetales dentro de las narrativas dominantes en la entrevista.

La EPI es un enfoque centrado en el significado, que se esfuerza en explorar procesos inconscientes, *self* [10] y representaciones de objeto, defensas, relaciones objetales, significados simbólicos y fallos o lapsus, transformaciones de sentido que se espera que ocurran si se entiende la entrevista desde un punto de vista psicoanalítico, a través del análisis de las narrativas según son construidas alrededor del tema de la entrevista. Se parte del principio teórico moderno de que todo encuentro es intersubjetivo, y se comparte con los teóricos hermeneutas (Ricoeur, 1999; Gadamer, 1975) el concepto de "proceso dialógico y circular".

Es diferente de la sesión clínica, porque el sujeto no pide la entrevista, no se busca un cambio terapéutico, sino que la exploración es superficial y la relación es breve. El entrevistador no es neutral porque busca información y el entrevistado no puede asociar libremente porque se le da un tema. Sin embargo, pueden usarse algunos aspectos de

---

[10] El self es la totalidad de la vivencia psíquica del sujeto tomando en cuenta todas las funciones de la mente, así como la percepción que la persona tiene de sí misma y de los demás en lo interpersonal, intersubjetivo e intrapsíquico, y las cualidades propias de la volición.

la teoría psicoanalítica que se fundamentan en los supuestos epistemológicos básicos siguientes:

• La construcción de significado, que facilita la elaboración de una historia o narrativa.

• La naturaleza asociativa del material de la entrevista: los cambios de tema, de voz, son los indicios; cómo es la estructura de la narrativa que se construye, que es usada para entender el proceso inconsciente; la comprensión y localización del contexto interno o interaccional alrededor del cual las asociaciones están organizadas.

• El contexto tiene que ver con todos los factores internos y externos que inciden en la manera como la comunicación es entendida en el ciclo hermenéutico, pero enfatizando lo intrapsíquico a la vez que lo externo. Se trata de un contexto de concienciación de estados afectivos al momento de la comunicación.

• Impresiones transferenciales y contratransferenciales iniciales. Sosteniendo que no son idénticas a las del lugar clínico, se observan dos elementos importantes:

a) El prejuicio del observador referido a sus motivos, sentimientos conflictos y percepciones relacionados con la aventura particular de la investigación antes de empezar. Se recuerda a Renik (1998), quien considera que la única forma de tener objetividad es trayendo la subjetividad al aforo, y que sólo explorando las propias motivaciones, percepciones y conflictos relacionados con la investigación se puede tener cierta disposición neutral. Aun así, lo importante es clarificar la propia subjetividad.

b) Los sentimientos discretos que se enuncian al iniciar el procedimiento y que influyen en todo lo significativo del proceso. Es la contratransferencia lo que indica lo que el entrevistado transfiere. También se mostrará en el análisis.

Habiendo fijado lo anterior, enseguida se establecen las guías del procedimiento técnico para las entrevistas. Cartwright (2002) propone tres o cuatro entrevistas. En la primera se deja claro el tema que se desea investigar, al tiempo que se establece que el/la entrevistado/a puede hablar de cualquier cosa que le venga a la mente alrededor de él.

Debe hacerse un recuento de los afectos notados en la entrevista inmediatamente después de ella. Esta forma es esencial para las dos primeras entrevistas. En la segunda y tercera, es mejor estructurar la entrevista buscando a) clarificación o información recogida en las anteriores, b) confrontar al entrevistado con las contradicciones, conflictos, operaciones defensivas y formas idiosincrásicas de su lenguaje, y c) presentar interpretaciones preliminares del entendimiento de los conflictos emergentes y de lo consiguiente. Esto da oportunidad para ahondar en la personalidad del entrevistado y el entrevistador.

Para el análisis de la entrevista se retoman las líneas anotadas anteriormente:

• Atención cuidadosa a los estados emocionales y las percepciones. Es indispensable iniciar con los prejuicios y las motivaciones del entrevistador, haciendo las presuposiciones implícitas cuando se analiza la entrevista. Después, son indispensables los estados emocionados y las percepciones asociadas durante la entrevista (contratransferencia).

• La búsqueda de narrativas centrales. Las líneas de la historia, una escena en particular, los caracteres en la historia y la atmósfera circundante. La acción y las motivaciones de esos caracteres. Éstas son las narrativas coherentes que se construyen y permanecen en la entrevista. Pero contrarios a la mayoría de los autores que intentan hacer a un lado los "ruidos", aquí ésos son lo importante. Una repetición constante, la tos, la digresión sin sentido aparente, ya que son significantes de significado inconsciente que está en riesgo de perderse. La actitud del analista en el proceso circular debe ser de una corrección perpetua y de refinar las precomprensiones (Thomä y Kächele, 1975).

• Exploración de identificaciones y relaciones objetales. El self narra los hechos. Hay que encontrar cómo el individuo consciente o inconscientemente se posiciona en las narrativas en relación con los objetos.

Para la verificación y los recuentos interpretativos se recurre a:

• La consistencia interna: Tener sentido y confirmar o desconfirmar la teoría.

• La comprensibilidad: Entender la totalidad del sujeto.

• La consistencia externa: Salir del campo para encontrar otros campos.

• La validación independiente: Usar jueces que aíslen los temas, extraigan segmentos que mejor ilustren las narrativas, comenten las identificaciones clave y las relaciones objetales.

La confiabilidad entre jueces puede apegarse a las siguientes líneas para que no se torne problemática:

• Seguir los pasos delineados en el proceso de entrevista que son independientes del tópico de ésta.

• Apegarse a los procedimientos que ayudan al investigador psicoanalítico a definir y aislar las narrativas de la entrevista.

Estas son guías que ayudan a los investigadores a hacer uso de los primeros estados emocionales como fuentes relativamente confiables de información, y a usar procedimientos claros que estipulan cómo las particulares relaciones objetales, defensas y actitudes consiguientes pueden ser aisladas en las narrativas.

D. El modelo psicoanalítico de Frommer

Frommer (2007) plantea pasos estratégicos para llevar a cabo el análisis de los datos que deben ser obtenidos antes de la codificación:

- El nivel de la perspectiva de observación. ¿El proceso es presentado desde el punto de vista del cliente (A), el terapeuta (B), o el investigador (C)?
- El nivel del sujeto observado (persona focalizada). ¿El sujeto es el paciente (A), el terapeuta (B), o es el sistema de la díada al ser escogidos ambos como el sujeto de examen?
- El nivel del aspecto del proceso. ¿Es el contenido (proposiciones, temas) (A); la acción (acto de hablar, intención, tarea, modo de respuesta) (B); el estilo (paralingüístico y conducta no verbal, cualidad vocal, aspectos emocionales); o es la cualidad (habilidades del terapeuta, conducta del cliente), lo que es evaluado?
- El nivel de la unidad de codificación. ¿Para su evaluación, el texto es subdividido en frases (A), secuencias de turno de habla (B), episodios tópicos (C), sesiones (D) o fases del tratamiento (E); o es el curso completo del tratamiento (F) el escogido como unidad referencial?

El nivel de la orientación temporal cuando se estudia una unidad textual.

Implica la decisión de considerar: la evaluación hecha con relación al contexto dentro del cual una cierta pregunta ha llevado a secuencias específicas (A), o el aspecto del proceso de la unidad estudiada como centro de interés (B), o el impacto de la unidad en el curso futuro y el resultado de la terapia. Además, se hace un análisis inductivo y abductivo (Rennie, 2001)[11].

E. El problema metodológico al unir los tres enfoques

Pareciera que la perspectiva fenomenológica hace hincapié exclusivamente en lo consciente, y que se une cabalmente con la investigación cualitativa en la perspectiva emic, quedando el psicoanálisis excluido por su énfasis en lo inconsciente. El problema de lo inconsciente es su ambigüedad, incertidumbre y ocultamiento simbólico en lo consciente. Desde Freud (1900), la lucha confrontativa en el mundo del pensamiento y existencial se centra en aceptar la presencia de lo inconsciente en la vida cotidiana y los modos y estilos en que determina el comportamiento humano y también el flujo de lo consciente.

Analizar un texto vivo, como es la trascripción de una entrevista donde la intención consciente es entender un tema desconocido, plantea el problema técnico para encontrar el sentido profundo de lo significativo.

Unir las tres herramientas implica hacer un esfuerzo para identificar y tomar en cuenta no sólo lo que explícitamente se dice, sino también el contexto, los mensajes subyacentes en el discurso, los símbolos dentro del todo y la intención.

---

[11] Abducción es la creación imaginativa de una hipótesis, el plano del ancla de la ciencia. La deducción es tautológica porque su significado se contiene en las premisas. Las categorías son abducciones.

En este sentido, creo que los tres elementos en juego sólo pueden colaborar entre sí para entender con mayor profundidad lo que una persona dice.

Teorías científicas que explican las expectativas

A. Perspectiva desde las neurociencias

Durante muchos años se asumió que el campo de la psicología estaba separado de la neuroanatomía. Pero en la actualidad se sabe que el sistema nervioso, y en particular el cerebro, precede a la mente: ésta se asienta en el cerebro. El cerebro forma parte del sistema nervioso central y tiene relaciones profundas con el sistema parasimpático. La relación entre mente y cerebro ha motivado infinidad de reflexiones desde siempre (De la Fuente y Álvarez, 1998), pero en los tiempos actuales, una opinión indiscutible es la de Eric Kandel (1976), que indica que al fin de cuentas todos los procesos son biológicos y lo que queda es explicitar cuáles procesos y en qué grado, como la estimulación y la privación de estímulos, se interrelacionan para producir los efectos mentales. Lo más importante y sobresaliente es que así como se observa en el reino animal (Kandel, 1976), no hay cerebro sin mente ni mente sin cerebro. Éste es un concepto de mente separado de las posturas idealizadoras y esotéricas, y se refiere a la mente como función.

Al saber que cerebro y mente son interdependientes, se establece una integración que permite entender un poco más la intrincada complejidad del ser humano.

Los mecanismos que propician la organización de lo fisiológico y su expresión en la mente mediante la regulación del cerebro, están dados por el desarrollo evolutivo de cada sujeto, y muy en especial por la organización de las experiencias en los modelos internos de trabajo (MIT) generados desde el apego (Bowlby, 1969, 1973,1980; Fonagy, 2001). Procesos tan fundamentales como la expresión de los genes o los cambios en las densidades receptoras, son influenciados por el ambiente socio-psico-cultural del infante ya que "el cerebro está expectante de experiencia" (Siegel, 1999: en Fonagy, Gergely, y Target, 2007:291). Por eso, el ser humano funciona con base en la expectativa, es decir la anticipación con fines de predicción, echando mano de sus facultades para la adaptación, el ahorro de energía y la defensa.

La expectativa surge a partir de las funciones mentales de anticipación y predicción, y la conciencia "tiene la capacidad de expectativa o predecibilidad de situaciones futuras" (De la Fuente y Álvarez, 1998: 55).

Hornby, Gatenby y Wakefield (1963)[12] definen anticipar como un verbo que significa 'hacer uso de, antes del derecho o el tiempo natural'. Esta función es parte esencial del pensar y el planear.

Montaner y Simón (1887-1910) indican que la anticipación, en las acepciones dadas a la palabra por Epicuro y Kant, es lo que hoy se denomina prejuicio o juicio anticipado; al que nos adherimos en la vida sin tener conciencia completa de su verdad. Al abuso de los prejuicios están ligados las preocupaciones, las costumbres inveteradas y los hábitos, que esperan su verificación o comprobación en el progreso ulterior del pensamiento.

Baeza (1994) define anticipación como el proceso men-

_____
[12] Las definiciones de diccionario que aparecen a lo largo de la exposición no deben considerarse como parte de la perspectiva neurocientífica, o alguna otra, sino como un recurso para intentar clarificar términos.

tal de prever hechos que todavía no han ocurrido. La relaciona con la atención pues ésta se halla vinculada con la significación, la evaluación de la acción y la expectación. La anticipación activa representaciones almacenadas en la memoria, y la función selectiva de la atención plantea algunas incompatibilidades. En el caso de la ansiedad, la anticipación activa requiere de la atención auto enfocada como condición necesaria para la hipervigilancia de las sensaciones corporales relacionadas con la activación psicobiológica. La anticipación se da sobre la base de la experiencia y otras fuentes de conocimiento. Va desde un proceso rápido, intuitivo, automático, hasta un proceso de predicción elaborado, deliberado, basado en inferencias inductivas o deductivas. Se refiere básicamente a:

- Cómo y cuándo algo perjudica o beneficia (evaluación primaria) (Lazarus y Folkman, 1984).
- Qué puede hacerse al respecto (evaluación secundaria) (Lazarus y Folkman, 1984).
- Qué capacidad se atribuye uno para hacerlo (expectativa de eficacia) (Bandura, 1986).
- Qué resultados se calculan como probables (expectativas de resultados) (Bandura, 1986).

En consonancia, se experimenta un estado emocional agradable o desagradable según el caso y la manera como el individuo vea afectados sus planes y condiciones.

La anticipación prefigura aspectos básicos del sujeto en acción (Catalán, 1987), calcula cómo puede ésta desarrollarse en un contexto y circunstancias determinadas, y cómo se verían favorecidos u obstaculizados los propósitos del sujeto. En palabras de Bandura (1986: 467): "los pensamientos anticipatorios que no exceden los límites de la realidad tienen un valor funcional porque motivan el desarrollo de competencias y de planes de acción".

A veces, estos pensamientos pueden resultar tan activadores fisiológicamente como los propios acontecimientos reales (May, 1977).

El individuo presta especial atención a las señales del entorno o a las internas que tienen el valor de predecir el desarrollo de la acción y sus resultados. La previsión resultante de considerar y analizar dichas señales predetermina a su vez el campo de atención sobre el que preferentemente se focalizará cuando la situación se presente. Otros aspectos de la situación quedarán "ensombrecidos". Podemos decir que, dada una situación, el individuo tiene más probabilidades de ocuparse de aquello de lo que se ha pre-ocupado.

Otra definición es la que ofrecen Olson, Roese y Zanna (1996). Ellos afirman que "una expectativa puede ser definida como una creencia acerca de las probabilidades asociadas con una situación de eventos futura". Aquí se puntualiza que la expectativa es una creencia, lo cual introduce otro concepto que es necesario aclarar: creencia.

Desde la psicobiología, creencia es un "estado psíquico subjetivo en el que el sujeto considera como 'verdad' un elemento intelectual, generalmente en ausencia de análisis crítico y argumentos de validez" (Glosario de psicobiología, 2007).

A su vez, la Real Academia Española (2001) define que "una creencia es un estado mental que consiste en dar por buena una proposición y actuar como si fuese verdadera (aunque no lo sea)".

La predicción es una construcción más elaborada que la anticipación y significa "decir o sentir algo por adelantado, conjuntando la experiencia con el deseo" (Hornby, Gatenby y Wakefield, 1963). Igual que la anticipación, puede estar basada en creencias falsas, pero también tiene un carácter adaptativo cuando, y principalmente, se usa para interactuar con otros en la experiencia.

Goldman (1999: 42) señala que "los organismos simples reducen la incertidumbre al recibir relativamente poca información. [...] Los altos niveles de conducta adaptativa requieren plasticidad, de tal modo que los organismos más complejos también usan patrones adquiridos de la experiencia". Esta capacidad fundamental para guardar información y organizarla después, al percibir y responder, es lo que Tolman (1932) llamó expectativa.

Según el diccionario Pequeño Larousse Ilustrado (García-Pelayo y Gross, 1984), expectativa se define como "una espera fundada en promesas o posibilidades: Estar a la expectativa de un suceso".

De expectativas el diccionario ofrece una acepción en la que lo significativo es "esperar [...] la promesa de obtener algo", mientras que las otras definiciones se refieren a una cualidad de la mente que "anticipa"; esto es, independientemente de que se espera obtener algo, el énfasis significativo está en la anticipación.

Hay una diferencia entre esperar y anticipar, porque el segundo verbo da por hecho que lo que se espera tendrá una cualidad de realidad posible.

Predecir y anticipar comparten la misma cualidad mental en cuanto a que son procesos que implican representaciones mentales tanto intelectuales como afectivas, con significados y con una postura ante la posibilidad real. Ésta es la manera en la que debe entenderse el concepto de expectativa.

Y la diferencia entre expectativa, predicción y anticipación puede verse con mayores implicaciones cuando se entra en el impacto de las expectativas en la teoría del apego (Fonagy, 2001).

Expectativas de ausencia de comprensión y cuidado recíprocos pueden evocar una conducta parental de hostilidad y negatividad, incrementada por la provocación del niño o por otros medios.

Es así que un apego inseguro puede jugar un rol causal en la desadaptación posterior, a través de la cristalización gradual –en la interacción transaccional entre padre e hijo– de MIT caracterizados por desconfianza, enojo, ansiedad y miedo.

Esto quiere decir que una expectativa, entendida como una creencia que anticipa una determinada respuesta del otro y que predice un cierto comportamiento, puede llevar, de la misma manera a través de los MIT que regulan la interacción transaccional (en este caso entre padre e hijo), a la consolidación de una mente segura, con amplias posibilidades de adaptación. Pero también, que la misma función de la expectativa afianzada en el miedo, la desconfianza y la incomprensión, puede llevar al extremo opuesto.

Estas interacciones tienen como base "la experiencia de la persona del cuidador como un ser 'coherente', que recíproca nuestras necesidades emocionales y físicas en maneras espectadas y por lo tanto merece ser cargado con la confianza básica, y cuya cara es reconocida al momento que reconoce" (Erickson, 1964:117).

Las expectativas del paciente al tratamiento serán identificables como positivas cuando formen una impresión que oriente hacia la mejoría, y viceversa: serán negativas cuando orienten hacia el empeoramiento. También serán negativas si se perciben *nocebos*[13] en el discurso del paciente o del terapeuta.

---

[13] Expectativas de efectos negativos, fruto de la imaginación y la creencia (Martínez, 2003).

B. Perspectiva desde el psicoanálisis

a. Aportaciones desde la teoría del apego

Fonagy (2001, y en Fonagy, Gergely y Target, 2007) indica que la expectativa es un co-concepto de la teoría del apego, es decir van juntas en el desarrollo madurativo. A través de esta teoría puede entenderse el funcionamiento mental que conlleva expectativas positivas o negativas en casi todos los momentos de interacción del sujeto con otra persona. El espacio y el grado de contacto entre un infante y su cuidador sistemáticamente se ven alterados por ambos, al parecer con base en sus expectativas. Las vicisitudes del apego determinan el modo como se conforma la mente del sujeto. En la base de las interacciones entre infante y cuidador, aparece una construcción mental psico-socio-cultural que forma una respuesta repetitiva, una especie de modelo-patrón. Este modelo-patrón de respuesta, inconsciente o preconsciente, apoyado en la teoría de la mente[14], compele al sujeto a espectar lo conocido, antes que reconocer las diferencias, en cualquier nueva experiencia.

De acuerdo con Bateman y Fonagy (2005), los componentes de la conducta de apego que sirven para mantener y establecer la proximidad son:

• Señales que atraen a los cuidadores con sus hijos (por ejemplo, sonreír).

• Comportamientos aversivos que tienen la misma función (tales como llorar).

• Actividad músculo-esquelética que lleva al niño con su cuidador (principalmente locomoción).

---

[14] La teoría de la mente estudia la "la forma en que se concibe la actividad mental en uno mismo y otros, incluyendo cómo los niños conceptualizan la actividad mental en otros, atribuyen intenciones y predicen la conducta de otros" (Fonagy, Gergerly, Jurist, Target, 2006:26).

Pero a los tres meses surge la conducta de asociación con otros dirigida a una meta. Los procesos psicológicos centrales para mediar ésta son los MIT. A partir de esa edad se reconocen ya, en el sujeto, cuatro sistemas representacionales:

• Expectativas de atributos interactivos de los cuidadores tempranos, creadas en el primer año de vida y elaboradas subsecuentemente.

• Representaciones de los eventos por medio de las cuales se codifican y recuperan recuerdos generales y específicos de experiencias relacionadas con el apego.

• Recuerdos autobiográficos por los cuales eventos específicos son conectados de manera conceptual por su relación con una comprensión personal del self continuamente narrativa y en desarrollo.

• Comprensión de las características psicológicas de otras personas y diferenciación de este respecto de las que pertenecen al self.

Así, un logro de desarrollo clave de los MIT es la creación de un sistema de procesamiento del self. El niño se vuelve capaz de usar su sistema representacional para anticipar y predecir el comportamiento de otros o de sí mismo, en conjunción con estados intencionales locales más trascendentes inferidos a partir de una situación dada. Todo esto a través de la función interpretativa personal (FII).

El apego también impulsa el desarrollo cognitivo (Bateman y Fonagy, 2005). La capacidad para la interpretación, que Bogdan (1997) definió como "organismos dándole sentido a los otros en contextos donde esto tiene una importancia biológica", se vuelve únicamente humana cuando los otros se "enganchan" psicológicamente para compartir experiencias, información y afectos.

La capacidad para interpretar el comportamiento humano –de darle sentido a los signos de otros– es proporcionada por la FII. Ésta permite el desarrollo de la mentalización o capacidad de entender la mente del otro con nuestra propia mente, con la expectativa universal de que cualquier mente puede influir en la nuestra por intervención de la FII. La disrupción de los lazos afectivos tempranos forma patrones de apego desadaptativos y deteriora un rango de capacidades vitales para el desarrollo psicosocial, en específico la capacidad de mentalizar.

Al patrón de respuesta generado con dicha disrupción lo llamo expectativa negativa u ominosa, ya que a partir del fracaso primario del apego, el patrón de los MIT y la FII, el sujeto tiende a esperar respuestas parecidas a las de los modelos frustradores. Razón por la cual organiza una serie de defensas "precautorias", con las que él mismo entra al mundo esperando fracasar en las oportunidades y ejerciendo conductas manipuladoras para hacer que los demás sujetos se comporten con él de la misma forma que lo hicieron los cuidadores primarios.

La teoría del apego (Bowlby 1969, 1973,1980; Fonagy, 2001) explicita los modelos de apego –alertados al nacimiento–, indicando cómo se establecen los patrones inconscientes de los mismos. Estos modelos son: seguro, inseguro, preocupado, evitativo o descartante, y desorganizado. Y la causa de todos ellos es la confianza o desconfianza del sujeto tanto en sí mismo como en sus cuidadores. A partir de su modelo de apego, el individuo posteriormente forma su patrón de respuesta ante las relaciones interpersonales.

Todas las personas que acuden a terapia organizan la relación terapéutica ajustándola a sus expectativas inconscientes. Estas expectativas tienen toda la fuerza de una "creencia", de una realidad, de la que el sujeto no tiene perspectivas de alternativa.

Fonagy, Gergerly, Jurist y Target (2006) señalan que, entre el nacimiento y los cinco meses de edad, los intercambios cara a cara de señales afectivas entre el infante y su cuidador juegan un papel clave en el desarrollo de la representación del afecto en el niño.

Ellos demuestran que:

a) El infante se involucra en la interacción junto con el cuidador, lo cual implica tanto la autorregulación como la sensibilidad hacia el estado del otro.

b) En el ámbito de la expresión facial hay un proceso de mutua influencia donde la conducta del bebé es predicha por la madre y viceversa, presumiblemente sobre la base del esquema de la reacción anticipada del otro.

c) El espacio y el grado de contacto entre infante y cuidador son sistemáticamente alterados por ambos, de nuevo, con base a sus expectativas.

d) Un alto grado de coordinación predice la ejecución cognitiva precoz, ahí donde los niveles más bajos de coordinación son óptimos para el apego seguro y el temperamento fácil.

e) La interacción con un extraño es más predictiva de la conducta del infante con la madre en la situación extraña (SSn)[15], que la interacción con la madre misma. Esto último porque el bebé reacciona con el modelo de apego ya formado (seguro, inseguro, evitativo...) y tiene la expectativa de lo conocido.

La fuerza de la expectativa queda establecida en dicha

---

[15] Es una prueba de laboratorio de 20 minutos en la que el niño es expuesto a dos "separaciones minúsculas" de un máximo de tres minutos cada una. La diseñaron Mary Ainsworth y sus colegas (Ainsworth, Velar, Waters y Wall, 1978).

situación experimental (SSn), en la que se observa que para estimar o evaluar el efecto que causa en el infante la separación de la madre, es suficiente conocer la respuesta del infante en el contexto de la conducta espectada. De esta manera puede verse que no es tanto la ausencia de la madre, sino su aparentemente arbitraria conducta (separarse del niño sin su previo consentimiento) lo que provoca el malestar del niño; que se relaja cuando ella regresa. La expectativa personal lleva un sello indeleble de la historia y la experiencia del sujeto, que se repite en cada una de sus interacciones a lo largo de su vida. Qué tan coherente, consistente y sintonizada sea la creencia con la realidad, es parte del problema que involucra tanto la expectativa como la verdad que lleva en sí misma para cada sujeto. Ésta es la base de la transferencia y la contratransferencia.

Fonagy (2001) reporta que en uno de sus proyectos, realizado en Londres, se encontró que la respuesta del niño ante el apoyo espectado como proveniente de la madre pero en realidad recibido del padre fue un fuerte predictor de su MIT. Resultado que refuerza la idea de Erickson (1956: 104-164) referida a que es importante estudiar las influencias del ambiente a partir de las expectativas culturalmente condicionadas de los cuidadores.

El punto central de los MIT concierne, por lo tanto, a la disponibilidad espectada de la figura de apego. "Un niño cuyo modelo interno de trabajo del cuidador se enfoca en el rechazo, construye la expectativa de evolucionar en un modelo interno de trabajo complementario en su self como no amable, no valioso y fallido" (Fonagy, 2001-2004: 13).

Ésta es la matriz de las expectativas como creencia, anticipación, predicción, y esperanza en el último de los casos.

b. Aportaciones de Sigmund Freud

Las expectativas fueron señaladas por el mismo Freud

(1890) incluso antes de formular la teoría psicoanalítica, sentando precedente de lo que vendría a ser el estudio de la sugestión y posteriormente la transferencia. En ningún lado ofrece una clara definición conceptual de lo que entiende por expectativas y utiliza el término con una acepción coloquial, suponiendo que se entenderá en el mismo sentido que él lo menciona.

En su "Tratamiento psíquico" dice:

...la expectativa es una fuerza eficaz hacia la contracción o la curación de afecciones corporales. La expectativa angustiada no es sin duda indiferente para el resultado; que es decisivo saber si es tan eficaz, por ejemplo, para afirmar que en casos de una epidemia los más amenazados son los que tienen miedo de contraer la enfermedad. El estado contrario de la expectativa esperanzada y confiada es una fuerza eficaz de la que en rigor no podemos dejar de prescindir en todos nuestros ensayos de tratamiento y curación. De lo contrario serían inexplicables los curiosos efectos que observamos a raíz de la aplicación de medicamentos y terapias. Ahora bien, el influjo de las expectativas confiadas se vuelve patente en grado sumo en las llamadas "curas milagrosas" (Freud, 1890: 27).

Más adelante menciona los designios como representaciones conectadas a un afecto que predice resultados positivos o negativos, según sea el significado del desenlace y la incertidumbre.

En "Sobre psicoterapia" (1905-1904:121), Freud dice:

Con miras a la curación, se inducía en los enfermos el estado de "crédula expectativa" que todavía hoy nos presta idéntico servicio [...] la falta de confiabilidad de que acusamos a tantos de nuestros métodos de curación se retrotrae justamente a la influencia perturbadora de este factor.

Puedo señalar que utiliza la frase "estado anímico" para designar una serie de las más eficaces fuerzas anímicas que puede ponerse en movimiento para la contracción o la curación de afecciones corporales. Y lo define como un estado con "representaciones conectadas con un afecto" para situar, dentro de lo psíquico, lo que define como expectativas.

Como puede verse, las explicaciones de Fonagy están en sintonía con esta forma de exponer las expectativas, es decir, con la indicación de Freud de que el sujeto adulto reacciona a su medio ambiente con una prefigurada y muy subjetiva noción, anticipando y prediciendo.

Sin embargo, en "Sobre la iniciación del tratamiento" (1913:127) Freud indica un diferente enfoque a las expectativas:

Tanto legos como médicos, que tienden aún a confundir el psicoanálisis con un tratamiento sugestivo, suelen atribuir elevado valor a la expectativa con que el paciente enfrente el nuevo tratamiento. A menudo creen que no les dará mucho trabajo cierto paciente por tener éste gran confianza en el psicoanálisis y estar plenamente convencido de su verdad y productividad. Y en cuanto a otro, le parecerá más difícil el éxito, pues se muestra escéptico y no quiere creer nada antes de haber visto el resultado en su propia persona. En realidad, sin embargo, esta actitud de los pacientes tiene un valor harto escaso. Su confianza o desconfianza provisionales apenas cuentan frente a las resistencias internas que mantienen ancladas la neurosis........ (la expectativa) no resultará perturbadora siempre que obedezca concienzudamente la regla del tratamiento".

Al estar adentrado en plantear la técnica prístina del psicoanálisis, fundamentada en la asociación libre, queriendo desligar de la sugestión y la hipnosis, la expectativa fue considerada intrascendente. No importa que esperen, en el sentido de anticipar, tanto el paciente como el médico, la asociación libre provocará un afloramiento del inconsciente de tal nivel, dimensión y fuerza que la estructura misma de la mente se verá modificada en cuanto a lo que había antes de someter al procedimiento. Así, la expectativa no tiene ninguna importancia y lo único indispensable es cumplir con la asociación libre y la atención flotante, con el fin de superar las dificultades que se le planteen al paciente.

En el contexto de la teoría del apego esto es una confrontación, al menos teórica, porque este planteamiento más bien técnico de Freud no toma en cuenta los modelos internos de trabajo (Fonagy, 2001-2004) que tienen un peso específico, considerando que son inconscientes y estarán siguiendo su direccionalidad anticipativa, llevando la asociación libre a la comprobación de la teoría de la mente, la creencia del sujeto.

Esta teorización-técnica freudiana, en la segunda tópica, no toma en consideración las relaciones de objeto (Fairbairn, 1952) ni la dinámica de los mecanismos de defensa (Fenichel, 1945; Freud, A. 1980), que en su conjunto e interacción, demandan una dimensión técnica mucho más puntillosa que el diseño Freudiano original.

Debe aclararse que representación es un término propiamente de la teoría psicoanalítica, que designa "lo que uno se representa, lo que forma el contenido concreto de un acto de pensamiento [...] especialmente la reproducción de una percepción anterior" (Laplanche y Pontalis, 1967: 382). Freud contrapone la representación al afecto y da un diferente destino a cada uno de estos ellos en los procesos psíquicos.

C. Perspectiva cognitiva

En la perspectiva cognitiva, Kirsch (1985[a], 1990) es el innovador de la teoría de la respuesta expectativa. Primero define ésta como una expectación por una respuesta no volitiva, tal como una experiencia subjetiva y su concomitante fisiológico (como las emociones, el placer, el dolor). E indica que a diferencia de los estímulos expectativas, la respuesta expectativa es directamente autoconfirmatoria.

Cuando la expectativa es la única causa de la respuesta, ésta tiende a ser mejor que cuando la expectativa es aumentada por otros factores.

Las dimensiones de la expectativa en general son: a) su fuerza (por ejemplo, qué tanta confianza tiene una persona de que la respuesta ocurrirá), y b) la magnitud de la respuesta esperada. Cuando una persona tiene una fuerte expectativa por un cambio relativamente pequeño en la respuesta, es probable que se confirme la expectativa, y viceversa: cuando la expectativa es débil por un cambio relativamente grande en la respuesta, es probable que no se confirme. Debido a que la mayoría de las expectativas de las personas son sostenidas con una completa confianza, a menos que sea aumentada por otro factor la respuesta resultante tiende a ser de alguna manera más débil que lo anticipado. Esta tendencia ha sido bien establecida en las áreas de miedo y dolor (Rachman, 1994) y parece caracterizar a la literatura sobre hipnosis también.

El valor adaptativo de las expectativas está en el rápido reconocimiento de las situaciones. El cerebro evolucionó porque provee a los animales de una ventaja adaptativa; es una "máquina de anticipación" (Dennett, 1991:178).

Los estados internos son especialmente ambiguos, por esa razón su percepción por parte de las personas está particularmente inclinada a tener efectos de larga duración en las expectativas.

La influencia de la expectación en los estados subjetivos fue descubierta en 1950-1960 con la revelación de que los placebos no sólo complacen a los pacientes sino también producen alteraciones en los síntomas y quizá aun en los desórdenes subyacentes (Harrington, 1997).

De acuerdo con Thesaurus (2006), los placebos son:

- Una sustancia que no contiene medicación y es prescrita o dada para reforzar las expectativas del paciente de lograr su bienestar.
- Una sustancia inactiva o preparación usada como control en un experimento o prueba para determinar la efectividad de una droga medicinal.
- Algo que no tiene valor intrínseco remedial y que es usado para apaciguar o reasegurar otro.

Cuando las expectativas alteran la percepción de los estímulos externos en la persona, no afectan simultáneamente los estímulos en sí mismos. Sin embargo, cuando la persona introspecta, la distinción entre el percepto (contenido físico de la percepción) y lo que es percibido se descompone. La percepción no es acerca de la experiencia, es la experiencia misma; por lo tanto, cambiar la percepción de dolor, ansiedad, depresión y otros estados psicológicos es equivalente a cambiar estos estados de experiencia.

En este sentido, el efecto autoconfirmatorio de la respuesta expectativa en la respuesta experiencial es lógicamente una necesaria consecuencia de los efectos confirmatorios de la expectativa en la percepción. Adicionalmente, si se asume que hay un sustrato fisiológico para el estado experienciado, entonces un cambio en la percepción es siempre un cambio fisiológico también.

Las explicaciones etiológicas cognitivas de las expectativas están sobre todo basadas en la evidencia de múltiples estudios (Kirsch, 1999; Bandura, 1986); pero como dice Maddux (1999), específicamente refiriéndose al afecto, es debatible que el afecto deba ser considerado una unidad básica social-cognitiva.

Maddux (1999) indica que, por un lado, las teorías contemporáneas de la emoción acuerdan que las emociones resultan de la evaluación cognitiva de los eventos de vida, de los cuáles lo evaluado es el grado en el cual el evento es querido o no.

Por lo tanto, es posible ver la emoción y el afecto como el resultado de otras unidades social-cognitivas (por ejemplo, conducta-resultados y expectativas y valores de resultados) pero no como una unidad social-cognitiva en sí misma.

Por otro lado, la investigación de las pasadas dos décadas indica que las respuestas afectivas son relativamente automáticas e interactúan de maneras importantes y complejas con atribuciones de autoevaluación y autorregulación.

D. Las expectativas al tratamiento psicoanalítico y la psicoterapia psicoanalítica

En relación al proceso del tratamiento se puede decir que tratamiento es una intervención terapéutica psíquica que tiene una prescripción manifiesta en los parámetros de tiempo, lugar, persona, con una finalidad de cambio en el estado psíquico del paciente/analizando. Y también es la intervención que hace un analista con un analizando que libre y volitivamente desea aceptar esa intervención a través del desarrollo de una estructura de interacción (Jones, 2000). Proceso es todo el desarrollo del tratamiento a lo largo del tiempo.

Proceso y tratamiento son dos conceptos diferentes entre sí, pero absolutamente vinculados, tanto que en psicoanálisis son uno y el mismo.

Se observan varias fases o tiempos del proceso o tratamiento:

83

El primer tiempo, o fase de expectativa, comprende el establecimiento de un contrato y una alianza de trabajo dentro de una estructura de interacción. La fase consiguiente, o fase media, está marcadas por el desenvolvimiento de la neurosis de transferencia en el caso del psicoanálisis y su resolución. Y la fase final, en la que se desarrolla el manejo seleccionado que de la neurosis se hace en la psicoterapia psicoanalítica.

El primer efecto que puede observarse del tratamiento es que el paciente y el terapeuta hacen una alianza de trabajo positiva, cumpliendo con las reglas esperadas, o bien manifestando una resistencia de entrada contra estas reglas. Esto en la fase de inicio.

En la fase media vuelven a encontrarse estos efectos cuando el paciente rechaza las interpretaciones, clarificaciones, confrontaciones o construcciones, con el fin de no abandonar sus expectativas pasivas o negativas, afianzadas en su transferencia.

En la fase final, las expectativas positivas producirán un cambio exactamente igual al que el paciente perseguía y que puede ser similar al que el analista tenía sobre la base de su diagnóstico. Las expectativas negativas u ominosas pueden ser modificadas en el curso del proceso; entonces es probable que el paciente logre un cambio definitivo en sus patrones de interacción estructural porque se modificó el patrón original, o sea la transferencia.

Frommer y Langebach (2001) analizan el estudio de caso psicoanalítico como una fuente de conocimiento epistémico, y reflexionan acerca de algunos aspectos importantes de las expectativas. Ellos afirman que Freud era consciente de cómo el analista lleva expectativas al tratamiento, que deben ser necesariamente contenidas para evitar factores inesperados.

Además, consideran el proceso psicoanalítico como una trayectoria que va desde las experiencias negativas y defendidas, hasta la integración, asimilación y dominio de éstas. Lo que incluye tres diferentes aspectos, de acuerdo con el triángulo del insight de Menninger (1958, citado por Frommer y Langebach, 2001: 63): a) Es un experiencia pasada con personas con quienes el niño se relaciona en sus primeros años de manera traumática y/o, conflictiva. b) Esta experiencia tiene una influencia formativa en expectativas y patrones de conducta dentro de la relación terapéutica (transferencia). c) De acuerdo con esa forma tripartita, la tercera es la asimilación del proceso en el pasado, presente y los aspectos transferenciales que el paciente descubrirá en el curso de la terapia, dándose cuenta de que sus expectativas y patrones de conducta están formateados en una manera típica y general y que no se confinan a una situación particular.

E. Psicoanálisis y psicoterapia psicoanalítica

El psicoanálisis nació como un tratamiento específico de enfermedades mentales, un método de investigación de las mismas y una teoría psicológica que daba cuenta de los dos anteriores. Desde el nacimiento del psicoanálisis, estos tres puntales estuvieron definiendo su especificidad. El método de abordaje clínico se convirtió en la técnica que permite el esclarecimiento inconsciente y la construcción de la teoría.

La teoría psicoanalítica inicia con los hallazgos fundamentados de Sigmund Freud en sus pesquisas por encontrar la respuesta a las disfunciones no explicables de otro modo. La meta era "comprender la naturaleza de las enfermedades nerviosas llamadas 'funcionales'" (Freud, en Freud y Breuer, 1893-1895: 27).

Acerca del inconsciente, dice: "Se reconoció el carácter auténtico de tales fenómenos y se llegó al convencimiento de que aun alteraciones corporales llamativas podían ser el resultado de influjos puramente anímicos" (Freud, 1890: 32).

El proceso del descubrimiento del psicoanalisis fue el siguiente:

- Freud escucha al paciente con atención libre y flotante.
- El paciente asocia libremente.
- Aparece la resistencia del paciente.
- Freud reconoce la existencia del inconsciente.
- Deduce la represión, los mecanismos de defensa, la formación de síntomas y los beneficios secundarios de éstos.
- De los datos deduce la teoría del conflicto, de la angustia y los sistemas.
- Reconoce la transferencia y la contratransferencia.
- Efectúa la interpretación.
- El síntoma se transforma en una construcción.
- Freud realiza una narrativa del proceso.

Más adelante, las bases comunes de la técnica psicoanalítica permitieron usar lo que Wallerstein (1989: 865) definió como el terreno común de ésta. La conclusión de Wallerstein fue que:

Cada uno de ellos (los analistas que presentaron sus ponencias en el Congreso Internacional de Psicoanálisis de la Asociación sicoanalítica Internacional, en Roma, 1989) manejó, en forma muy comparable, el fenómeno del conflicto y del compromiso, el impulso y la defensa, el mundo interno y externo, la realidad y la fantasía, la interpretación develadora y la necesaria intervención de apoyo. Todo dentro de las interacciones ocurridas en la matriz transferencial-contratransferencial que ocupa el terreno designado por los Sandler como "inconsciente presente".

Sin embargo, hoy se considera, de acuerdo con Thomä y Kächele (2008), que "en todo nivel, porque el psicoanálisis es lo que los psicoanalistas hacen, como Sandler (1982, en Thomä y Kächele, 2004: 6) simple y sintéticamente lo puso, la práctica de los analistas individualmente debe ser investigada tan cercanamente como sea posible en los datos primarios".

Wallerstein (2000) establece, resumida pero claramente, los supuestos básicos de la teoría psicoanalítica: Que el psicoanálisis se define como el tratamiento conducido por un psicoanalista graduado en un instituto reconocido por la Asociación Psicoanalítica Internacional. Es sistematizado en tres, cuatro o cinco sesiones por semana, durante al menos un año. Aplica la transferencia y la contratransferencia. Recurre casi exclusivamente a la interpretación transferencial, la interpretación sistemática de la transferencia negativa, la resistencia, la interpretación de los sueños y una actividad pasiva y abstinente por parte del analista, además de la formación de una estructura de interacción.

El psicoanálisis en sí mismo opera estableciendo una neurosis de transferencia totalmente expuesta, y su ulterior resolución mediante la interpretación que lleva al insight y al dominio de la misma viene a ser lo central.

Por transferencia se entiende "la reproducción, en el aquí y el ahora de la sesión analítica y de la relación con el analista, de las vinculaciones emocionales, conflictos y fantasías que se establecen entre el yo del paciente y los objetos de su mundo interno, así como también entre éstos mismos" (Coderch, 1995: 34).

La contratransferencia es el "conjunto de sentimientos y fantasías tanto conscientes como inconscientes que experimenta el analista frente a sus pacientes" (Coderch, 1995: 35).

Volviendo a Wallerstein, él explica que la psicoterapia

psicoanalítica expresiva es similar en mecanismos, pero difiere del psicoanálisis agudamente en grado. Está limitada focalmente a sectores de la psique que enferman, así como a la perturbación parcial de la personalidad. Esto quiere decir que se entra en la discusión respecto a cuál es el objetivo de la terapia: ¿curar los síntomas, o procurar un insight?

En el primer supuesto, curar los síntomas, aparece "la experiencia emocional correctiva", ya sea en su sentido original así nombrado por Alexander y French (1946), donde se intentaba lograr una vivencia a través de la relación con el analista, tan profunda que lograra convertir la terapia en una "experiencia emocional correctiva", eliminado los síntomas a través de ello y permitiendo que la influencia del analista sobre el paciente fuera correctiva.

Por otro lado, está el más clásico sentido psicoanalítico especificado por Gill (1984: 170), donde es mediante la "identificación" con el terapeuta y sus modos de trabajar con el paciente, con regresión transferencial total, todos enfocados a resultados extensivos, buscando conducirse más adaptativamente, o de estar de acuerdo con la realidad, y así sucesivamente. Esta "identificación" implica reconocer la transferencia y hacer un manejo selectivo de ella por parte del terapeuta. Puede desencadenar una reacción en el paciente del tipo "desafiar" o "actuar en contra del terapeuta": El paciente puede llegar a pensar: "Yo lo haré a pesar de ti o en contra de tú negativa o las expectativas pesimistas que tienes de mí" y esta reacción puede llegar a traer la cura.

Todos estos mecanismos llevan a cambios que son presumiblemente de menos extensión que en el psicoanálisis, así como también de menos duración y más vulnerables ante las circunstancias adversas futuras de vida.

El segundo supuesto, procurar un insight, es el más defendido por la teoría psicoanalítica. De hecho, el mismo Freud lo indicó así cuando estableció que, en sí, el análisis tenía como fin la investigación pura de los procesos mentales, (Freud, 1905-1904, 1913, 1924-1923). Esto conlleva el análisis de la transferencia, las resistencias y el desenvolvimiento puro de la neurosis de transferencia. Esto es, el sujeto sólo podrá declararse "curado" cuando haya logrado experimentar la vivencia total y completa de sus "vinculaciones" internas en la persona del analista. Lo cual implica que por un tiempo, hasta que esto es analizado, el paciente puede experimentar que el analista es una exacta repetición de sus objetos del pasado. Los cambios que logre serán su liberación total, la resolución del conflicto remanente del Edipo y una nueva estructuración psíquica que reemplaza el Ello por el Yo; entonces los síntomas neuróticos desaparecen por obsolescencia.

Enrico E. Jones (2000) habla de las "estructuras de interacción" –el concepto más moderno para el análisis y la investigación psicoanalíticos–, estableciendo que no existe una técnica ni unos parámetros ni un analista que sirvan para todos los pacientes, sino que el éxito (o el fracaso) de la terapia deviene en razón proporcional con el estilo y la calidad posible que la estructura de interacción desarrolle en una pareja terapéutica específica.

Con el fin de poder enfrentar la problemática que surge de las distintas clasificaciones y la falta de definición académica, Sigmund Freud fundó la Asociación Psicoanalítica Internacional (IPA por su nombre en inglés), que avala tanto el entrenamiento de quienes deseen llamarse psicoanalistas y psicoterapeutas psicoanalíticos y les otorga un registro diferenciador. Así también para propiciar el crecimiento de la teoría y de la investigación científica acerca de ella. Cada país tiene una o más unidades de entrenamiento en psicoanálisis debidamente aprobadas por la IPA.

En México están la Asociación Psicoanalítica Mexicana (APM), la Asociación Regiomontana de Psicoanálisis (ARPAC), la Sociedad Psicoanalítica de México (SPM) y la Asociación Mexicana para la Practica, Investigación y Enseñanza del Psicoanálisis, A.C. (AMPIEP), todas ellas miembros de la IPA.

La psicoterapia psicoanalítica se define como el tratamiento conducido por un psicoanalista graduado en un instituto reconocido por la Asociación Psicoanalítica Internacional. Se desarrolla sistemáticamente en una o dos sesiones por semana durante al menos un año. Recurre a la aplicación de técnicas como la interpretación de la transferencia y de los sueños, clarificaciones, señalamientos y confrontaciones sobre la conducta conflictiva, inapropiada, inadecuada según las regulaciones sociales, y a las leyes del proceso de pensamiento lógico racional. Siempre con una postura activa del terapeuta.

Y del proceso se puede decir lo siguiente: es un modelo de entendimiento que se da en fases. No existe un proceso falso o verdadero, se trata de un proceso heurístico y creativo que exige una revisión constante de la suposición del terapeuta y las observaciones de la interacción, la percepción y el modelo del analista, en contraste con los del paciente.

En psicoanálisis, una variante del parámetro tiempo es que el analista puede no determinar la duración de la terapia y a cambio establecer un proceso que se dará por fases: inicial, media y final, pero que dependerá totalmente del desenvolvimiento de la neurosis transferencial del analizando. En el caso de la psicoterapia, pueden fijarse lapsos de seis, doce o dieciocho meses, (aunque pueden prolongarse sin fecha de terminación, en casos donde la psicoterapia se convierta en un apoyo necesario, como puede ser el caso de una psicoterapia de apoyo para esquizofrenia) y elaborarse un contrato con metas específicas que deben ser acordadas por ambos. Paciente es un término ambiguo a pesar de su claridad. Es el sujeto que padece, que sufre las dificultades en su ser. Elegí usar esa palabra en lugar de persona, por ejemplo, u otro término más general, más neutro, menos marcado, más acorde con la teoría fenomenológica, precisamente porque connota sufrimiento. Cuando convertimos al paciente en un sujeto diferente, con significados propios, en un ser en sí y para sí, temporal, espacial, interrelacionado y en su corporeidad, la dimensión de la pre-noción queda rota.

Paciente es el sujeto que construye una estructura de interacción junto con su analista, que es capaz de analizar sus procesos mentales y encontrar una construcción diferente que le permita vivir sin síntomas, y que es dueño de sus propias expectativas en vez de ser movido por ellas en forma de repetición compulsiva –durante el proceso, el paciente lleva a terapia esta repetición compulsiva.

En otros entornos se utiliza el término analizando/a en lugar de paciente. Este concepto corresponde a una fuerte corriente que intenta sacar del ámbito médico el tratamiento y proceso psicoanalítico, haciéndolo más cercano a las intervenciones de índole fenomenológica, cultural y crítica.

El término fue acuñado en Francia primeramente por los seguidores de Lacan (1981), después por Derrida (1986) y sus seguidores, pero ha ido diseminándose y actualmente es aceptado en la IPA como un término más.

F. Relación entre perspectivas

El saber humano siempre es insuficiente para explicar el fenómeno del ser. Acudir a distintas especialidades es simplemente reconocerlo con humildad. No pretendo agotar ningún saber con esto, sólo indicar que desde diferentes perspectivas se pueden tener acercamientos complementarios que al unirse provea de reforzamientos y evidencias en algunos puntos.

Intentar en estos tiempos dar cuenta de algo humano sin considerar las bases neurobiológicas de nuestro ser, sugiere prepotencia. Negar la insondable profundidad que la mente por sí sola tiene y afecta aun lo neurobiológico es un acto de ignorancia. Negar que la perspectiva cognitiva ha sido capaz de evidenciar múltiples pequeños trozos de conducta usando medios puramente neopositivistas, y que esos trozos cognitivos pueden ser claramente citados, es quizá juzgar con envidia una herramienta que mucho bien haría en otros medios.

En el Cuadro 2 se presenta un resumen breve y comparativo de los conceptos vertidos en este apartado, antes de pasar al siguiente capítulo, que plantea el estado de la cuestión.

Enfoque teórico	Neurociencias	Psicoanálisis	Perspectiva cognitiva
Definición de expectativas	Funcionamiento neuronal que permite la anticipación y la predicción.	Funciones mentales inconscientes, preconscientes y conscientes (atención, memoria, juicio, volición, comprensión, abstracción), cuyo fin es anticipar y predecir en primer lugar el estado mental del otro mediante la creencia y la esperanza. Surgen del apego.	"Anticipaciones de reacciones automáticas o situacionales particulares claves" y "anticipaciones de las reacciones propias automáticas a varias situaciones y conductas".
Limitaciones	Explicaciones que no abarcan el fenómeno psicosocial completo, funcionalistas.	Explicaciones que no son fácilmente demostrables, pero que abarcan totalidades heurísticas.	Explicaciones muy parciales, insuficientes.

CUADRO 2
Resumen del concepto de expectativas

93

V. EL ESTADO DE LA CUESTIÓN

En este capítulo se revisarán trabajos relativos a las expectativas realizados desde la perspectiva de algunos campos relacionados con este estudio.

En el estado de la cuestión, este trabajo se suma a las aportaciones que se han hecho a la salud mental en salud pública, particularmente en México. Contribuye como estudio cualitativo por la metodología adoptada, y en particular es importante como trabajo pionero en este arte en nuestro país. Además, quizá pueda ayudar a esclarecer la relación médico-paciente no sólo en el ámbito del psicoanálisis y la psicoterapia psicoanalítica, sino, y eso sería realmente algo muy relevante, en general en toda consulta médica. Esta relación si bien recientemente se ha empezado a considerar en el área de salud mental, pienso que debe ampliarse y profundizarse, con el fin de aumentar la eficiencia de los servicios.

1. Expectativas y salud mental en salud pública

Mora-Ríos e Ito-Sugiyama (2005) plantean como objetivo de su trabajo conocer la experiencia de los habitantes de una comunidad urbana marginal respecto de sus padecimientos emocionales, a quiénes recurren para enfrentarlos y sus expectativas de atención.

La información que analizan se basa en una aproximación multimetodológica que incluye investigación cualitativa con entrevistas en profundidad. Para el muestreo emplearon la técnica "bola de nieve". El análisis cualitativo fue simultáneo al levantamiento de las entrevistas. El marco teórico de referencia fue la teoría de las representaciones sociales

Las autoras plantean que la salud se relaciona con las condiciones y estilos de vida de los individuos. Las oportunidades de una vida sana disminuyen, entre otras razones, por factores como el deterioro en las condiciones de vida, vivienda precaria, dieta pobre o inadecuada, escasos ingresos, alcoholismo, abuso de drogas, baja oferta de servicios y poca disponibilidad de apoyos comunitarios. Desde una perspectiva de salud pública, la importancia de brindar atención a la salud mental radica no sólo en el alto costo económico que representan para México padecimientos como la esquizofrenia y la depresión, sino que los índices de mortalidad revelan que la dependencia de alcohol es el principal contribuyente de riesgo excesivo de perder un año de vida saludable.

Aun cuando sólo 9% de los entrevistados refirieron padecimientos relacionados con el estrés –los que incluyen tanto malestar emocional como manifestaciones somáticas-, éstos ocuparon el segundo lugar. Entre ellos destacan: "embolia por los corajes", "caída de pelo por preocupaciones", "colitis nerviosa por una sorpresa y preocupaciones", "úlcera por estrés", "nervios por problemas de trabajo", "parálisis facial por un coraje", "presión alta por las preocupaciones y los nervios", "presión baja por enojos", "hipertensión por estrés", "falta de memoria por las presiones", "vesícula por corajes", "presión alta por mucha tensión", "nervios por problemas con la pareja", "presión alta por tensiones y preocupaciones", "migraña", "nervios por problemas familiares y de trabajo", "no come por las preocupaciones". Así como dolores musculares.

Cuando se preguntó "¿A quién recurre cuando se siente

triste o deprimido?", se encontró que la principal fuente de apoyo proviene de la familia nuclear; básicamente de la pareja y los hijos. Otros recursos son la familia de origen (padres, hermanos) y algunas veces los compadres, amigos, tíos, cuñados y patrones, entre otros. Algunos incluyen la espiritualidad (Dios). El 17% de los participantes prefiere hacer frente por sí mismo a sus padecimientos. Sin embargo, se hace evidente que en la práctica la disponibilidad de estos recursos es limitada. Además, las entrevistadas se refirieron ampliamente a las expectativas de apoyo –no cubiertas– por parte de la pareja en situaciones difíciles en las que la salud de las mujeres se ve involucrada.

La Encuesta Nacional de Epidemiología Psiquiátrica en México realizada en el año 2003 reportó que 28.6% de la población había presentado algún trastorno mental una vez en su vida. Los trastornos más frecuentes eran: ansiedad, seguida por uso de sustancias y trastornos afectivos (Medina-Mora, Borges, Muñoz, Benjet, Jaimes, Bautista, Velásquez, Guiot, Ruiz, Rodas y Aguilar Gaxiola, 2003).

Una de cada diez personas que padecen algún trastorno mental recibe atención, y son diversas las razones que explican esta situación. En principio, son muy escasos los servicios de atención en salud mental y, cuando los hay, prácticamente no se recurre a ellos ya sea por el desconocimiento de la población acerca de los padecimientos emocionales, o bien porque los profesionales de la salud no satisfacen las expectativas de los usuarios (Mora-Ríos e Ito-Sugiyama, 2005). Esto último se observa cuando los servicios se basan en diagnósticos psiquiátricos y no en la definición de los problemas de la población.

Es posible que el problema de la precaria demanda de atención en salud mental se deba: a) al desconocimiento de las orientaciones psicoterapéuticas efectivas; b) a la

97

poca cobertura de las expectativas de los usuarios, y su difícil accesibilidad (Mora-Ríos e Ito-Sugiyama, 2005); c), al deficiente entrenamiento de los profesionales de la salud, y d), a la falta de una visión holística de los tratamientos terapéuticos.

Cuatro de las cinco principales revistas del mundo que publican artículos sobre salud mental refieren preocupación por la capacidad de investigación en salud mental en los países de bajo y medio nivel económico (lower-middle-income countries, LMIC) (Sharan, Levav, Olifson, De Francisco y Saxena, 2007). Cada publicación tenía más de cien artículos (se revisaron todos los números de un período determinado) provenientes de Argentina y Brasil, y 14 de las 25 revistas más importantes del mundo se habían publicado en seis subregiones: Brasil (4), Argentina (3), India (2), Sur de África (2), Tailandia (1) Chile (1) y México (1).

Enseguida se presentan algunos ejemplos del impacto político que han tenido los resultados de investigaciones sobre salud mental:

En México, los resultados de algunas investigaciones han sido traducidos a políticas nacionales de salud para los migrantes y sus familias.

Casi dos tercios de los artículos que aparecen en los índices de la base de datos de los LMIC se estudiaron y publicaron en inglés. Por otro lado, cerca de tres quintos de los índices en los artículos de los países de América Latina aparecen en español o portugués. Esto probablemente se debe al hecho de que 9 de las índices de las 25 revistas contienen artículos sobre la salud mental de los LMIC, que fueron editados en Brasil, Argentina, Chile y México. Este hallazgo sugiere que el número de investigaciones realizadas y publicadas en lenguas diferentes del inglés en las revistas que aparecen en la base de datos ya mencionada, proporciona una gran visibilidad a la literatura sobre la salud metal dirigida a la población no hablante de inglés.

A pesar de saber que algunos resultados de investigaciones son traducidos en políticas y programas sobre salud mental, es evidente que los esfuerzos por aplicarlos son imprecisos y en general su aplicación en los LMIC tiene un impacto social limitado.
Ninguna toma en consideración las expectativas de la población.

Esto enfatiza la necesidad de distinguir entre una evaluación tecnológica de la salud y el proceso de la toma de decisión de una evaluación de la evidencia y sus implicaciones.

A continuación se enlistan las políticas, programas, apoyos o prácticas derivados de resultados de investigaciones sobre salud mental en México:

• Ajustes en el Sistema Nacional de Salud Mental.
• Cambios en el régimen terapéutico de pacientes.
• Creación de la Ley de Prevención y Atención para la Violencia Intrafamiliar en Sonora, México.
• Evidencia de datos poblacionales que fueron aceptados por el personal de la salud y generaron más investigaciones como resultado de la retroalimentación.
• La perspectiva de género es considerada en el estudio de adicciones.
• Un manual para la identificación del abuso en el infante y su desatención usado en las instituciones regionales que trabajan en la protección de la familia.
• Programa Nacional Contra las Adicciones, Programa (nacional) de Acción en Salud Mental, Programa (nacional) Específico de Depresión.
• La no legalización del cannabis para usos médicos.
• Nuevas políticas nacionales de salud para los emigrantes y sus familias.
• Evaluación de rutina de la funcionalidad y la incapacidad de pacientes con desórdenes mentales severos.
• Estudios sobre el suicidio en adolescentes se han

usado para elaborar programas para la intervención.
- Uso de una desarrollada y validada escala de investigación para la prevención del VIH en adolescentes en colegios de la Universidad Autónoma de Nuevo León y en otros estados mexicanos.

Abundando en el tema, es notorio que la definición de salud en el mundo de la salud pública no implique la complejidad del ser humano y que, por lo tanto, no se considere que tanto la salud como la enfermedad son el resultado de una actitud psíquica inconsciente ante la vida (Denker, 1946).

De otra manera se estaría tomando en cuenta la dimensión humana en toda su amplitud y profundidad, reconociendo en primer lugar la tragedia que en sí misma es la vida, el bien más preciado y que está condenado a perderse por la muerte.

Tomar conciencia de ello le da un matiz diferente a la significación misma de los síntomas, signos y síndromes de la enfermedad, considerados como una transacción entre las fuerzas inconscientes y las exigencias de la cultura. El humano llora y gime a través de su cuerpo el dolor de vivir.

La posibilidad de una vida funcional se encuentra acotada principalmente por las condiciones de la cultura en que se vive, así como por las desigualdades sociales, tan antiguas como la misma humanidad, ya anotadas por Freud (1927, 1930: 68):

Si una cultura no ha podido evitar que la satisfacción de cierto número de sus miembros tenga por premisa la opresión de otros, acaso la mayoría (y eso es lo que sucede en todas las culturas del presente), es comprensible que los oprimidos desarrollen una intensa hostilidad hacia esa cultura que ellos posibilitan mediante su trabajo, pero de cuyos bienes participan en medida sumamente escasa. Por eso no cabe esperar en ellos una interiorización de las prohibiciones culturales.

La salud y la enfermedad son el resultado azaroso de un desarrollo individual que no se desliga en ningún momento de la cultura que lo contiene. La inserción en ésta pasa, indefectiblemente, por la crianza dentro de la familia y por la génesis de la conducta de apego con sus específicos avatares que son la mentalización y la función reflectiva (Fonagy, 2001). Todo ello signado por las expectativas. La enfermedad mental es un problema de salud pública en el estado de Jalisco, México. Los parámetros correspondientes a la población de esta entidad indican que en algún momento de su vida 6.3% de sus habitantes padecen depresión mayor, 2.26% distimia, 0.05% trastorno bipolar, 1.65% agorafobia, 0.3% agorafobia con pánico, 3.4% fobia simple, 2.35% fobia social, 0.7% pánico, 2.55% ansiedad generalizada, 3.6% trastorno obsesivo-compulsivo, 4.05% abuso de alcohol, 2.15% dependencia de alcohol, 1.2% abuso de otras sustancias, 1.25% esquizofrenia y 0.05% trastorno esquizoafectivo (Becerra, González, Páez, Agraz, Robles, 2005).

En Guadalajara, Jalisco, México, varios investigadores (Pando, Salazar, Aranda y Alfaro, 1999) seleccionaron una muestra representativa de hombres y mujeres jubilados mayores de 65 años con posibles trastornos psicológicos característicos de la tercera edad. Conforme al Cuestionario General de Salud de Goldberg, se detectó entre estos sujetos una tasa de 24% de ellos con trastornos psicológicos generales y 20% con depresión, de acuerdo con la escala de depresión geriátrica. Los sujetos del estudio fueron agrupados según los síntomas más generalizados: angustia, depresión y trastornos del sueño.

Por otra parte, un estudio epidemiológico (Salazar, 1992)

reporta que, en la zona metropolitana de Guadalajara, 20.8% de los adultos de 20 a 59 años que no tienen seguridad social son potencialmente enfermos mentales. Ahí también se afirma que el incremento de educación –representada por años de escolaridad– y del ingreso económico familiar disminuyen los casos que requieren atención especializada, y en cambio éstos aumentan con el desempleo.

Por otra parte, en el estudio de una muestra de 2,025 hogares mexicanos con infantes, se concluyó que entre 16.4% y 20.7% de los niños padecen trastornos psiquiátricos (Caraveo, Medina, Villatoro, López y Martínez, 1995).

En los Estados Unidos, una de cada tres personas tuvo un trastorno psiquiátrico en los seis meses previos al estudio de la Epidemiologic Catchment Area (Bourdon, Rac, Locke, Narrow y Regier, 1992).

En la 54ª Asamblea de la Organización Mundial de la Salud, realizada el 19 de mayo de 2001, se analizó el problema de la salud mental y en torno a ello se planteó:

...los problemas de salud mental representan un componente importante de la carga de morbilidad en el ámbito mundial, con enormes costos económicos y sociales, y provocan sufrimiento humano. Los ministros destacaron la importancia de situar el tema de la salud mental en el contexto social pertinente, puesto que en ella inciden factores que varían en los diferentes países. En gran parte del mundo se asiste a una aceleración de las reformas económicas y los cambios sociales, incluida la transición económica; esta evolución trae aparejadas unas tasas alarmantes de desempleo, la desintegración de la familia, la inseguridad personal y la desigualdad de ingresos. La pobreza, que sigue siendo una realidad en la mayor parte del mundo, afecta principalmente a las mujeres. Las mujeres están sujetas a la fuerte presión que suponen para ellas diversas desventajas impuestas por motivos de sexo y en muchos casos son víctimas de la violencia física y sexual, lo cual determina altas tasas de trastornos de depresión y ansiedad.

Los jóvenes, en particular los niños de la calle y los que están expuestos a la violencia, corren un riesgo muy elevado de caer en el uso indebido de sustancias, entre ellas el alcohol. Algunas poblaciones indígenas y otros grupos están atravesando un periodo de convulsión social, que va acompañado de un incremento notable en las tasas de suicidio. En muchas partes del mundo los sistemas de salud mental no disponen de recursos suficientes y están mal organizados. Consideradas en su conjunto, las preocupaciones mencionadas anteriormente constituyen una base amplia para debatir los problemas de salud mental, puesto que remiten a aspectos fundamentales del actual proceso de cambio social.

El Programa Nacional de Salud en nuestro país refiere que "la salud es una inversión para un desarrollo con oportunidades; la buena salud es uno de sus objetivos junto con la educación; un derecho social y el principal responsable del rezago es la desigualdad" (Frenk, Ruelas, Romero, Peniche y Vértiz, 2001).

Sin definir lo que estrictamente se entiende por salud, en ese documento se establece la línea de acción 3.7 para atender los problemas de salud mental (Frenk y cols., 2001: 105), donde se indica lo siguiente.

La Secretaría de Salud define, en forma general, la salud mental como ausencia de psicopatología, y en un sentido más amplio, como despliegue óptimo de las potencialidades individuales para el bienestar, la convivencia, el trabajo y la recreación. Y en forma específica dice:

Los padecimientos mentales constituyen una de las principales causas de la pérdida de años de vida saludable en nuestro país. Se estima que por lo menos una quinta parte de la población mexicana sufrirá en el curso de su vida de algún trastorno mental: cuatro millones de adultos presentarán depresión; medio millón sufrirán esquizofrenia; medio millón padecerá epilepsia, y la demencia la padecerán diez por ciento de los mayores de 65 años. En unos años la demanda de servicios de salud mental en México constituirá una de las principales presiones para el sistema de salud (Frenk y cols., 2001:105).

Dentro de las actividades que se habrán de desarrollar en este terreno se incluyen:
• Actualización y fortalecimiento de los modelos de atención a la salud mental.
• Establecimiento de programas de acción para la atención integral de la depresión, esquizofrenia, epilepsia, demencias, trastornos por déficit de atención y del desarrollo infantil, así como para la atención psicológica en casos de desastre.
• Incremento de la oferta de servicios ambulatorios a la población que sufre estos padecimientos.
• Desarrollo de una intensa labor de capacitación en salud mental en las escuelas de medicina, programas de posgrado y entre los profesionales activos.
• Fortalecimiento del abasto, disponibilidad y acceso a los medicamentos necesarios para la atención de los problemas prioritarios de salud mental.
• Creación de redes comunitarias en apoyo a la atención de la salud mental.
• Realización de la primera Encuesta Nacional de Salud Mental.
Las metas que se pretende alcanzar en este rubro son las siguientes:
• Incrementar en 20 por ciento los servicios proporcionados a la población con padecimientos mentales.
• Ampliar en un 20 por ciento la capacidad y los recursos para la atención de la salud mental.
• Mantener bajo control epidemiológico las tasas de suicidio consumado.

Como puede verse, todas estas buenas intenciones no toman en cuenta para nada las expectativas de los ciudadanos concernientes a su salud mental.

2. Estudios psicoanalíticos sobre expectativas

Seganti (1995) planteó los conceptos que unen las líneas de desarrollo de los Modelos Internos de Trabajo (MIT) y el proceso psicoanalítico, definiendo las expectativas prototípicas que resultan del proceso de desarrollo y que determinan el tratamiento en el desenvolvimiento de las transferencias negativas y positivas.

El trabajo de Seganti esclarece el origen de las expectativas en el proceso de desarrollo hasta que llegan a formar una respuesta expectativa automática, es decir, inconsciente y de repetición compulsiva, pero activada por los estímulos que se perciben dentro de una interacción. Esto quiere decir que nos enfrentamos al mundo con una expectativa formada por nuestras experiencias pasadas, y que repetimos respuestas, anticipando situaciones y resultados que continuamente influyen en el sentido de seguridad personal.

El proceso de negociación interactivo produce un modelo emocionalmente cargado de expectativas prototípicas que salvaguardan la experiencia de la coherencia del self. Las expectativas prototípicas determinan el grado de involucración relacional segura monitoreando prioritariamente los rasgos negativos de las experiencias subjetivas con el objeto. Por lo tanto, ellas permiten al adulto futuro mantener un estado coherente del self mientras se monitorean las reacciones de los objetos a las reacciones defensivas y las negociaciones de su seguridad (Seganti, 1995: 1251).

El autor argumenta que las expectativas prototípicas interfieren en el proceso psicoanalítico porque permiten la defensa de las expectativas negativas y, por lo tanto, las exploraciones paralelas de las nuevas soluciones relacionalco. La narrativa del analizando puede ser considerada para expresar el conflicto entre la transferencia negativa y la defensiva positiva. Aparecerá una transferencia ambivalente que tendrá "lo peor" y "lo mejor" como indicadores. Con estos extremos pueden hacerse los análisis de las "estructuras relacionales" –estudiadas con el método de Luborsky y Crits-Christoph (1990) –, pero innovando en la técnica a través de los estados relacionales (ER).

El caso de ZED (Seganti, 1995) causa un impacto particular porque se alcanza a percibir el sufrimiento oculto de un adolescente de 17 años, con fallos escolares, que tiene en su pasado una madre deprimida, a la que debe "esperar" y mientras se aburre, pero conscientemente él dice que es feliz, no que está aburrido.

Lo central es que a través del análisis se logra desenmascarar las expectativas que ZED tiene hacia el analista y hacia sus funciones escolares. Negando y afirmando lo opuesto de lo que realmente siente y sufre, el síntoma resulta ser una huida de la "mente" para salvaguardar su self.

El papel de la expectativa en este caso es el de permitir anticiparse repitiendo el tipo de defensa que se encuentra internalizado, para proteger el sentido de seguridad y restablecer el sentido de eficacia producido por el infante en su modificación asertiva de las influencias del objeto para mantener coherentes los estados en su self.

Seganti utiliza el concepto de estado para definir el funcionamiento de los subsistemas del organismo como una totalidad en un momento dado. Se refiere al "estado de las expectativas prototípicas", y le da un sentido de cualidad psíquica total, al servicio de proteger la integridad psíquica.

Su definición operacional de expectativas se circunscribe a la definición de expectativas prototípicas, ya mencionadas y relacionadas con la totalidad del aparato psíquico, la anticipación, la repetitividad, lo automático y principalmente el afecto, que determina si la respuesta expectativa es segura o insegura. Es un mecanismo de respuesta autoprotector.

Al plantear así las expectativas, se refuerza el poder anticipatorio, repetitivo, característico y afectivo de las expectativas en psicoanálisis, así como su operatividad en el tratamiento y su ubicación en los procesos inconscientes, limitando su significado a lo psíquico.

3. Aportaciones desde el concepto de transferencia

Westen y Gabbard (2002) encontraron dos cuestiones que han sido estudiadas de formas diferentes durante varias décadas –el papel del analista en desencadenar la transferencia, y la naturaleza de los componentes "reales" y "transferenciales" de la relación terapéutica - son consideradas a la luz de conceptos traídos de la neurociencia cognitiva, como el de redes conexionistas.

Aunque una actitud analítica útil es la que permite que las dinámicas permanentes del paciente dominen el campo analítico, se sugiere que el anonimato no es ni una posibilidad cognitiva ni la fuerza impulsora que está detrás de la mayoría de las reacciones transferenciales, y la distinción entre percepciones "reales" y "transferenciales" es de interés terapéutico, no un mecanismo.

Las reacciones transferenciales se entienden mejor como construidas a partir de una combinación de la disposición permanente del paciente a reaccionar de formas determinadas en condiciones determinadas, de las características de la situación analítica y del analista, y de las interacciones entre paciente y analista.

Westen y Gabbard (2002:111) afirman que "algunos procesos transferenciales implican la activación de memoria declarativa, como creencias y expectativas, muchas de las cuales son inconscientes (es decir, memorias declarativas implícitas)".

Ellas forman parte de una respuesta totalizadora ante la situación de la interacción. Por ejemplo, la Señorita C tenía la convicción firmemente enraizada de que su analista estaría resentido y envidiaría su éxito si ella le compartía sus logros; una creencia que se volvía expectativa de fracaso y que le impedía una comunicación abierta. Esta creencia era en su mayor parte inconsciente (o, para ser más precisos, preconsciente, puesto que estaba activa pero la Señorita C no se defendía de ella), hasta que la reticencia a compartir sucesos positivos fue explorada sistemáticamente en el análisis y pudieron transformar las expectativas resistenciales en expectativas positivas cooperadoras con el proceso de tratamiento (Westen y Gabbard, 2002).

Para Westen y Gabbard, el concepto y significado de expectativas tiene la dimensión totalizante de la cualidad psíquica: representación conectada al afecto, anticipación, tipo característico, autoconfirmatorio y automático (inconsciente). Incluso el hecho de que se manifiesten en la transferencia sería confirmatorio del significado que Freud (1890), Seganti (1995) y Fonagy (2004), inclusive Kirsch (1999), entienden por expectativas al tratamiento.

4. El papel de las expectativas del analista

De acuerdo con Almond (1999), las expectativas del analista sobre su paciente son un importante aspecto de la interacción analítica. En grado significativo, la influencia mutativa del psicoanálisis ocurre mediante la inducción de un rol en el paciente que el analista representa en su mente de forma preconsciente y que se cumple a través de las intervenciones.

El analista aporta a la interacción profesional analítica actitudes sobre cómo escuchar y actuar, así como un conjunto de expectativas sobre el paciente. Estas actitudes y expectativas modulan las reacciones subjetivas de las acciones del paciente motivadas transferencialmente, e influyen en la expresión de la contratransferencia. Tales expectativas subyacen a las tácticas analíticas y, aunque no se escribe frecuentemente sobre ellas, son parte de la tradición oral del psicoanálisis. En las tácticas analíticas el rol esperado del paciente es descrito en términos de cinco continuos bipolares: (1) reportando y editando; (2) transfiriendo y conteniendo; (3) pensando acerca de uno mismo y acerca del analista; (4) regresando y escuchando/auto-observando; (5) iniciando un ensayo de acción y mediando entre los estados internos.

La actividad y el pensar de la díada paciente-terapeuta se mueven constantemente a lo largo de estos continuos. Un ejemplo clínico ilustra cómo estas expectativas emergen desde el principio de una sesión en el trabajo analítico.

Almond (1999: 519) realiza un estudio de caso en el que fundamenta sus conceptos. Dice:

Cualquier discusión de interacción debe considerar el hecho de que el proceso de la díada ocurre en un contexto social. Para que la comunicación tenga efecto, ambas partes deben tener marcos de referencia del sentido de su conducta y de los otros. Estos marcos, o expectativas, son moldes intrapsíquicos de interacción. Las expectativas involucradas en el psicoanálisis no están fijas, como roles en un escenario dramático, sino que son flexibles y líneas generales para la conducta en la situación analítica.

Como se puede ver, Almond (1999) define las expectativas como marcos referenciales o moldes intrapsíquicos de interacción, pero sitúa su significado dentro de una serie de interacciones donde el mismo inconsciente se manifiesta cuando el analista responde al paciente y él mismo a su vez reacciona a dichas interacciones. Colijo el concepto de expectativa de Almond como una función mental en la que el analista propone al paciente y espera de él que aprenda a "analizarse", es decir, a entender su inconsciente.

Puedo deducir que esta definición de expectativa va en una línea de influencia diferente del pensamiento de Freud, afirmando la idea de que el éxito y el fracaso del tratamiento dependerán, en mucho, de cómo el paciente pueda asimilar y reaccionar ante estas expectativas del analista, y de cómo el analista, a través de su propio trabajo dentro de la díada, pueda permitir o no que el paciente asimile el trabajo analítico, si logra identificarse con el rol analítico que el analista le induce. Este concepto aclara el modo en que se manifiesta la expectativa al interior de la díada.

Raphling (1993) sostiene que el analista hace una predicción sobre el futuro de la terapia y que las interpretaciones de éste inevitablemente comunican su evaluación de los conflictos presentes y pasados del paciente, y sus expectativas sobre su futura resolución. Aun cuando exista un análisis cuidadoso de las influencias interpretativas de la transferencia, queda un remanente de efecto condicionante de interpretaciones que cataliza el proceso analítico y fortalece el esfuerzo del paciente por cambiar. Por lo tanto, las interpretaciones del analista están sutil e inevitablemente influenciadas por sus expectativas.

Renik (1995), referente a las expectativas del analista, plantea que la resistencia principal que debe enfrentarse es aquella que niega la subjetividad del analista.

Para poder analizar, el analista debe tener expectativas, aunque espera permanecer abierto a la sorpresa y a la revisión de las expectativas a la luz de la nueva información. Dice:

"Se dice que uno solo puede encontrar lo que busca. No creo que esto sea enteramente verdad pues pienso que no se puede encontrar algo a menos que se lo esté buscando. Por eso, tratamos muy sensiblemente de hacer nuestras expectativas concernientes al progreso analítico tan incluyentes como sea posible" (Renik, 1995: 84).

Renik lleva el concepto de expectativas directamente a la subjetividad del analista y el modo como éste maneja las resistencias del paciente. Por eso clarifica lo que son sus expectativas al tratamiento. Para él, la definición más clara es que son expectativas sociales, con lo cual abre una nueva dimensión a la interacción analítica. Sin embargo, el término "expectativa social" es muy amplio, vago, se diluye en una dimensión inasible al no precisar, como lo hace Raphling, qué parte de lo social está involucrada.

5. *Expectativas* populares al inicio y en el transcurso del tratamiento[16]

Todo paciente que llega a tratamiento psicoanalítico tiene unas expectativas determinadas. Generalmente estas expectativas son de tipo mágico, aun las de aquellos que intelectualmente conocen en qué consiste el psicoanálisis.

El paciente deposita en el psicoanalista un poder y un saber inagotable, así aquél reproduce el tipo de relación infantil que tenía cuando niño con los seres significativos de su mundo circundante.

Por lo general, el paciente percibe al psicoanalista como alguien que le va a solucionar todos sus problemas, como todopoderoso. No piensa en sí mismo como capaz de generar cambios y suele colocarse en una situación meramente pasiva, receptiva.

---

[16] http://www.consultoripsicologic.galeon.com/trabajosdiv.htm (sin autor especificado).

Evidentemente, la situación psicoanalítica no responde a esta fantasía. Todo en la vida tiene su precio, y el precio que se debo pagar por una sesión psicoanalítica, más allá del económico, es el precio de poner esfuerzo propio. El analista sólo acompaña en el proceso como un guía, como alguien que va iluminando el camino.

Cuando el paciente lucha obstinadamente por mantener la idealización, porque le es difícil imaginar al otro con limitaciones, no tarda mucho en sentirse decepcionado. Aquel a quien primero vio como el que todo lo podía, muy pronto se convierte en alguien que no sabe nada y tampoco puede nada. El trabajo de análisis consistirá entonces en sacar al paciente de esta posición infantil, para ayudarle a evolucionar hacia una percepción más madura del mundo, de modo que deje de repetir sus viejos modos de relación.

Otra expectativa con la que el paciente llega con respecto al psicoanálisis es que el tratamiento será interminable. Si ésta es la selección de lo percibido es porque evidentemente retiene lo que necesita que le den: una relación que no tenga fin, que no se termine nunca. Y por supuesto que eso no es el psicoanálisis.

Un tratamiento psicoanalítico, como todo en la vida, tiene un principio y un final. Si bien suele ser largo, también puede ocurrir que sea corto. Normalmente no se pone límite de tiempo porque, con honestidad, ni paciente ni psicoanalista pueden determinar de antemano qué camino van a recorrer, sino hasta que efectivamente empiezan a recorrerlo.

Es importante que ambos, psicoanalista y paciente, sepan darse el tiempo necesario. Llegará un momento en que será indicada la interrupción del tratamiento, de lo contrario existe el riesgo de caer en una dependencia perjudicial para el paciente. Después de tanto análisis es prudente suspender esa tarea y actuar con autonomía. Por otra parte, el tratamiento exitoso capacitará al paciente para pensar por sí solo, para analizar los determinantes inconscientes de su conducta ya casi como un hábito. Muchas veces la posibilidad de comenzar y continuar un tratamiento no tiene que ver tanto con la cuestión económica sino más bien con la capacidad de tolerancia a la frustración. El tratamiento psicoanalítico, en la medida en que implica el enfrentamiento con la propia conflictiva y vérselas con el hecho de que las demandas no son siempre satisfechas, a menudo es percibido como algo intolerable por personalidades demasiado infantiles y que no están dispuestas a enfrentarse con las exigencias de una relación adulta.

Otras veces la situación económica sí es determinante para la decisión. Por desdicha, la práctica psicoanalítica no está instalada en los hospitales públicos y sólo hay algunas clínicas pertenecientes a instituciones educativas que enseñan psicoanálisis, orientadas a prestar atención a pacientes de escasos recursos económicos.

Muchas veces las expectativas con las que llega un paciente a tratamiento tienen que ver con un goce intelectual que finalmente no encuentra, ya que más bien se le exige un compromiso emocional y enfrentarse honestamente con su propia problemática.

Otras veces el paciente llega esperando consejos e indicaciones prácticas acerca de cómo comportarse en la vida cotidiana a fin de evitar precisamente las preocupaciones que le ocasionan su síntoma. Entonces será importante hacerle ver que si tal fuese nuestro proceder, en poco le estaríamos ayudando; que lo que se intentará hacer a lo largo del tratamiento será darle una verdadera autonomía proveniente de su interior.

6. Las expectativas como resistencias

Jones (2000: 5) menciona las expectativas negativas en acción durante el proceso analítico; señala su papel como fuerzas inconscientes activas que impiden la salud: "La Señora L sentía que el analista no necesitaba de ella, y se desquitaba demostrando que ella tampoco necesitaba al analista. Ella esperaba y de hecho provocaba rechazo".

"El Señor MS se mostraba sospechoso de cualquier sentido de optimismo o expectativa de mejoría en el análisis, pues sentía que esto constituía una esperanza falsa y que cualquier cambio sería una cura falsa" (Jones, 2000:19).

Jones mismo señala el papel de las expectativas optimistas pero no realmente favorecedoras del proceso:

Los pacientes frecuentemente se acercan a la terapia con la expectativa consciente o inconsciente de que el terapeuta entenderá con relativa facilidad por qué se sienten como lo hacen y enseguida les dará explicaciones transformadoras. La mayoría de los pacientes deben aprender que el autoconocimiento, opuesto a recibir sabiduría, es el medio por el cual ellos serán capaces de sustentar su cambio (Jones, 2000: 81).

También señala el modo en el que el terapeuta puede manejar las expectativas en forma favorable al proceso:

La habilidad del terapeuta para restringir la satisfacción o reaccionar a las expectativas de la transferencia del paciente contribuye al cambio terapéutico, ya que promueve el reconocimiento de los aspectos fantaseados de la relación con el terapeuta (Jones, 2000: 163).

Y menciona cómo es que comprende las expectativas de los pacientes hacia los analistas:

Los pacientes esperan que sus terapeutas sean relativamente más objetivos como parte de la función que tienen en su rol" (Jones, 2000: 170).

Schafer (1976) ha señalado que términos como defensa y resistencia se refieren al paciente que se comporta de una manera que no es la esperada: colaborativa o de cualquier otro modo deseable.

7. Estudios sobre expectativas en psicoterapia

Sotsky (2002) reporta que los primeros análisis del Programa Colaborativo para el Tratamiento de la Depresión del Instituto Nacional de Salud Mental (Treatment of Depression Collaborative Research Program, TDCRP; Elkin, Meyer, Pilkonis, Krupnick, Egan, y Simmens, 1994) indicaron que las expectativas sobre la efectividad del tratamiento (Sotsky, Glass, Shea, Pilkonis, Collins y Elkin, 1991), y la calidad de la alianza terapéutica (Krupnick, Sotsky, Simmens, Moyer, Elkin, Watkins, y Pilkonis, 1996) predecían mejoría clínica. Pero estos datos fueron reanalizados por ellos mismos, para examinar la relación entre las expectativas al tratamiento y si el resultado de éste había estado mediado por la contribución de los pacientes a la alianza. En 151 pacientes que completaron su tratamiento esta hipótesis fue confirmada, sugiriendo que los pacientes que esperan que el tratamiento sea efectivo tienden a involucrarse más constructivamente en la sesión, lo cual ayuda a reducir sus síntomas.

En el TDCRP las expectativas de mejoría predijeron la probabilidad de recuperación total y la reducción de síntomas depresivos al término del tratamiento.

También se replicaron y ampliaron los hallazgos de Joyce y Piper (1998). Se hipotetizó que las expectativas de efectividad del tratamiento por parte del paciente predecirían su involucración activa en la terapia, lo cual daría por resultado una mejoría de los síntomas. Usando datos del TDCRP se probó la hipótesis específica de que el efecto de las expectativas en el resultado está mediado por la contribución del paciente a la alianza. También se probó la presencia del efecto moderador de las expectativas y la alianza en la predicción de la respuesta al tratamiento. Específicamente se hipotetizó que la contribución del paciente a la alianza iba a predecir una reducción sintomática entre aquellos pacientes con expectativas positivas, pero no entre los pacientes con expectativas negativas.

Las expectativas del paciente sobre el tratamiento fueron medidas con un índice administrado en la evaluación de entrada, antes del primer contacto entre paciente y terapeuta: "¿Qué de lo siguiente describe mejor su expectativa acerca de lo que puede pasar como resultado de su tratamiento?". A los pacientes se les pidió que respondieran esta pregunta en una escala de cinco puntos (1.Yo espero sentirme completamente mejor; 5. Yo no espero sentirme diferente en nada).

Por razones exploratorias se incluyeron otros dos índices del TDCRP relacionados con las expectativas. El primero se refería a las expectativas globales de los pacientes: "¿Cómo piensa que probablemente estará usted dentro de un año (asumiendo que no recibirá ningún otro tratamiento aparte de éste)?" Las respuestas se plantearon en una escala de 11 puntos (1. Fondo absoluto: – No podría haber sido peor; 11. Tope absoluto: –No podría ser mejor). El otro índice cuestionaba las expectativas globales del terapeuta: "¿Cómo piensa usted que estarán las cosas más probablemente para este paciente en este tiempo dentro de un año (asumiendo ningún otro tratamiento más que éste)?". Los terapeutas respondieron a este índice después de la primera sesión de tratamiento, usando la misma escala de 11 puntos.

Similares efectos han sido documentados en muchos otros estudios a través de muestras y tratamientos (Kirsch, 1999; Weineberg y Eig, 1999). Por ejemplo, las expectativas predijeron la respuesta al tratamiento entre pacientes con fobia social que siguieron una terapia cognitivo-conductual (Safren, Heimberg y Juster, 1997).

Weinberger y Eig (1999) determinaron las expectativas sobre la psicoterapia en tres modalidades: al entrar al tratamiento; después del tratamiento, conservando logros posteriores; y las expectativas crónicas que la gente tiene acerca de las consecuencias de eventos en su vida. Al entrar a tratamiento se midieron síntomas y humor. En una fecha posterior se vuelven a medir y entonces se inicia el tratamiento. El grado de mejoría que se observa en el intervalo, se correlaciona con las expectativas de los pacientes sobre el tratamiento (Friedman, 1963; Goldstein, 1960). También se mide el efecto obtenido a través de una amplia variedad de modalidades de tratamiento (Howard, Kopta, Krause y Orlinsky, 1986).

Shapiro y Morris (1978, en Kirsch, 1999) y Frank (1983) (en Shapiro, Struening y Shapiro, 1980) llegan a afirmar que las expectativas pueden dar cuenta total de los efectos de la psicoterapia. Lo que está fuera de discusión es que la sola promesa de tratamiento puede llevar a efectos positivos presumiblemente por la creación de expectativas positivas.

Plunket (1984) reporta que en una gran clínica de servicios psiquiátricos infantiles se presentó un cuestionario estructurado a 80 padres antes del primer contacto con la clínica, con la finalidad de probar la hipótesis de que la congruencia entre las expectativas de los padres y las acciones de la clínica en cuanto a forma, duración y proceso del tratamiento estarían asociadas con una mayor aceptación de los servicios. En los resultados se encontró apoyo empírico para determinar la importancia de la congruencia de las expectativas con la forma y la duración del tratamiento, pero no con el proceso del tratamiento.

Yelland y Schluter (2006), Rohsenow, Colby, Martin y Monti (2005), Volkow, Wang, Ma, Fowler, Zhu, Maynard, Telang, Vaska, Ding, Wong y Swanson (2003), Volkow, Wang, Ma, Fowler, Wong, Jayne, Telang y Swanson (2006), Eisen, Spasaro, Brien, Kearney y Albano (2004), Gaudiano y Miller (2006), y Klerman y Weissman (1982) reportaron resultados favorables cuando hay adhesión al tratamiento en trastorno bipolar. Klerman y Weissman "condicionan" a los pacientes diciéndoles: "La perspectiva para su recuperación es excelente" y "Usted va a estar activamente comprometido con su terapia", con lo que obtienen resultados excelentes. Todo con ensayos clínicos aleatorios.

Wilhelm, Wedgwood, Malhi, Mitchell, Austin, Kotze, Niven y Parker (2005), así como Greenberg, Constantino y Bruce (2006) encontraron que las expectativas relacionadas con características sociodemográficas y con la enfermedad influyen en los resultados de la psicoterapia, y son predictoras de buen pronóstico; también con ensayos clínicos aleatorios. Por su parte, Lorentzen y Hoglend (2005), en un estudio con pacientes en psicoterapia, no encontraron que las expectativas menos optimistas de entrada fueran predictoras de resultados negativos.

Weinberger y Eig (1999: 357) consideran a las expectativas como "el efecto común ignorado en la psicoterapia" y el que más debe ser resaltado por sus implicaciones, sobre todo de éxito. Discuten acerca de cinco factores: la relación terapéutica, las expectativas, la confrontación de problemas, la maestría (dominio del paciente sobre los problemas) y la atribución de los resultados. En torno a esto concluyen que la falta de consistencia en el manejo de las expectativas es uno de los factores más importantes del tratamiento. Y que las grandes escuelas no atienden mucho los factores comunes, por lo cual puede ser que el resultado en consecuencia tenga relación con la negligencia generalizada ante los factores comunes y su uso. También mencionan a Frank (1983, en Kirsch, 1999), citando su aseveración de que los tratamientos de su estudio funcionaron porque el paciente encontraba esperanza en el fondo de su desaliento al empezar un tratamiento. Argumentan que la tesis de Frank no se sostiene porque algunos placebos tienen efecto en personas desalentadas, y no se consideraban los efectos negativos de tratamientos y expectativas que a veces se reportaban. Además afirman que "los placebos, y por lo tanto las expectativas, podían afectar justo cualquier cosa" (Weinberger y Eig ,1999: 362).

Sutton (1991) indicó que la forma en que se usaban los placebos impedía hacer cualquier estimación de los efectos de las expectativas. Shapiro y Morris (1978) argumentan que casi todos los procedimientos médicos antes del siglo XX debían su efectividad al placebo o expectativas. Ambos estudios son ensayos clínicos aleatorios.

El efecto benéfico de las expectativas ha sido documentado. Menos se sabe acerca del sendero mediador a través del cual las expectativas positivas operan. Ideas desarrolladas por teóricos de objetivos (Austin, Kotze y Parker, 2005; Carver y Scheier, 1982) ilustraron cómo las expectativas podían afectar positiva o negativamente los resultados: las expectativas positivas predijeron un esfuerzo persistente, mientras que las negativas llevaron al abandono y a desligarse de él.

8. Estudios cognitivo-conductuales sobre expectativas

Ames, Perri, Fox, Fallon, De Braganza, Murawski, Pafumi, Hausenblas (2005) realizaron un estudio a 28 mujeres obesas sometidas a un tratamiento conductual y cognitivo-conductual (TCC), cuyos resultados fueron positivos con el manejo de las expectativas irreales para bajar el peso. Safren, Heimberg y Juster (1997) aplicaron su estudio a casos de fobia social, y reportaron que ninguno de sus pacientes mantuvo resultados durante los dos años en que se hizo seguimiento. Carels, Darby, Rydin, Douglass, Cacciapaglia, O'Brien (2005) encontraron una relación directa entre las expectativas positivas para perder peso y cumplir con las dietas, mientras que las expectativas negativas impidieron cumplirlas. Todos estos trabajos se hicieron con ensayos clínicos aleatorios.

Kirsch (2004), en un ensayo conceptual, cuestiona si el placebo no es un oxímoron (reunión de contrarios: no-cura curativa), y dice que, opuesto a algunos reclamos recientes, el efecto placebo es real y en algunos casos muy sustancial. Los efectos del placebo pueden ser aumentados o producidos por el condicionamiento clásico, pero son consistentes virtualmente en todas las teorías contemporáneas de condicionamiento. Por lo general, estos efectos son mediados por las expectativas. Ellas también producen efectos placebo inconsistentes con la historia condicionante. Aunque la expectación juega un papel importante en los resultados de la psicoterapia, la lógica de los ensayos controlados con placebo no se ubica bien dentro de la investigación.

La idea de evaluar la eficacia de la psicoterapia a través del control de factores con placebo no específicos, está basada en una analogía falsa y debe ser abandonada.

Geers, Helfer, Weiland, Kosbab (2006) encontraron que

la expectativa placebo no siempre provoca efectos placebo. Ellos investigaron la hipótesis de que el propio nivel de foco somático modera el efecto de las expectativas placebo en la respuesta placebo. Su estudio es un ensayo clínico aleatorio.

Berlanga Ontiveros, Junco, Esnaurrízar, Sentíes, Chávez, Bauer (1990) realizaron un trabajo en México en el que estudiaron las características de respuesta al placebo en pacientes depresivos. Los datos obtenidos no concuerdan con los de algunos otros estudios, pero apoyan lo expresado por algunos investigadores en este tema, en el sentido de que el efecto placebo es un fenómeno impredecible, inespecífico y producido por una multitud de factores complejos.

Kirsch y Lynn (1999) ofrecen una panorámica de la literatura sobre la capacidad que tiene la respuesta expectativa de permitir respuestas automáticas en la forma de profecías autoconfirmatorias, y ligan su estudio a una más amplia investigación psicológica en los procesos automáticos. En ella revisan tres áreas de estudio en las cuales las respuestas expectativas han mostrado que afectan la experiencia, la conducta y la fisiología; éstas son: efectos placebo, efectos de biorretroalimentación (biofeedback) falsa en el alertamiento sexual, y la alteración de las funciones perceptuales y cognitivas por sugestión hipnótica y no hipnótica. También muestran datos que sugieren que toda conducta, incluyendo la intencional y nueva, se inicia automáticamente.

Stewart-Williams y Podd (2004) hacen una revisión de la literatura referente a los dos principales modelos del efecto placebo: la teoría de la expectativa y la del condicionamiento clásico. Sugieren una senda para derribar el impasse teórico que por tanto tiempo ha impregnado el tema. La clave está en hacer una clara distinción entre dos preguntas: ¿Cuáles factores forman los efectos placebo? y ¿Qué aprendizaje media en el efecto placebo? La literatura clásica sugiere que los procedimientos condicionantes son un factor de formación, pero que la información verbal puede también dar forma a los efectos placebo. También sugiere que los procedimientos condicionantes y otras fuentes de información algunas veces forman expectativas conscientes, y que estas expectativas median en algunos efectos placebo. Sin embargo, en otros casos los procedimientos condicionantes parecen formar efectos placebo que no están mediados por la cognición consciente.

Kirsch (2004) hace un comentario a lo anterior: el condicionamiento clásico está incluido como un componente en el modelo de la respuesta expectativa del placebo. Aunque no se puede hacer una introspección sobre las expectativas cuando la atención se dirige a ellas, no necesitan estar en la conciencia mientras guían la conducta.

La mayoría de los efectos placebo están ligados a las expectativas, y el condicionamiento clásico es un factor (pero no el único factor) por el cual estas expectativas pueden ser producidas o alteradas. Los efectos placebo condicionados sin expectaciones existen, pero son relativamente raros en humanos. La ventaja adaptativa de la cognición es que incrementa la respuesta de flexibilidad. Por eso, para lograr ese beneficio, sin embargo, debe ser capaz de sobrepasar la influencia de los procesos automáticos más simples. Entonces, mientras más alto se está en la escala filogenética, el rol de los procesos condicionantes no conscientes es menor y aumenta el rol de la cognición.

Montgomery (1997) afirman que los modelos de sustitución de estímulos confirman que las respuestas de placebo se deben a un emparejamiento de estímulos condicionados y estímulos incondicionados. La teoría de las expectativas mantiene que los ensayos condicionados producen respuestas expectativas placebo, más que el placebo condicione las respuestas.

9. Estudios sobre expectativas en psicoterapia interpersonal

La noción de que las expectativas aportan esfuerzo y compromiso del paciente al proceso terapéutico se refleja tanto en las psicoterapias cognitivas como en las interpersonales. En psicoterapia interpersonal para depresión (IPT por su nombre en inglés; Klerman y Weissman, 1982) se les dice a los pacientes justo al principio de su tratamiento: "La perspectiva para su recuperación es excelente" y "Usted va a estar activamente comprometido con su terapia". Y en efecto, los resultados son de ese tipo.

10. Estudios sobre expectativas en metodología cualitativa

Starks y Brown (2007) comparan tres métodos cualitativos que se usan en investigación en salud para el estudio de las expectativas: la fenomenología, el análisis del discurso y la teoría fundamentada. Los autores describen y definen cada uno, y hacen un resumen de las similitudes y las diferencias entre ellos. Explican que en fenomenología el objetivo es estudiar cómo las personas le dan significado a sus experiencias de vida, y que el análisis del discurso examina cómo el lenguaje es usado para lograr proyectos personales, sociales y políticos; mientras que la teoría fundamentada desarrolla explicaciones de los procesos sociales básicos estudiados en el contexto.

Ellos hacen un estudio a partir de entrevistas con 25 médicos de atención primaria (primary care physicians, PCP) que exploraron el uso de la toma de decisiones informada (informed decision making, IDM) en el contexto de la prueba de cáncer prostático. La IDM pone énfasis en la importancia de los valores de los pacientes y sus preferencias en las decisiones del cuidado de la salud. Las prioridades de los pacientes deben ser valoradas desde el sentido clínico del experto para llegar a la mejor elección para el paciente individual.

Desde el análisis de la fenomenología, la experiencia vivida de los PCP era la de tomar decisiones con incertidumbre. Muchos de los entrevistados describen sentimientos de angustia, confusión, frustración y resentimiento, que surgen de un conflicto entre el deber y la obligación. Los PCP expresan su desazón por sentir que aunque no es ninguna falta de ellos mismos, no pueden satisfacer las necesidades de los pacientes ni sus expectativas debido a la ausencia de recomendaciones claras para las pruebas de cáncer prostático.

Starks y Brown (2007) continúan desde el análisis del discurso, como los discursos de medicina y salud pública delinean los roles y las identidades del médico y el paciente, se observó que las expectativas del paciente y la forma como éste se involucra en el diálogo, así como la sofisticación de las percepciones de los PCP, permiten seleccionar el discurso que se usará en un particular intercambio entre el doctor y el paciente. El análisis puede ayudar a ver cómo los discursos de medicina y salud pública se enclaustran mutuamente, y ello puede ayudar u obstaculizar la implementación de técnicas de la IDM por parte del PCP. También se puede deducir que algunos de los conflictos de identidad y rol se deben a la incertidumbre que pudiera estar siendo exacerbada por las demandas competitivas de los discursos y las expectativas que los participantes llevan a la conversación. Estos resultados podrían ser usados por los educadores médicos que ayudan a los PCP a evaluar los supuestos y las expectativas base, para llegar a una discusión que garantice la IDM.

Desde el análisis de la teoría fundamentada Starks y

Brown (2007) indican que el médico se orienta a lograr lo mejor de la visita médica. Las expectativas de los pacientes fueron un factor en las discusiones de las pruebas. Los PCP se involucraban más en la conversación cuando los pacientes no habían decidido si debían o no hacerse la prueba. En ese contexto se observó a los médicos haciendo lo que podían para satisfacer las necesidades de los pacientes. En este último ejemplo se observa que los dos análisis previos –el de la fenomenología y el del análisis del discurso – se superponen en lo relativo a las expectativas que ambas partes tienen de lo que significa ser un doctor.

En el contexto del análisis de la teoría fundamentada, Starks y Brown (2007) agregan que este factor es menos importante que la categoría central, que es la de hacer de lo mejor la visita médica, ya que los hallazgos se perfilan a resaltar la extrema preocupación que tienen los médicos por cumplir su tarea en un muy corto lapso, generalmente de 15 a 20 minutos por paciente. El producto de este análisis sería una teoría sustantiva acerca de las limitantes que tiene el PCP en cuanto a logística profesional y personal del uso de las técnicas de IDM, al discutir las pruebas de cáncer prostático con sus pacientes. Los directores de las clínicas y otros interesados en promover la IDM en los casos de cáncer prostático, necesitarían primero tomar en cuenta dichas limitantes, para luego poder tener éxito en sus esfuerzos.

11. Conclusiones del marco teórico y el estado de la cuestión

Resumiendo: la expectativa surge de las capacidades neurobiológicas de anticipar y predecir, pero se troquela en la estructura psíquica mental formada durante la relación interactiva de apego con los cuidadores básicos, en los modelos internos de trabajo (MIT), la función interpretativa personal (FII) y la mentalización. Su posición es inconsciente, preconsciente y automática, respondiendo a la anticipación y predicción de la conducta.

La ubicación de la expectativa en el mundo de la salud pública, al igual que en las variantes de psicoterapia y del psicoanálisis mismo, indica que, efectivamente, es un factor ignorado y poco atendido en los diversos procesos de atención.

Tal parece que la causa última de la expectativa son los patrones existentes en la psique, desarrollados a partir de la experiencia de vida en el curso del crecimiento, para poder ofrecer respuestas a los variados estímulos con un mínimo de esfuerzo ante las complejidades.

Las diferentes perspectivas cognitivas, de neurociencias, psicoanalíticas, coadyuvan a tener una visión amplia desde diferentes puntos de vista y coinciden en muchos aspectos.

A continuación, el capítulo de metodología ilustra el modo en que se realizaron los procedimientos.

VI. METODOLOGÍA

Se logró llevar a cabo una investigación cualitativa con orientación teórica fenomenológica interpretativista (heurística) y análisis de contenido temático[17] y de narrativa (Labov y Waletsky, 1967) usando el modelo de la entrevista psicoanalítica de investigación (EPI) de Cartwright (2002), Frommer, Langebach y Streeck (2004) y Kvale (2001), e inferencias inductivas y abductivas (Rennie, 2001).

1. Procedimiento

A. Tipo de estudio

Se realizaron estudios de caso interpretativos y de generalización naturalística en los cuales se descubrieron elementos, situaciones o procesos establecidos acerca de las expectativas, procurando interpretarlos en el contexto en el cual se presentaron. Se trató de comprender el punto de vista específico de cada informante, las contradicciones en su discurso y su experiencia de vida.

Se encontraron semejanzas y diferencias entre los casos, se integró la respuesta subjetiva del entrevistador y se hizo una transcripción de las entrevistas lo más precisa posible. Se tomaron en cuenta todas las reglas de escucha y comprensión tanto cualitativas (Taylor y Bogdam,

---

[17] Van Manen (1997) se refiere a cuando menos cinco modos posibles de organización textual: temático, analítico, ejemplificativo, exegético, y existencial.

127

1996) como psicoanalíticas (Cartwright, 2002; Ramonet y López, 2004; Frommer y Rennie, 2001) pertinentes para la realización de las entrevistas.

B. Delimitación espacio-temporal

La delimitación espacial abarcó Guadalajara, México, León, Veracruz y Tuxtla Gutiérrez, lugares donde existen sedes de la Asociación Psicoanalítica Mexicana, y a donde yo tendría que viajar para asistir a congresos y cursos. En todos ellos habitan psicoanalistas que aceptaron participar en esta investigación.

Para reforzar el anonimato de los participantes, cada uno de estos lugares se designó como Área 1, Área 2, Área 3, Área 4 y Área 5, que es la forma en la que me refiero a ellos en esta exposición.

Las entrevistas tuvieron lugar en una oficina privada, habilitada en cada una de las ciudades según las condiciones y de acuerdo con lo planeado. No se encontró que la variación geográfica jugara un papel importante en las diversas respuestas.

La información obtenida fue específica con relación al tema de las expectativas, de acuerdo con Hudelson (1994).

La delimitación temporal para la realización de este estudio fue de enero de 2006, cuando comenzó la redacción del protocolo de la investigación, a junio de 2008, límite establecido para completarlo. El trabajo de campo se extendió de octubre 2006 hasta noviembre de 2007.

Se hicieron entrevistas de seguimiento de enero a marzo de 2008 para ir reforzando los datos encontrados en las primeras entrevistas.

C. Mapeo

Sandoval (2002) indica que el investigador debe situarse mentalmente en el escenario donde va a obtener los datos o hacer la investigación. El mapeo distingue entre la situación física y la situación mental. En este caso se obtuvieron datos en el lugar físico, de residencia, de los entrevistados y además se ejercitó la ubicación mental al ponerse en el lugar subjetivo de ellos.

Todos ellos llevaban a cabo su tratamiento en consultorios privados, por eso las entrevistas se hicieron ahí o en sitios lo más parecidos posibles.

Los pacientes se eligieron de acuerdo con la respuesta que los analistas invitados (Anexo 1) me dieron, lo cual implica que la decisión de a quién invitar a participar como entrevistado fue de éstos. Los analistas que no tenían un caso recién iniciado, ofrecieron contactar a pacientes que habían abandonado el tratamiento cuando mucho al año y un caso que fue de interrupción[18] más que de abandono, al año y medio de haberlo comenzado.

D. Muestreo teórico

La muestra se recogió siguiendo las indicaciones de Strauss y Corbin (1998), quienes indican que se debe seleccionar a los sujetos de la investigación a partir de determinados conceptos, desenvolviendo según el dato va apareciendo, esto es: selección de la pregunta de investigación, tipo de situaciones, eventos, actores, lugares, momentos y temas. Es un proceso dialéctico, donde se va a los sujetos sólo con la pregunta (en este caso, las preguntas standard de la entrevista, véase más adelante) y se analiza la respuesta en cada entrevista. El objetivo es ma-

---

[18] El paciente perdió sustento económico y cambió de lugar de residencia, pero tiene la intención de regresar a tratamiento

ximizar oportunidades para comparar eventos, incidentes o sucesos que determinen cómo una categoría varía en términos de sus propiedades y dimensiones.

Sandoval (2002) resalta los siguientes indicadores para hacer una buena entrevista:

Pertinencia: Identificar participantes que aporten la mayor información.

Adecuación: Lograr datos adecuados para una completa descripción del fenómeno.

Conveniencia: Ser capaz de distinguir lo que ayudará a la investigación.

Oportunidad: Ser capaz de hacer contacto con los participantes cuando ellos puedan cooperar.

Disponibilidad: Estar dispuesto (el entrevistado) a satisfacer oportunamente las necesidades de la investigación.

2. Selección de participantes, lugares, situaciones y momentos para las entrevistas

Por así convenir a este trabajo, para el muestreo teórico se siguió a Patton (1990), cuya taxonomía recomienda basarse en el modo práctico de llegar a la información en el menor tiempo posible.

Para obtener un rango amplio de diferencias geográficas se eligieron lugares donde el psicoanálisis tiene asiento en México y donde los analistas pudiesen colaborar estando en contacto con los pacientes. Se seleccionaron las ciudades de Guadalajara, México, León, Veracruz y Tuxtla Gutiérrez, considerando que quien realiza esta investigación viajaría hasta allá para asistir a cursos y congresos.

Los informantes fueron pacientes que acudieron a solicitar tratamiento con los analistas que aceptaron colaborar con esta investigación.

Antes, los analistas invitaron a los pacientes que consideraron candidatos. Su decisión estuvo fundamentada en el diagnóstico preliminar que hicieron en las primeras dos o tres entrevistas con ellos, optando por psicoanálisis o psicoterapia.

Ésta es una operación de interacción porque cada analista "sugirió", con base en su experiencia clínica, el formato de entrevista y el parámetro más adecuados para el paciente. El paciente podía aceptar o no esta sugerencia antes de iniciar el proceso terapéutico.

Otro aspecto es que, sin lugar a dudas, tal como lo plantea Raphling (1993), el analista anticipa y predice su papel y el del paciente en la futura terapia. Estas expectativas estarán desempeñando un papel definitivo en el desarrollo del proceso. Me atrevería a decir que harán esto en forma tan similar a la manera como las expectativas paternas intervienen en el proceso de desarrollo del individuo.

Es, por lo tanto, de acuerdo con la teoría de la técnica, absolutamente necesario tener esto en mente, con el fin de poder explicitar constantemente aquellas expectativas, sobre todo en el ámbito de la contratransferencia. Éste es sin duda un tema interesante para una posterior investigación ya que aquí sólo aparecieron en forma tangencial en los discursos.

Se invitó a analistas (un total de 14, de los cuáles, 11 aceptaron y ofrecieron un paciente cada uno) de las ciudades antes referidas que fueran en segundo grado de entrenamiento o graduados o con experiencia. Y debían pertenecer a la Asociación Psicoanalítica Mexicana, Asociación Regiomontana de Psicoanálisis, Sociedad Psicoanalítica de México y Asociación Mexicana para la Práctica, Investigación y Enseñanza del Psicoanálisis, todos miembros de la Asociación Psicoanalítica Internacional (IPA por su nombre en inglés).[19]

Se aceptó a todos los que quisieron participar en la investigación, siempre que cumplieran con las características ya referidas.

Se indicó a los analistas que los pacientes debían: haber iniciado un tratamiento del que se hubieran realizado entre tres a cinco meses de sesiones; tener una edad mínima de 18 años y máxima de 65 años; ser de cualquier sexo y no tener perturbaciones neurológicas, esquizofrenia, bipolaridad, anorexia con desnutrición, adicciones, psicopatías, sociopatías, o psicosis; tener un nivel escolar mínimo de tercero de secundaria, sin haber un máximo, y que fueran pacientes comunes, sin entrenamiento didáctico.

Primero se deseó contar con cinco pacientes en psicoanálisis y otros cinco en psicoterapia psicoanalítica, para tratar de entender si las expectativas se vivían de la misma manera en un tratamiento y en el otro.

Con excepción de Guadalajara, viajé a las ciudades citadas para entrevistar a los pacientes. Antes, había enviado cartas de invitación a los analistas y ellos habían contestado afirmativamente.

Todos los pacientes invitados aceptaron la entrevista y recibieron una copia de un breve resumen del protocolo de investigación (Anexo 2), así como la carta de consentimiento (Anexo 3) que debían firmar consintiendo la entrevista y la grabación del audio.

El contexto mental se refiere al momento psicológico en que un proceso tiene lugar en la mente del paciente y que

---

[19] Se decidió utilizar estos criterios de selección porque era la única forma de poder asegurar un mínimo de entrenamiento terapéutico de los analistas que iban a seleccionar a los pacientes. En México, los parámetros generales de entrenamiento son muy difusos, según mi opinión.

lo lleva a solicitar el tratamiento. Esto implica una expectativa desconocida para el entrevistador hasta el momento del encuentro.

Una vez en la ciudad, se buscó y obtuvo un espacio cerrado, cómodo y confortable para la entrevista, ya fuera en la sede misma del congreso o el curso al que asistía, o bien algún consultorio privado.

3. Técnicas para la obtención de información

a. Se llevaron a cabo 10 entrevistas individuales semiestructuradas (Taylor y Bogdam, 1996), con las siguientes preguntas abiertas estándares:
1) ¿Cómo ha sido su vida?
2) ¿Cómo influyen sus experiencias pasadas en su presente?
3) ¿Qué objetivos tiene para usted el tratamiento? ¿Se habla de ellos en la terapia?
4) ¿Cómo es la relación con su analista?
5) ¿Cómo puede usted contribuir al proceso del tratamiento?
6) ¿Qué espera del tratamiento?
7) ¿Qué sabe usted de lo que el tratamiento le puede ofrecer?
8) ¿Qué piensa usted de sus propias habilidades y su eficiencia para resolver sus problemas?
9) ¿Cuáles de sus habilidades pueden contribuir al éxito del tratamiento?

Las preguntas se redactaron a partir de un análisis del documento de Jones (2000), donde se insertan las expectativas como parte esencial del proceso psicoanalítico, y en general, desde la revisión bibliográfica (Anexo 4). Se hicieron con la intención de comprender las expectativas del paciente acerca del tratamiento, su sentido y significado.

Las entrevistas tuvieron una duración variable de acuerdo con las necesidades de obtener la información. Se partió de una entrevista de 90 minutos, en la que se permitió la asociación libre y la manifestación transferencial, con el fin de poder captar motivaciones inconscientes. De hecho, se hicieron dos entrevistas, con un día de diferencia, a cada paciente; la segunda fue de una hora en dos casos, de 45 minutos en cuatro casos y de 30 minutos en los otros cuatro.

Se consideró que 90 minutos era el máximo tiempo para trabajar sin cansancio sobre un tema.

b. Grabaciones en audio. Las entrevistas fueron realizadas, audiograbadas y transcritas por mí. Cada una tiene notas sobe la primera impresión emocional que me provocó el encuentro.

c. También se levantaron notas de campo metodológicas, personales (reacciones contratransferenciales, sentimientos, vivencias, al recoger la información), teóricas, y descripciones inferenciales.

Almacenamiento de datos

Los datos se almacenaron en una computadora AMD 3100+ de marca genérica, sin datos sobre el modelo, con capacidad de disco duro de 80 GB y sistema operativo Windows XP Pro, donde se desplegó el programa ATLAS.ti. También se contó con un audio grabadora Sony, cintas para grabar y cajas de archivo personal.

4. Trabajo de campo

Se trabajó por etapas:
• Etapa 1: Inició con el trabajo de campo, en octubre de 2006. En el área 1 se realizaron cuatro entrevistas a dos personas.

• Etapa 2: Se llevaron a cabo dos entrevista en el área 2 con una persona, el 2 y 3 de febrero de 2007.

• Etapa 3: Se levantaron seis entrevistas con tres personas en el área 3, durante los meses de febrero, marzo y abril de 2007.

• Etapa 4: Se recogieron seis entrevistas con tres personas en el área 4, en mayo de 2007.

• Etapa 5: Se realizan dos entrevistas con una persona en el área 5, el 2 y el 3 de noviembre de 2007.

Entrada al campo

Se envió por correo electrónico una invitación a cada uno de los analistas de las diferentes ciudades que serían sede de algún congreso o curso al que yo debía asistir.

Todos fueron invitados a participar un mes antes del evento, previendo que no hubiera demasiado tiempo entre la invitación y la entrevista con el/la paciente.

A cada uno se le envió un breve resumen del protocolo de la investigación y la carta invitándolo a participar, y otra para los posibles pacientes que aceptarían intervenir, junto con las formas de consentimiento y el cuestionario de la entrevista (Anexos 1, 2, 3).

Todos los analistas invitados aceptaron, y tardaron a lo sumo dos días para responder y proponer a los pacientes que podrían participar.

Todos insistieron en que era muy difícil seleccionar pacientes "comunes"[20] (no psicólogos/as) porque había pocos de ellos en psicoanálisis desde hacia tiempo; proponían más bien pacientes cuya profesión tiene relación

---

[20] Se habían definido como "comunes" los pacientes que no estuvieran en entrenamiento psicoanalítico o en análisis didáctico oficial de la IPA. No se excluían otros pacientes con profesión relacionada con la psicología o la psiquiatría.

con la psicología o la psiquiatría. Ningún paciente seleccionado estaba en análisis didáctico en ninguna institución. Aun con los pacientes de la ciudad de México, tomados del protocolo de investigación que tiene lugar ahí y que recibe población abierta, no fue posible evitar que al menos una paciente fuera psicóloga.

Se tomaron los casos que en sí mismos eran importantes, y los pacientes aceptaron la invitación de inmediato. Enseguida concerté las entrevistas ya directamente con el/la paciente. El horario para realizarla se acordó tomando en cuenta las necesidades del paciente en primer lugar.

Para poder cumplir con los requisitos del muestreo teórico, se procedió de inicio buscando pacientes comunes que hubiesen iniciado tratamiento de tres a cinco meses antes.

Una regla fue que no estuvieran siendo formalmente entrenados como psicoanalistas o psicoterapeutas psicoanalíticos (dentro de una institución afiliada a la IPA) porque existe el supuesto de que estos "candidatos" no pueden ser confiables dada la extrema idealización e identificación con los procesos.

Todo esto por seguir la opinión de un respetable profesional que aconsejó excluir por completo de la muestra a todos los psicólogos. Éstos fueron sus argumentos:

Respecto a la muestra, considero de la mayor importancia que se excluya la y los pacientes que no responden a los criterios de inclusión consignados en la introducción: Pacientes comunes, con no más de tres meses de haber iniciado un tratamiento. La paciente es psicóloga [se refiere a la paciente que ya mencioné] y, según parece, tiene algo más de tres meses en tratamiento. En todo caso, conoció al terapeuta en la Escuela de Psicología, lo cual incide directamente en las expectativas y atenta la validez y confiabilidad de la investigación.

Durante la entrevista, la misma paciente menciona que es necesario tratarse para poder tratar a otros. Esto encierra lo que se llama "disposición de respuesta", que a su vez incluye fenómenos tales como idealización, aquiescencia y "deseabilidad social".

Debido a lo anterior se deben excluir tanto psicólogos como profesionales que tengan planeado formarse como psicoanalistas o psicoterapeutas. (Comunicación personal, junio 2007, carta recibida por medio electrónico, autor reservado por confidencialidad.)

Tomando muy en serio esta anotación, y también considerando que existe una profunda problemática relativa a los profesionales que aspiran a convertirse en analistas o psicoterapeutas y una indagación constante sobre el tema (Silverman, 2007), se decidió proseguir con los casos como fueron apareciendo y anotar cuidadosamente las características de cada uno de ellos, con el fin de entender los problemas relativos a los "sesgos" de los datos y resultados.

Otro razonamiento fue que si se atiende a la teoría, es posible encontrar elementos en la historia de los pacientes que les llevaban a inclinarse por determinado tipo de idealización, conformando expectativas que "les lleven a encontrar lo que esperan".

Pero la toma de decisión definitiva se dio al recibir las observaciones de otra profesional, igualmente connotada. Enseguida las transcribo:

Se notan resabios de la confusión entre un diseño de investigación científica convencional y la modalidad cualitativa que aquí se ha emprendido. Me refiero en particular a la preocupación por la "validez y confiabilidad" pues parecen juzgadas en términos del método científico clásico, y por los supuestos "sesgos".
En realidad, desde esta otra perspectiva, la cualitativa, el "sesgo" (si así pudiera llamarse, que no debería serlo) estaría dado al pretender "forzar a la realidad" para "obligar" a que los

"pacientes comunes" fueran lo que se esperaba que fueran, cuando en realidad se encontró que lo "común" es que los pacientes tiendan a proceder mayoritariamente del área de la psicología. Si ése es el fenómeno que la realidad presenta, eso sería lo que habría que estudiar. (Comunicación personal, junio de 2007, carta recibida por medio electrónico, autor reservado por confidencialidad.)

Ante esta situación y bajo esta nueva luz, como inicialmente la idea era trabajar con pacientes "comunes", es decir de cualquier tipo excepto los inscritos en algún tipo de entrenamiento institucional de IPA, no hubo necesidad realmente de modificar el criterio principal.

Es así que los primeros dos pacientes eran estudiantes del último año de la licenciatura en psicología, que tenían una fuerte identificación e idealización del terapeuta. Y el tercero también, aun cuando ya había terminado la carrera y estaba iniciando una maestría en sistemas familiares.

Los siguientes tres casos fueron pacientes comunes sin ninguna formación en psicología, pero el sexto también era una psicóloga. Esto último me hizo pensar que la muestra estaba siendo irremediablemente inclinada hacia este tipo de individuos con formación en psicología. Después, otros dos casos en otra ciudad también correspondían a este perfil.

El propósito de la selección de la muestra era también la representatividad de lo que naturalmente estaba sucediendo en los consultorios. Por lo tanto, no se podía omitir la realidad.

Esta idea ayudó a decidir que los casos eran válidos ya que ninguno de los pacientes estaba teniendo un entrenamiento formal de la IPA, aunque sí formaban parte de un grupo numeroso de estudiosos de la psicología que buscan tratamiento para, en primer lugar, entender sus propias dinámicas personales.

Como lo dijo uno de los analista invitados: "La única gente que viene espontáneamente a psicoanálisis en la actualidad y está dispuesta a tener cuatro o cinco sesiones a la semana son los psicólogos, y no necesariamente porque quieran ser terapeutas sino porque [cuando han estado en tratamiento] entienden más el proceso".

Otra reflexión a favor de estos pacientes es que son personas cuyas expectativas son particularmente importantes de conocer puesto que, dado el caso de que sus análisis no fueran exitosos, ello tendría un impacto importante en la comunidad, pues serían profesionistas ejerciendo algún tipo de ayuda psicológica profesional pero con un problema no resuelto en su historia. O sea, llevarían consigo el fallo de su propio tratamiento si fuesen precisamente sus expectativas las que hubieran resultado frustradas.

Así pues, en total, se obtuvieron cinco psicólogos, un psiquiatra y cuatro pacientes comunes. De éstos últimos, dos eran personas que habían abandonado el tratamiento en el primer año: uno a los tres meses y otro al año y medio. En sí ésta última no era precisamente un abandono, sino una terminación prematura o especie de receso, ya que había el deseo de continuar.

Cada entrevista inicial duró un promedio de 90 minutos, y las subsecuentes fueron al día siguiente por 60 a 30 minutos. Durante tres meses se hicieron diez sesiones de seguimiento, cada una a diferente paciente: seis por Internet, tres cara a cara con duración de media hora cada una, y una por teléfono de 15 minutos.

Los datos descriptivos de los informantes se muestran en el cuadro 3. La geografía está indicada por áreas; se decidió usar el término áreas para fortalecer el anonimato.

Todos los datos se toman en cuenta para situar el contexto personal de cada sujeto. Y en el análisis final, para cruzarlo, buscando de alguna forma similitudes o diferencias con base en ellos.

Clave*	TOÑO	JUAN	NADIA	OLIVIA	CARLOS	CIRO	KARINA	EDDY	ROSA	LUCIA
Sexo	M	M	F	F	M	M	F	M	F	F
Edad	49	33	25	48	30	32	28	22	23	21
Estado civil	Casado	Divorciado	Soltera	Divorciado	Soltero	Casado	Soltera	Soltero	Soltera	Soltera
Hijos	2 (19M y 16F)	No	2 (6 años y 3, dado en adopción)	2 (20 F y 16 M)	No	1 (5 años)	No	No	No	No
Escolaridad	Psicólogo. Tres maestrías	2° sem. maestría en administración de empresas	5° sem. de bachillerato	9° sem. Lic. en psicología	Psiquiatra	Ingeniero. Maestría en sistemas para la comunicación	3er. sem. Lic. en ciencias de la comunicación	Psicólogo. 1er. sem. maestría en terapia familiar	7° sem. Lic. en psicología	9° sem. Lic. en psicología
Lugar	Área 5	Área 4	Área 3	Área 3	Área 4	Área 4	Área 3	Área 2	Área 1	Área 1
Trabajo actual	Trabaja	Trabaja	Desempleada	Trabaja en consultorio	Trabaja	Trabaja	Trabaja	Estudiante	Estudiante	Estudiante
Inicio tratamiento	P/Septiembre 2007	Pp/ Junio-agosto 2006	pp/Febrero 2007	pp/Febrero 2007	P / Enero 2007	P / Septiembre 2005/ Agosto 2006	pp/Febrero 2007	P / Junio 2007	pp/ Agosto 2006	pp / Julio 2006
Motivo	Estar mejor, hacer bien el trabajo	Depresión por divorcio de padres	"Saber si en verdad soy broder"	Crisis, pánico y ansiedad	Profundizar en el conocimiento personal	Crisis de pareja	Mi carácter	Estar bien	Conflictos personales	Entender proceso psicoterapéutico

CUADRO 3

Notas: **P** = Paciente en psicoanálisis. pp = Paciente en psicoterapia psicoanalítica. *Pseudónimos.

Trascripción de todas las entrevistas, notas de campo o registro de información obtenida por otros instrumentos capturados en el formato que se utilizó para el análisis de los datos

Las entrevistas trascritas se encuentran en una unidad llamada "unidad hermenéutica (UH), Expectativas 1", del programa Atlas.ti, almacenada en el disco duro de mi computadora personal. En él se guardaron los documentos primarios, las citas, los códigos, anotaciones, familias y redes de trabajo.

Plan de análisis de cada uno de los productos obtenidos durante el trabajo de campo
Como se indicó, el plan de análisis fue cualitativo, con orientación teórica fenomenológica interpretativista (heurística) y análisis temático y de narrativa. Se usó el modelo de la entrevista psicoanalítica de investigación (EPI) de Cartwright (2002) y Frommer, (2007).
Operacionalmente se realizó con el apoyo del programa de cómputo ATLAS.ti.

5. Modelos de análisis de datos

A. El modelo de la investigación cualitativa

a) Definición y concepto del tipo de análisis
El análisis de las entrevistas se realizó mediante la técnica de análisis de contenido temático y de narrativa que proponen Krippendorff (1990), Minayo (1995), Lanigan (1997), Van Manen (1997), Madjar (1998) y Frommer y Rennie (2001). Además de seguir la fenomenología descrita.
Ésta es una secuencia de cómo ha ido evolucionando el modelo del análisis, partiendo de una perspectiva positi-

vista como la de Krippendorff, hasta llegar a una aplicación plenamente fenomenológica interpretativista, heurística y semiótica como lo hacen Van Namen, Madjar, y Frommer y Rennie.

Krippendorff es el iniciador del método de análisis de los contenidos temáticos, aun cuando a la larga ha resultado superficial el mero hecho de contar los elementos. Pero es innegable el valor de su diseño.

El análisis consistió en descubrir los núcleos de sentido que componían una comunicación, y cuya presencia o frecuencia era significativa para el objetivo analítico trazado.

Cualitativamente, la presencia de determinados temas denota valores de referencia y modelos de comportamiento presentes en el discurso (Minayo, 1995; Lanigan, 1997; Van Manen, 1997; Madjar, 1998; Frommer y Rennie, 2001).

El análisis de contenido temático (Krippendorff, 1990) es una técnica de investigación destinada a formular, a partir de ciertos datos, inferencias reproducibles y válidas que puedan aplicarse a su contexto.

El marco de referencia conceptual indica que deben considerarse:
• Los datos, tal como se comunican al analista.
• El contexto de los datos.
• La forma en que el conocimiento del analista lo obliga a dividir su realidad.
• El objeto de un análisis de contenido.
• La inferencia como tarea intelectual básica.
• La validez como criterio supremo de éxito.

Según Krippendorff (1990), los componentes del análisis de contenido son:
• Formulación de los datos: determinación de las unidades, muestreo, registro.
• Reducción de los datos.

142

• Inferencia.

Van Manen (1997) plantea una muy comprensiva perspectiva del método fenomenológico, sitúa la necesidad de
la involucración plena del investigador en el proceso desde
la autenticidad de la propia experiencia.

Menciona además la importancia de los temas: "El tema
le da control y orden a la investigación y al escrito"; los
temas son "las estructuras de la experiencia", "el deseo de
encontrar significado y entendimiento" (Van Manen, 1997:
79).

Define un tema como:
• La experiencia focal de significado, del punto.
• La formulación del tema es cuando mucho una sim-
plificación.
• Los temas no son objetos que uno encuentra en cier-
tos puntos o momentos del texto, son intransitivos.
• Es la forma de capturar el fenómeno que uno trata
de entender.

El proceso de análisis de contenido temático propuesto
por Minayo (1995) y que coincide con Lanigan (1997), Martínez (1996), Van Manen (1997), Madjar (1998) y Frommer
y Rennie (2001) sigue este procedimiento (Anexos 6 y 7):
Ordenación de los datos. Engloba tanto las entrevistas
como el conjunto del material obtenido de la observación
referente al tema: transcripciones, relectura del material,
organización de los relatos, organización de los datos de
observación. El orden seguido para la organización es, en
un primer nivel, temático, de contenido, acorde con las categorías que surgen de las preguntas de investigación. En
un segundo nivel el material se ordena de acuerdo con categorías construidas en el primer nivel.
Clasificación de los datos. El dato no es dado, es construido, es fruto de una relación entre las cuestiones teóri-

camente elaboradas y dirigidas al campo, en un proceso inconcluso de preguntas suscitadas por el cuadro empírico de las referencias teóricas del investigador.

Etapas:

• Lectura exhaustiva y repetida de los textos, prolongando una relación interrogativa con ellos. La lectura fluctuante ayuda a establecer categorías empíricas y confrontarlas con categorías analíticas teóricamente establecidas, buscando las relaciones dialécticas entre ambas.

• Constitución de uno o varios corpus de comunicaciones si el conjunto de las informaciones no es homogéneo. Lectura transversal de cada uno: se recorta cada entrevista en "unidades de registro", referidas por tópicos de información o por temas de primera y segunda clasificación. Proceso de profundización del análisis: la relevancia de algún tema lleva a refinar la clasificación. Los múltiples apartados son reagrupados en torno a categorías centrales, encadenándose en una lógica unificadora.

• Análisis final. Las dos etapas anteriores llevan a una reflexión sobre el material empírico. Este movimiento incesante que va de lo empírico a lo teórico y viceversa, que se mueve entre lo concreto y lo abstracto, entre lo particular y lo general, es el verdadero movimiento dialéctico, con el que se llega a lo concreto pensado, al significado subjetivo. La totalidad final permite el control de la especificidad del objeto por la prueba que buscó el significado que el asunto tiene para el sujeto en cuestión.

Este proceso se siguió en forma íntegra al analizar la información.

La organización de la información se realizó, como ya se dijo, a través del programa de cómputo ATLAS.ti, cuyo

144

proceso básico es la preparación de un documento de estudio en el procesador de textos. El programa permitió preparar un impreso del texto con líneas numeradas, que realizó la segmentación y asignó a cada segmento el código respectivo, al cual pasan a ligarse los números de sus líneas inicial y final.

Los segmentos codificados pueden ser reagrupados según su categoría y su documento de origen, y según las variables del informante y del contexto de la entrevista, que son organizadas de acuerdo a un patrón o plantilla. El programa permitió la combinación de categorías para la recontextualización o el reagrupamiento de segmentos, y también la clasificación de los documentos según las variables de contexto.

El procedimiento empleado para analizar la información obtenida en las entrevistas siguió estas etapas: transcripción — revisión — impresión — lectura — codificación — categorías (proceso de construcción) — relectura (longitudinal y transversal) — saturación — corpus de análisis (segmentos) — recopilación final.

Transcripción. Las entrevistas se transcribieron directamente en el procesador de textos del programa Word. Esto se llevó a cabo siguiendo las reglas estipuladas para el trabajo (Anexo 5).

Por cada hora de entrevista se emplearon de 5 a 9 horas de transcripción.

Revisión. Las entrevistas se revisaron escuchando cada grabación a la vez que su transcripción era leída en la pantalla del monitor. Así se identificaron errores, palabras antes no escuchadas con claridad, se corrigió la ortografía y se verificó el cumplimiento de las reglas de transcripción.

Impresión. Una vez que se estableció la calidad de la transcripción, se procedió a numerar las líneas de la transcripción y se imprimió cada una de las entrevistas.

Lectura. Los textos de las entrevistas fueron leídos en varias ocasiones, para identificar las principales temáticas tratadas; esto último facilitó el proceso de construcción de las categorías para la codificación de la información.

Codificación. La codificación se llevó a cabo directamente en los textos de las entrevistas, en el programa ATLAS.ti. Éste fue el procedimiento:

Las unidades temáticas se identificaron según su tipo de código.

Se seleccionó el párrafo completo de cada tema, marcándolo a partir de que la persona inicia a hablar del tema hasta que termina o cambia de tema.

El programa marcó a la derecha del texto escrito seleccionando el número de líneas correspondientes al tema identificado, y se escribió en la primera de ellas el nombre de la etiqueta correspondiente al código.

Proceso de construcción de las categorías. Se identificaran diversos temas sobre cómo son las expectativas al tratamiento, y al releer los textos de las entrevistas se identificaron nuevas temáticas.

A partir de estas observaciones y con el apoyo de la propuesta de Minayo (1995), Krippendorff (1990), Van Manen (2007) y Madjar (1998) se elaboró el primer listado de códigos para las entrevistas. Posteriormente se incorporó el método de Martínez (1996), para reforzar el análisis fenomenológico (Anexo 7).

Esto permitió comprobar la funcionalidad de los códigos implementados, así como hacer las correcciones necesarias y añadir otros temas no incluidos en el primer listado.

Con este listado de códigos, se hizo un análisis más minucioso de los textos. El listado fue enriquecido y puntualizado en los temas que así lo requirieron, conformándose así el listado final de códigos.

Enseguida se utilizaron las guías del modelo de la entrevista psicoanalítica de investigación (EPI) de Cartwright (2002), Frommer, Langebach y Streeck, (2004) y Kvale (2001), con inferencias inductivas y abductivas (Rennie, 2001), para establecer las relaciones entre las connotaciones no verbales, las identificaciones entre los personajes, y los sentidos semióticos de las contradicciones del discurso, así como los elementos contratransferenciales señalados.

Se procedió entonces a realizar la codificación final de todas las entrevistas transcritas.

Relectura. La segmentación permitió llevar a cabo un nuevo tipo de lectura del material, que hasta entonces sólo había sido revisado en forma longitudinal. La lectura de los segmentos ahora agrupados en códigos facilitó la lectura transversal, que permite analizar cada categoría temática encontrada en las entrevistas, a la cual le agregué las narrativas de cada caso.

Las lecturas transversales permitieron identificar algunos temas que no habían sido profundizados en las entrevistas o habían sido omitidos durante la codificación.

Corpus de análisis. El corpus de análisis quedó conformado por los segmentos de las entrevistas, que se identificaron con las etiquetas de las categorías establecidas. Cada una de éstas presentó un número diferente de segmentos; el promedio fue 10 segmentos por categoría.

Saturación. El concepto de saturación se refiere a que las categorías den cuenta de toda la información pertinente analizando las entrevistas intra y entre casos. La saturación se alcanzó cuando la iteración ya no generó categorías nuevas. Llegó el momento en que cada segmento fue analizado con su correspondiente cita textual y pudieron presentarse las conclusiones ya integradas en los conceptos desarrollados a partir de las categorías.

b) Identificación del corpus

El corpus se integró con los textos transcritos de 10 entrevistas originales audiograbadas en el trabajo de campo. Las subsecuentes fueron también analizadas, siguiendo el contexto y buscando sentido y corroboración o confrontación del significado de la primera.

c) Las preguntas del problema

Éstas son las preguntas que se plantearon al inicio del protocolo y que fueron reformuladas al desarrollarlo.

No fueron hechas al entrevistado siguiendo el orden que tienen aquí, sino uno más libre que permitiera obtener una narrativa de la vida del informante que arrojara luz sobre su dinámica personal.

A continuación presento las preguntas teóricas y su correlato con la entrevista:

1. ¿Cómo son las expectativas de pacientes al iniciar el tratamiento psicoanalítico o la psicoterapia psicoanalítica?

(Ésta es la pregunta clave, que se resolverá con el conjunto total de las respuestas.)

2. ¿Que relación tienen las expectativas con la vida anterior del informante al momento de entrar en el proceso terapéutico?

1. ¿Cómo ha sido su vida?

(Buscar que describa las relaciones con los padres cuando era niño/a, tan atrás como pueda recordar, y los eventos significativos del desarrollo.)

3. ¿El pasado repercute en el presente?

2. ¿Cómo es que sus experiencias pasadas influyen su presente?

(Busca encontrar la conciencia que el sujeto tiene de su desarrollo temporal, si existe "cuidado consciente", que es la habilidad de identificar componentes dinámicos intrapsíquicos y relacionarlos con las dificultades personales (McCallum y Piper, 1996.)

4. ¿Qué espera el paciente del tratamiento?

6. ¿Qué espera del tratamiento?

(Se intentó clarificar si el paciente tiene objetivos concretos y si espera que sean discutidos en el curso del tratamiento, o si el paciente entiende la naturaleza de la terapia y la expectativa de la misma. Así también, si comprende la expectativa que tiene de la situación y lo que sucederá en la terapia.)

5. ¿Participa por propia decisión de las reglas que se establecen en el proceso terapéutico?

5. ¿Cómo puede usted contribuir al proceso del tratamiento?

(Clarificar si las creencias y la confianza del paciente son afirmaciones positivas para entender sus problemas, tomando en cuenta las respuestas precedentes y si él entiende su colaboración con el proceso.)

6. ¿Utiliza sus propias habilidades en forma acorde con sus expectativas?

9. ¿Cuáles habilidades de usted pueden contribuir al éxito del tratamiento?

(Descubrir si las expectativas positivas se basan en las habilidades y la eficiencia del paciente.)

7. ¿La expectativa del paciente es acorde con el logro de alcanzar una nueva comprensión o insight sobre el conflicto?

7. ¿Qué sabe usted sobre lo que el tratamiento le puede ofrecer?

(Clarificar si el paciente tiene expectativas positivas acerca de la terapia y si expresa la esperanza o la expectativa de que la terapia será de ayuda.)

8. ¿Su conducta se manifiesta en una colaboración positiva con el tratamiento al iniciar éste, esperando resultados positivos?

8. ¿Qué piensa usted sobre sus propias habilidades y su eficiencia para resolver sus problemas? (Busca encontrar concordancia entre la conducta del pa ciente y su colaboración con el proceso.)
9. ¿Cómo son las implicaciones de las expectativas de pacientes en el tratamiento psicoanalítico y la psicoterapia psicoanalítica?
3. ¿Cuáles son sus objetivos en el tratamiento? ¿Se habla de ellos?
4. ¿Cómo es la relación con su analista?

Resumiendo: El análisis y la interpretación de la entrevista se realizaron mediante tres tareas esenciales:

• Búsqueda de narrativas centrales mientras se explora el texto de la entrevista en su totalidad.

• Asociación de narrativas con las impresiones iniciales de la transferencia-contratransferencia.

• Rastreo de identificaciones claves y relaciones objetales dentro de las narrativas dominantes en la entrevista (Anexos 6 y 7).

Supuestos epistemológicos:
• La construcción de significado.

• La naturaleza asociativa del material de la entrevista.

• El contexto tiene que ver con todos los factores internos y externos.

• Impresiones transferenciales y contratransferenciales iniciales.

Para el análisis de la entrevista, éstos fueron los lineamientos seguidos, ya anotados anteriormente:

• Atención cuidadosa a los estados emocionales y las percepciones

• Búsqueda de narrativas centrales. Significantes de significado inconsciente que arriesga perderse (ruidos, digresiones).

- Exploración de identificaciones y relaciones obje-tales. El self narra los hechos. Hay que encontrar en las narrativas cómo el individuo consciente o incons-cientemente se posiciona en relación con los objetos.

NOTA BENE. Aspectos éticos
Antes de cada entrevista, a cada paciente se le dio una explicación de los objetivos del estudio y se obtuvo su con-sentimiento con la firma de autorización. La participación de los entrevistados fue voluntaria.

Ésta es una investigación sin riesgo según lo marcan el artículo 96 al 103 de la Ley General de Salud en Materia de Investigación para la Salud (Estados Unidos Mexica-nos, 1983) y las Normas Técnicas de la Secretaría de Salud publicadas en el Diario Oficial de la Federación del 6 de enero de 1987 (DOF, 1987). Así también, el estudio se ajusta a las normas técnicas del mismo documento, considerando en todo momento el respeto a la dignidad de la persona, su silencio, su confidencialidad, su seguridad personal y confort, como aspectos éticos primordiales.

Para respetar todos estos puntos, cada participante es identificado con un código de anonimato que él mismo, junto con su analista, eligieron. Además, como ya se dijo, cada uno firmó una carta de consentimiento que refiere su voluntad expresa de participar.

Se considera que tomar en cuenta el punto de vista del paciente significa integrarlo a la intersubjetividad del ana-lista y agregar una nueva dimensión al nivel ético de la re-lación. Éste es el contexto fundamentado para este estudio. Tomar en cuenta el punto de vista del paciente sig-nifica aceptar explícitamente que la última validación de la terapia la hace el paciente.

A continuación se presentan los resultados obtenidos con esta metodología.

VII. RESULTADOS

En esta parte se presenta el análisis descriptivo de las respuestas que las y los pacientes dieron en las entrevistas. Se detectaron las temáticas y se las interpretó de acuerdo con los cuatro existenciales básicos de la fenomenología: cuerpo, espacio, tiempo y relaciones humanas.

Las entrevistas aparentan ser una conversación coloquial. Al ser transcritas revelan numerosas vacilaciones e indecisiones, modismos y usos comunes, que indican a) el estado emocional y de ansiedad del entrevistado, así como b) el discurso personal y su naturalidad.

Algunas revelan interrupción del curso lógico y contradicciones internas en el discurso, que son relevantes para la interpretación de su contenido. Ciertos pacientes intentan presentarse como alguien capaz de mostrar sus mejores cualidades humanas, como la comprensión de las fallas de los padres, o bien, complacerme como entrevistadora, llegando al grado de comentarme "¿Cómo lo digo para que quede bien en el estudio?".

Estos datos fueron tomados en cuenta durante el análisis con el fin de poder situar descriptivamente los contenidos de las categorías encontradas. Se decidió que todas ellas cumplían los requisitos anticipados en la metodología de este trabajo.

Se optó por utilizar como base una metáfora derivada del título – "El amanecer de la esperanza"– para organizar el material. De esta manera se abre una dimensión que incluye la idea de que la expectativa es un momento vital, mental, que nos mantiene en espera de acontecimientos y que ofrece muchas perspectivas.

Tanto la descripción fenomenológica (Cuadro 4) como la temática (Cuadro 5) inician con un resumen conceptual de los hallazgos.

153

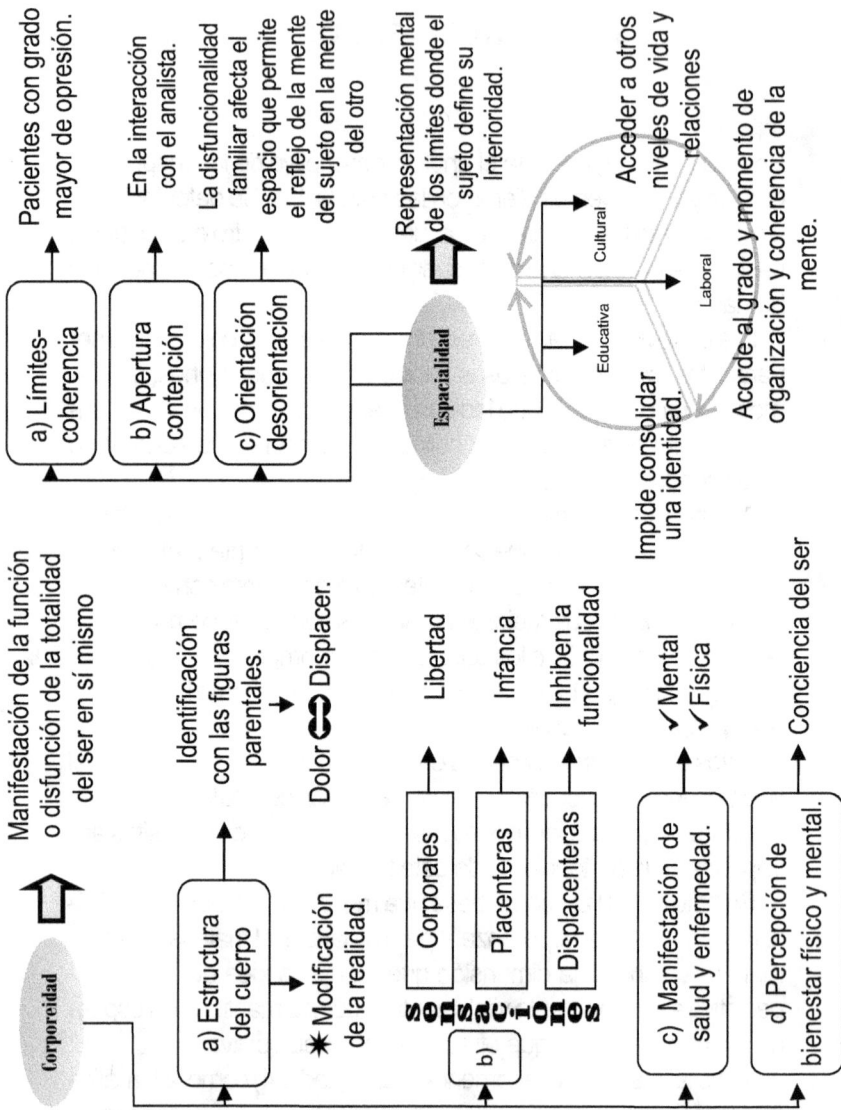

Corporeidad

Manifestación de la función o disfunción de la totalidad del ser en sí mismo

a) Estructura del cuerpo
→ Identificación con las figuras parentales.
✱ Modificación de la realidad.
Dolor ⟷ Displacer.

b) **sensaciones**
- Corporales → Libertad
- Placenteras → Infancia
- Displacenteras → Inhiben la funcionalidad

c) Manifestación de salud y enfermedad.
✓ Mental
✓ Física

d) Percepción de bienestar físico y mental. → Conciencia del ser

---

Espacialidad

a) Límites-coherencia → Pacientes con grado mayor de opresión.

b) Apertura contención → En la interacción con el analista.

c) Orientación desorientación → La disfuncionalidad familiar afecta el espacio que permite el reflejo de la mente del sujeto en la mente del otro

Representación mental de los límites donde el sujeto define su Interioridad.

Cultural
Educativa
Laboral

Acceder a otros niveles de vida y relaciones

Acorde al grado y momento de organización y coherencia de la mente.

Impide consolidar una identidad.

Temporalidad

Cotidianidad el enfrentamiento diario a la mundanidad, la percepción interna de los momentos y cómo se viven.

> La mente aparenta orientacióna asumiendo que el mundo físico es igual al psíquico.

★ Historia ➡ Vivencia deshilvanada

★ Sin futuro ➡ Ausencia de expectativas

★ Presente ➡ Evidenciar el paso del tiempo

★ Nacer a la esperanza ➡ Búsqueda del cambio

★ Permanencia ➡ El tiempo necesario para encontrar respuestas

★ Proyección temporal ➡ Algo puede cambiar

A) Pasado vs presente

B) Tiempo de la entrevista ⟹ El sentir antes y al entrevista

Relacionabilidad

Posibilidad de interactuar con, influir y ser influido por, todos los otros seres en el mundo que lo rodea y consigo mismo

Consigo mismo. Superar el sufrimiento.	Prospectiva: Motivación. Idealizada: Sometimiento. Contestataria: Modificar los sistemas. Independiente, conflictiva y armoniosa.
Los padres y la estructura familiar.	No relación idílica. Golpeadores y abandonadores. Ayudándoles a sobrevivir.
Con el analista.	En relación a la transferencia. Que sea comprensivo, integral... Patrón de apego. Cambio al estilo y técnica.

CUADRO 4.
Descripción fenomenológica- Resumen conceptual

Interpretación de las respuestas de acuerdo con los cuatro existenciales básicos de la fenomenología y las expectativas

Hay dos modos de ser y sólo dos:

- El ser en sí, que es el de los objetos expuestos en el espacio,
- y el ser para sí, que es el de la conciencia (Merleau-Ponty, 2000: 361).

Los cuatro existenciales básicos de la fenomenología ofrecen una dimensión diferente de la descriptiva para interpretar los datos obtenidos.

Se trata de describir, desde la interioridad del investigador, su comprensión del sujeto. Para tener un cierto horizonte de claridad en el método acudí a las siguientes definiciones de cada existencial.

Definiciones operacionales:

Corporeidad es la manifestación de la función o disfunción de la totalidad del ser en sí mismo, en su cuerpo.

Incluye la estructura, sensaciones corporales, placenteras y displacenteras, las manifestaciones de salud y enfermedad, la percepción de bienestar físico y mental.

Espacialidad es la representación mental de los límites donde el sujeto define su interioridad y desde donde descubre el mundo.

Concierne lo que rodea al sujeto, la circunstancia de su vida y, en especial, el estilo de existencia que en dicho espacio pueda darse.

Tiempo vivido o temporalidad es la conciencia del periodo comprendido entre nacer y morir que le da sentido al vivir del ser en sí mismo.

También es el momento de la entrevista, lo cotidiano, precisamente el ahora presente. Es la cotidianeidad, el enfrentamiento diario a la mundanidad, la percepción interna de los momentos y cómo se viven.

Relacionabilidad es la posibilidad que tiene el ser humano de interactuar con, influir y ser influido por, todos los otros seres en el mundo que lo rodea y consigo mismo.

A. Cuerpo vivido (corporeidad)

La persona como un todo que desde su interioridad participa sus experiencias y/o las contiene para sí misma, es parte de esta dimensión. Desde esta su corporeidad, ella puede observar el sufrimiento, la alegría, la satisfacción de sus logros y expectativas cumplidas, como autorrealización o frustración. Con el cuerpo se vive, llora, prostituye, gesta, involucra, ingesta, aprende a caminar, a tocar música, se enfrenta al oponente, se experimenta la depresión, la ansiedad y se repite la historia.

a) La estructura del cuerpo
Cada paciente tiene una narrativa de vida que deja ver su identificación con las figuras parentales como el eje estructurante de su "ser y estar en el mundo". La percepción del dolor y de la angustia son los principales agentes intencionales que llevan a actuar para modificar la realidad que perturba y se convierte en displacer.[21]

La narrativa de Lucía refiere la diferencia entre ella y sus hermanas y cómo, desde su individualidad, donde ella se siente especial y privilegiada por el padre, forja una expectativa de vida diferente de la de su género. En su idealización del psicoanálisis, transfiere al analista el poder y la fuerza del padre, que ella puede adquirir al liberarse del destino de su género, rompiendo el patrón de violencia y fracaso:

---

[21] Por displacer entiendo un montante de alertamiento que no puede ser regulado afectivamente y que se vincula directamente con la FII, de tal manera que si la identificación resulta fallida, la estructura resultante es escindida y disregulada (Fonagy et al., 2007)

Lucía

0022 *Una niña tranquila, est-e, ¬¡claro! ¡Hacía travesuras!*
Soy la menor de mis hermanas, somos cinco hermanas,
0040: *Pues en mi casa, ha, este, hemos tenido un padre ausente, casi no lo veía porque es embarcado*
0048: *Nuestra madre nos crió, este-e pus mi papá llegaba y arréglatelas como puedas, nunca se interesó tanto*
0053: *Yo soy muy apegada a mi papá. La suerte es que siempre en mi cumpleaños él estaba en la casa, y yo era la niña más feliz porque mi papá estaba conmigo,*
0105 *Anterior a mi papá, tuvo otra pareja, igual, esa pareja, pues, la golpeaba y todo, era muy alcohólico y mi mamá no soportó esa vida y lo dejó. Después conoció a mi papá, con el mismo patrón, como dos años y ya mi mamá dijo, "¡Hasta aquí, ya no quiero más maltratos!". Y ya fue como que mi papá también dijo "Ya", pero mi mamá también le dijo, que "Tampoco te quiero que te vayas, no, te quiero", pues ya ahí se calmó la situación hasta la fecha.*
0152 *Mi papá "Si le pasa algo a mis hijas, tú, voy contra ti", y mi mamá tenía eso de que "No, no, no las voy a dejar salir, porque les puede pasar algo y su papá me va a regañar",*
0534 *es un lío mi hermana, y la otra, y todas, se embarazaron y salieron con niño*
0727 *y mi mamá era la del problema aquí "¡Mira, tú cállate, porque, mira, tú no estás aquí para estar avistando a tus hijas!". Ni a cuál irle, ni a mi papá ni a mi mamá ni a mis hermanas.*
0804 *yo me espantaba realmente,*
1039 *Donde más me di cuenta de cómo influían es en esto de mi novio. Yo estaba pegada a él y me dio una cachetada. Ahí fue donde yo me di cuenta que iba a ser igual que mis hermanas, y era por la familia, por donde yo había crecido, lo que había aprendido y había visto.*
1122 *Yo creo que desde que quise estudiar yo ya fui diferente a mis hermanas y que he demostrado que puedo hacerlo.*
1133 *Yo sé que el psicoanálisis se trata de entender las cosas, la infancia, lo que a uno le pasa, y ayudar a la gente para que se entienda mejor. Mi expectativa es lograrlo.*

La narrativa de Juan es diferente. Su eje es errático. No hay una clara identificación ni con el padre ni con la madre, ambos están fundidos en una sola representación de angustia y desesperación. Está solo en el mundo. No es coherente ni en la contradicción. Así como no tiene una clara identificación con el padre o la madre, tampoco tiene una expectativa que le ayude a ligarse cohesivamente con el tratamiento. Lo que desea es, cuando menos, irreal. No hay forma de lograr un acuerdo, una negociación, porque él no dice lo que quiere. Su apego es desorganizado, y usa su cuerpo, su voz, su verbo, todo, para poder deshacerse de ese ser prisionero en un cuerpo de ansiedad. Corre, corre, corre hasta desfallecer.

Juan

013. Mi papá fue muy estricto, mi mamá fue un poquito más de animarnos a hacer cosas, pero se cambiaban al revés.

014 Fue una vida también divertida, fue feliz, pero también hubo sus momentos difíciles. Aprendí a divertirme yo solo, a hacer las cosas yo solo, y mi hermana y yo.

058 yo me caso en el 2000, por el civil nada más, me separo en el 2002, mi esposa cometió legrado.

070 Mis papás se separan en el 2004, se separan y yo entré en crisis y volví a tomar terapia, con la misma psicóloga. Se me movieron todos mis valores. No buscaba tanto una terapia como tal, este, buscaba exactamente recordar, o que alguien me dijera en realidad, o sea, qué tenía.

074 porque yo quería oír soluciones, pero, es en el mismo lugar, la misma silla o en el mismo, bueno, reposet, se vuelve pesado, se me hacia tedioso,

126 cuando la psicóloga me empezaba a decir "Mira, eres un chavo que eres muy inteligente, piensas muy rápido", todo eso a mi me empezó a levantar mucho, pero caminar y platicar me hace sacar todo más, me pongo a caminar en un parque, y puedo caminar horas y horas dándole vuelta, pero me tranquilizo,

> **178** *recordé la frase "Ponte a trabajar, ponte a hacer ejerci-*
> *cio". Y el tiempo pasa. O que la sesión fuera en Colomos, vá-*
> *monos a los Colomos, ¿no?, o sea, que fuera al aire libre,*
> **190** *gracias a las sesiones que tuve yo también me volví muy*
> *ordenado, porque era desordenado,*
> **216** *pero yo me sentía que seguía volando.*
> **299** *si yo me hubiera acercado, hubiera podido resolver*
> *desde chico muchas cosas, lo que pasa es que yo estaba mal,*
> *no pude seguir,*
> **338** *me sentí culpable, todavía me siento culpable, o sea,*
> *porque fue algo que no pude continuar, el escenario no era*
> *para mí el óptimo,*
> **371** *y ella podía haber visto más sobre en qué escenario me*
> *podía haber desenvuelto mejor, yo creo que hubiera sido más*
> *bien, como en vez de ser una psicóloga, se hubiera convertido*
> *en el famoso coaching de ahora, hubiera sido mi coach.*
> **439** *ésta es mi realidad, esto es lo que puedo, esto es lo que*
> *puedo yo hacer, ¿hay algo que se adapte a lo que yo puedo*
> *hacer? Okay, sí me comprometo, sí, tengo todo esto, okay.*

b) Sensaciones corporales placenteras y displacenteras

Sensaciones corporales: Otros pacientes describen cómo desde la infancia el cuerpo es su entrada al mundo, ya sea usándolo en actividades como aprender a caminar, desarrollar habilidades y convertirse en el objeto de deseo del padre que invita al ejercicio, lograr insertarse en la sociedad mediante la competencia, pelear y dominar. Sus expectativas hablan de "curar" el cuerpo, dejarlo abierto, libre, a la vida; de "usarlo" para aprender sensiblemente, como se hace al tocar el violoncelo; de superar sus estados traumáticos, conflictivos.

Sensaciones placenteras: Algunos recuerdan en forma vívida actividades placenteras en la infancia, como tomar nieve, escuchar música, aprender a coser con las manos junto a la abuela, nadar, y con ellas desarrollan sentimientos que los llevan a tener expectativas positivas, buscando placer, metas y objetivos en la vida, y por ende en el tratamiento.

Sensaciones displacenteras: Todos mencionan la angustia, la ansiedad, la frustración que inhibe la funcionalidad, como los estados más dolorosos de su ser. Usan el cuerpo para depositar la angustia que los gritos y la violencia les provocan, propiciando un círculo de dolor al generar más dolor, al igual que sucede en casos de inducción a las drogas, de prostitución o abandono sin un cuidado adecuado. En general, la expectativa de acabar con esas sensaciones es un motor propiciatorio para buscar el tratamiento.

c) **Manifestaciones de salud y enfermedad**

Enfermedad mental: A pesar de que la enfermedad mental se vive en el cuerpo mismo, con sus reacciones intensas de ansiedad y angustia, con la desorientación constante y la disminución de las capacidades, hay una fuerte resistencia a llamarla por su nombre. Sólo cuando se "toca el fondo", porque hay un ingreso hospitalario o se pierde el trabajo o las relaciones, se reconoce la violencia generada desde adentro del cuerpo, y se origina la expectativa de ir a tratamiento. Sólo dos casos afirman haber acudido en busca de mejorar su salud.

Enfermedades físicas o psicosomáticas: En los pacientes más desorganizados sus conflictos y tensiones se manifiestan a través de cuadros sintomáticos como colitis, gastritis, irritabilidad, asma, continuos catarros o gripas, que en el curso de su vida intentan tratar con indiferencia, como si fuera "normal" sufrir todo ello. Algunos tienen experiencias de profundo dolor, ocasionado por operaciones quirúrgicas practicadas en el curso de la vida, y todos coinciden en que su expectativa de mejorar estos sufrimientos con el tratamiento va por un camino satisfactorio.

d) Percepción de bienestar físico y mental

Cuando la conciencia del ser para sí toma lugar en el sujeto, el cuerpo adquiere un valor diferente al del sufrimiento y se convierte en una expectativa importante el preservarlo como algo valioso que debe ser cuidado hasta que se presenten condiciones propicias para que florezca, como una situación amorosa o el proceso de análisis. Nadia, atada a la esperanza de sus expectativas positivas y su liga con la terapeuta, dice con especial énfasis: "Cuidarme, cuidar mi cuerpo, mi salud y la de mi hija, es lo más importante".

e) La diferencia por sexo

Cinco mujeres y cinco hombres se definen claramente en cuanto a su identidad de género como tales. Lo notable es qué, precisamente por ello, y su ubicación en la cultura, la expectativa al tratamiento se vea influida.

Lucía, que es muy capaz de poner en claro la situación de sometimiento a la violencia machista dice: "Yo estaba pegada a él y no me daba cuenta que estaba haciendo una relación igual que mis hermanas" (sometida a la violencia machista).

Juan, a diferencia de los otros cuatro casos que logran expectativas positivas al tratamiento, fracasa en su búsqueda de pareja, atrapado en el machismo: "Mi esposa cometió legrado, para mí fue perder una ilusión, y bueno, perder a mi pareja, perder la ilusión de un hijo, pues me engaño en una mentira, pero al mismo tiempo me desilusionó completamente".

B. Espacio vivido (espacialidad)

El espacio mental que el consultorio simboliza es una proyección también simbólica de esa dimensión mental que se instituye en lo interactivo e intersubjetivo. Propicia la posibilidad de ser "contenido" por el otro.[22] Si bien es cierto que la espacialidad también implica el ser en el gran espacio que nos rodea y nos da la circunstancia, este análisis se ubicó más en la interioridad, excepto cuando la exterioridad se incluía y afectaba el significado.

a) Límites-coherencia

Los pacientes que describen un grado mayor de opresión, sentirse atrapados, encerrados, girando sobre sí mismos, son aquéllos con perfiles de intenso trauma y apego desorganizado y descartante. Esto mismo es la explicación de por qué no pudieron desarrollar mecanismos sublimatorios más culturales que les permitieran un espacio de más libertad. Karina, en especial, tiene una profunda interiorización de incoherencia: "No puedo decir quién soy, quién he sido durante mi vida, todo ha sido un caos, y peor antes [del tratamiento] que no me daba cuenta de nada". Por lo tanto, su expectativa positiva de trascendencia y cura resulta operativa.

En cambio, Carlos, con límites mucho más claros dentro de sí, explica que si bien en su familia había caos y desorganización, y él se sentía confundido, siempre había algo que establecía límites y daba coherencia a su ser: "Mi mamá, dentro de todo, era chistosa, y con eso como que

---

[22] En términos de comprensión (Verstehen; Mella, 1998), empatía y mentalización (tener en la mente la mente del otro; Bateman y Fonagy, 2005).

quitaba el miedo, y además siempre había gente alrededor"

b) Apertura-contención

En general, todos los pacientes se refieren al espacio mental y a la contención que la interacción con el analista genera. La diferencia la hace Juan quien, como se observa en su narrativa, realmente no pudo configurar dicho espacio. De hecho, al analizar en cada paciente esta dimensión, se encuentra que hay una buena correspondencia entre sus expectativas sobre el tratamiento y el espacio que sus analistas les ofrecen. Karina es muy explícita al respecto:"¿Qué cosas contribuyen a que yo me haya abierto con (terapeuta)? Pue, a la mejor así a su ambiente, de que está, ¡ay!, a que él es como muy relajado -mjum- (y) como que es muy relajado, como que llega ahí uno y me tranquilizo... (_) como que también es así, todo paciente".

c) Orientación-desorientación

La disfuncionalidad familiar afecta el espacio que permite el reflejo de la mente del sujeto en la mente del otro. De ahí que, por ejemplo, Nadia refiera que ella sólo tuvo un cambio de domicilio, a los 10 años, cuando se divorciaron sus padres, aunque en realidad a partir de entonces, cuando se perdió la casa familiar de la infancia, ha tenido múltiples mudanzas, pero en su mente sólo persiste el caos que desorganizó su espacio: "Porque no aprendí a-a sobarme, no aprendí a llorar, no aprendí nada. Después de sentirte en una burbuja de cristal y después te dicen 'No es cierto, no existe esa burbuja' y te topas con la realidad, pues obviamente no te agrada y estás peleada con muchas cosas; primero, una gran rabia con mi papá, mucho vacío con mi hermano, mucha rabia, este, así, con mi abuela fue la única persona con la que yo me apegué".

Otros pacientes hablan de cambios de domicilio que fueron especialmente fructíferos para ellos en su trayectoria de vida porque implicaron una ascensión de status o clase social.

Hay tres tipos de dimensiones espaciales:

Educativa: Algunos de los pacientes no lograron terminar la enseñanza preparatoria y otros sí. El espacio tanto mental como laboral de los primeros es muy reducido. Los resultados de la investigación muestran una conexión entre la agudeza del trauma infantil y sus consecuencias, y la decisión o el logro de terminar una carrera universitaria. De hecho, los pacientes que no terminaron la preparatoria quedaron como suspendidos en una especie de vacío educativo que les impide consolidar una identidad que les permita asimilarse a un ambiente laboral productivo y seguro. Las expectativas de Nadia se abren en el proceso del tratamiento y la reconectan con su apego seguro, su abuela, en un espacio amplio desde el cual podría configurar otro futuro; pero sin él, queda atrapada en sus laberintos defensivos. No es azaroso que ella haya optado por entrar a trabajar en el ámbito de la seguridad privada o pública, sino que éste es una extensión de un espacio indefinido que ella busca acotar

Cultural: Los pacientes que lograron una educación universitaria, por esa causa migraron a otras entidades geográficas que les permitieron acceder a otros niveles de vida y otros tipos de relaciones. Entraron en contacto con la cultura de la música clásica, de los profesionales de la salud y de la educación, de los políticos, y a una dimensión espacial que los ha llevado a sentir y pensar que son libres o que pueden llegar a serlo. Eso, no obstante, no los liberó de su trauma psíquico, que les genera angustia y dificultades para insertarse en esos niveles. Y al ser más cultos, son más conscientes de sí mismos y de sus limitaciones personales, y buscan en la terapia modos de afinarlas y disolverlas. Ciro es particularmente jocoso al describir su vivencia de la universidad: "La universidad es como el arca de Noé: ¡salva a los animales! A mí me enseñó que hay posibilidades".

Laboral: El espacio mental que representa la dimensión laboral es acorde al grado y momento de organización y coherencia de la mente. Las expectativas se correlacionan con esto mismo. Mientras más seguro, estable y coherente es el aparato mental, más claras, específicas y coherentes son las expectativas que llevan a un espacio laboral de sublimación y crecimiento.

Karina está inmersa en un espacio caótico, desorganizado, desde antes de su entrada al grupo de Alcohólicos Anónimos y a su actual terapia; ni siquiera piensa en trabajar, no entiende la disciplina del horario de trabajo diario. Tampoco, que debe administrar sus ingresos y vivir de acuerdo con lo que gana ahora que ya tiene un trabajo en el negocio de su tío desde hace un año.

Olivia ha vivido casi veinte años sojuzgada en un espacio laboral donde no puede lograr su único sueño de toda la vida: terminar la carrera de psicología. De esta forma, sus experiencias son vividas entre la polaridad víctima-victimario, sometida-sometedor.

No es lo mismo que relata Toño cuando se explaya describiendo el espacio amplio, libre, lleno de realización personal, familiar, profesional que encontró cuando cambió de geografía al aceptar un empleo lejos de su lugar de nacimiento y crianza. Eso le permitió prosperar, cultivar sus habilidades y cualidades, incluyendo la música que tanto ama desde cuando era universitario.

C. Tiempo vivido (temporalidad)

Es la cotidianidad, el enfrentamiento diario a la mundanidad, la percepción interna de los momentos y cómo se viven. También es el momento de la entrevista, lo cotidiano, precisamente el ahora presente.

En este estudio se encontró que los sujetos, al momento de la entrevista, recordaban "cómo había sido su vida" en estilos y modos diferentes, pero indicando que todos los eventos, experiencias, recuerdos, afectos, se registraban y simbolizaban en un plano de "existencia", tal y como se plantea desde la fenomenología, lo que hace que sus efectos sean perennes.

Ésta es una vivencia en que la mente funciona llena de angustia, aparentando orientación pero sin tener rumbo fijo, atribuyendo causalidad a todo y a nada, dando explicaciones de la conducta mediante lo físico y, lo más importante, asumiendo que el mundo físico es exactamente igual al mundo psíquico, pensado, fantaseado, sentido, y viceversa. Lo cual colabora con la vivencia ansiógena en todo momento.

Algunos dijeron que estaban conscientes de esa angustia dentro de ellos mismos, como parte esencial de su propio tejido corporal, y que estaban acudiendo al tratamiento precisamente para que aquélla se extinguiera.

Pero los estilos en que entendían su temporalidad eran diferentes entre sí:

a) Pasado versus presente
Historia: El estado emocional semeja una línea donde los altibajos son una constante y el tiempo transcurre sin marca. En él no existe el tiempo, ya que la conciencia de la continuidad del ser forma parte de una coherencia de la identidad, y en los estados obnubilados simplemente no está. Sin tregua en el tiempo, simplemente se traza una vi-

167

vencia desde el nacimiento hasta el momento actual, deshilvanada, sin episodios.

Como dice Karina: "¿*Cómo ha sido mi vida en general? ¿Desde que (nací)? A veces siento que ha sido dura. Siento que viví en una familia muy disfuncional y que ahorita me está afectando muchísimo. De mi adolescencia hasta los 26 años pus yo lo veía todo normal y este, pues, me pasara lo que pasara y aparte, bueno, fui una niña como muy rebelde siempre, y-y tomé desde muy chica... casi puedo decir que ni entiendo eso de las expectativas, hasta hoy".*

Sin futuro: Un efecto directo de una historia deshilvanada es la ausencia de expectativas. Los entrevistados que describieron un pasado errático y conflictivo dijeron que no tenían esperanza, no anticipaban metas ni objetivos, no tenían ninguna expectativa que los hiciera moverse hacia algún logro.

Presente: Contar la historia significa evidenciar el paso del tiempo, y a cada uno de los entrevistados se le solicitó hacerlo. De ahí obtuve la narrativa de sus vidas y pude comprender la diferencia entre vivir una vida con al menos una posibilidad de crecimiento y desarrollo, capaz de enfrentar y tolerar la adversidad, y otra vida que, teniendo sólo los mínimos requerimientos materiales, experimentará caos, violencia, desorganización.

De hecho, todos los entrevistados hablaron del pasado, del presente y del futuro. No todos en un estilo lineal, pero partían de la pregunta base "¿Cómo ha sido su vida?", que los conminaba a hablar del pasado.

Los más organizados intentaron narrar su vida en etapas. Eddy siguió el tema de su cura o liberación de fantasmas y conflictos: "*Mi vida tiene un antes y un después, la primera se marca con el alcoholismo de mi padre y mi infancia llena de angustia y desvalorización, y la segunda es cuando yo logro ser yo, ya en mí adolescencia".*

Igual Carlos y Toño, y aunque esa distinción de un antes y un después del tratamiento fue compartida por todos, incluido Juan, que acusó la diferencia en el tiempo sobre su conducta irresponsable y su responsabilidad actual.

También Ciro habló de las etapas de su vida, privilegiando la de su estancia en la universidad, que le permitió descubrir el mundo cultural, social y político. La terapia fue otra etapa, que le dio control y coherencia.

Nacer a la esperanza: La expectativa siempre anticipa el futuro, a pesar de su condicionamiento pasado. Está en el tiempo presente porque entonces es cuando se evidencia. Los motivos para ir a tratamiento corresponden al presente, son decisiones que se toman en el hoy pero involucran ese pasado motivador y el futuro anticipado del cambio. Se llega al tratamiento porque se quiere cambiar el presente y, con él, el futuro.

Voces dolorosas como la de Karina: *"Espero que en este año me sienta un poco más relajada o por lo menos que ya no sienta tanta ansiedad, o sea, que es lo que a mí me mata, la verdad"*, dan una pauta de lo que significa vivir el momento de la imposibilidad de estar seguro, tranquilo, sin la terrible discapacidad que representa vivir sin ser el dueño de la propia mente.

Permanencia: Se permanece en el proceso todo el tiempo que sea necesario, porque durante el mismo se van encontrando respuestas, resultados, que ayudan a tener una coherencia mental que antes no se tenía. La misma Karina lo dice: *"Sí, que es ahorita, soy constante, pero antes no era constante, de hecho toda mi vida he dejado las cosas a la mitad -mjum- de hecho esto, cuando me dijo (terapeuta) es un año, yo dije es un reto, o sea, es un reto, porque casi siempre dejo las cosas a medias -mjum- entonces, bueno, ahorita yo siento que sí estoy teniendo* constancia, estoy teniendo como que (interés) - aja!- el interés de, pos, de poner las cosas como deben de estar - mjum-".

Proyección temporal: Se tiene la idea de que algo puede cambiar, a pesar de que no se sabe con exactitud qué es ese algo. Carlos tiene una actitud muy abierta en torno a esto y no le preocupa, sabe que es un proceso y está dispuesto a continuarlo: *"Varias veces estamos, sobre todo en el punto de dejar, este, atrás, la historia de enfermedad o caos con mi familia ¿no? Si, si han aparecido sueños ¡oh, um!, donde uno pues se desprende de ellos, ¿no?, los deja y bueno pues cada quien su asunto -¡ah!-; yo creo que sí habría que ver en este punto -¡ajá! está bien, ajá- relacionado con eso de los cambios".*

Toño tiene planes que realizar en la proyección temporal de su vida. El tratamiento ha sido y es el medio por el cual ha logrado entender sus profundas complejidades, que, paradójicamente, lo han vuelto sencillo y amante de la vida. Tiene aún pendientes, sobre todo en el futuro. Ya toca algunos instrumentos, pero su anhelo es *"aprender, este, a tocar chelo, que siempre ha sido una ilusión también, aprender a tocar chelo".*

b) Tiempo de la entrevista

Todos expresaron que su expectativa inicial sobre la entrevista había sido satisfecha en cuanto a lo que sintieron antes, durante y al final de ésta, aunque para cada uno fue diferente.

Privilegio: Lucía, muy en especial, enfatiza: *"Me gustó, me da gusto que me hayan elegido para cooperar en esto, creo que es muy útil, como que le deja a uno claro por qué va a tratamiento y cómo hacerlo mejor. Aunque mucho depende del doctor".* Es muy interesante resaltar que una de las principales fuerzas que han impulsado la existencia de

Lucía es la de sentir que fue privilegiada desde niña pues su padre estaba con ella en sus cumpleaños.

Utilidad: Rosa dice que la entrevista es muy útil porque, al darse cuenta de lo que habla, ella puede expresar más claramente sus metas en el tratamiento y además eso le ayudará al terapeuta.

Placentera: La entrevista le permite a Ciro externar un sentimiento de gozo por ser incluido en un procedimiento que él valora mucho: la investigación. Además, externa el gozo de compartir eso conmigo como entrevistadora, con quien se identifica.

Constatando logros: Carlos afirma que gracias a los logros que ha tenido en su evolución terapéutica está en el momento de la entrevista. De otra manera no hubiera accedido, porque no sabría que decir.

Identificación con la entrevistadora: Olivia, que tiene muy poco clara su intencionalidad, dice que se siente bien porque la entrevistadora le recuerda a su terapeuta, con quien siente mucha confianza y seguridad, y ello le da más esperanzas.

Dudas: Karina externa la situación confusa de su mente cuando expresa que, a pesar de que ella creyó haber entendido de qué se trataba, tiene dudas, porque ella duda de todo, nunca está segura de nada de lo que hace y así se le va el tiempo.

Comprensión: Juan dice que la entrevista le ha servido para darse cuenta de cómo habría ganado un tiempo importante en la comprensión de sí mismo si hubiese entendido que en el proceso realmente debía hablar de sus dudas y deseos. Que en ese momento, él podría pensar en regresar a tratamiento y empezar con una nueva actitud. De hecho, en la entrevista de seguimiento dijo que estaba más tranquilo.

Interesante: La intencionalidad de Juan se ve reflejada

en su decisión de ir a la entrevista porque encuentra muy interesante el proyecto de investigación, ya que pone el acento en el interés por saber qué piensa el paciente de los procesos en los que está inmerso. Él se siente tomado en cuenta.

c) La diferencia por edad

El tiempo se mide por la edad. El promedio de edad en el grupo muestra es de 31.1, la menor es de 21 y el mayor de 44. Es el rango ideal para ir a terapia.

Las expectativas del grupo señalan que, a excepción de Juan, todos ellos esperan poder corregir sus dificultades con el tratamiento, "curarse"[23], esto es, aumentar sus posibilidades y habilidades para vivir una vida plena, libre de la enajenación, recuperar el tiempo.

D. Relaciones humanas vividas (relacionabilidad o comunalidad)

¿De quiénes hablan los entrevistados, cómo hablan y qué impacto tiene ello en sus expectativas acerca del tratamiento que inician?

Los temas centrales de su narrativa son las relaciones consigo mismos, el padre, la madre, los hermanos, la abuela y el terapeuta. Se entiende que todos ellos son las figuras de apego y las relaciones más significativas en sus vidas, el tejido más fino que ha configurado a sus mentes y a partir del cual han emprendido el largo y penoso camino de la conquista de su propio ser, reconociendo a la vez sus diferencias respecto de los demás.

La relación consigo mismo es un eje determinante para el tratamiento porque los pacientes acuden a él buscando significados para su existencia, que de alguna forma ha re-

---

[23] "Se usa la expresión 'curarse de' como un término ontológico (un existenciario) para designar el ser de un posible 'ser' en el mundo" (Heidegger, 1951: 69).

sultado problemática. De tal manera que los sujetos hablan en primera persona. También hablan de mí como entrevistadora y de sus expectativas sobre la entrevista.

a) Relación consigo mismo

Los pacientes hablan de su padecer desde su interior y buscan el tratamiento para superar ese sufrimiento, que tiene muchas formas, estilos, maneras, todos con la expectativa de lograrlo a pesar de sus resistencias, sus creencias ominosas o desengaños.

Prospectiva: Algunos tienen una motivación intensa desde pequeños, construida en torno a su percepción de las dificultades que generan sufrimiento. Como Carlos, que dice haber encontrado en la escuela la compañía que paliaba su tristeza y que le ofreció después alivio a su soledad: "Me metí a Medicina, como que también era un poco la cosa narcisista de estar queriendo hacer cosas, este, grandiosas y buscar el respeto y el reconocimiento de la familia; pero a tratamiento entré para llevármela mejor con todo el mundo, en general conmigo mismo y toda la gente".

Idealizada: Otros relatan una infancia inocente donde se someten sin condiciones a los padres y desde ahí generan una percepción sencilla del mundo que intentan perseguir a través de su propia experiencia, pero que confronta duramente con experiencias contradictorias. Como Rosa: "Era muy inocente, además, sí confiaba mucho en la gente, creía todo lo que me decían... y me lastimaban muy fácil de chiquita, me acuerdo también muy fácil se me quitaba, o sea, fácil que me lastimaban pero, y fácil que me contentara otra vez... pero ahora soy rebelde".

Contestataria: Tienen la expectativa de revertir mediante el tratamiento los conflictos que perciben dentro de su mundanidad y modificar los sistemas de vida, siendo rebeldes, asertivos. Rosa parece darle a su rebeldía contra su padre el significado de justa, y con ella puede defenderse y a lo par diferenciarse de su madre quien soporta la violencia pasivamente.

Independiente: Llena de conflictos de toda índole: económicos, emocionales... Olivia lucha a través del tratamiento para aclarar sus dificultades y lograr independizarse de su familia.

Conflictiva: El sujeto se engaña a sí mismo continuamente a través de todos los medios que tiene a su alcance, en un esfuerzo por librarse del sufrimiento que vive en su cotidianidad. Como Juan, que desde pequeño mentía a sus padres y termina mintiéndose a sí mismo.

Armoniosa: Toño es significativamente armonioso en sus respuestas, abierto al mundo, está contento consigo mismo y es capaz de atesorar logros de gran valía para él. Sus expectativas son muy positivas hacia todo el proceso, casi certeras de que todo va a salir bien.

b) Los padres y la estructura familiar

Ninguno de los pacientes de este estudio describe una relación idílica con los padres en su infancia. Algunos fueron golpeados, a la vez que abandonados al cargo de la abuela, que resultó ser el ángel protector en dos casos. Aunque uno de los paciente califica a la abuela como represora, dominante y sometedora del padre, "machista, diciendo que *"Las mujeres en su casa y..."* este, ¡ay, es una grosería! ¿No? umm... *"el hombre en la calle de cabrón"*.

Son muchos los escenarios violentos, con golpes y maltrato físico, sobre todo si los padres son alcohólicos (cuatro casos). Otros pacientes, que no refieren situaciones de maltrato físico o verbal, admiten negligencia en el aspecto emocional pues crecieron solos.

Aunque para algunos la soledad tuvo su lado positivo,

Carlos dice: *"[La soledad] me obligó a salir, a buscar amigos en la escuela"*.

Pero también hay algunos padres realmente comprometidos con la tarea de ayudarles a sobrevivir y sacarlos adelante, como en el caso de Toño, que piensa que su trayectoria es resultado del empeño de su madre, que implementó ejercicios para que pudiera superar sus limitaciones físicas, y de su padre y su abuelo, que lo ejercitaron lo suficiente para poder caminar, lo que le permitió asistir a la escuela y tener una carrera, que lo llevó a abandonar las tradicionales labores del campo y convertirse en profesionista. En la mayoría de los casos la estructura familiar es de tipo patriarcal, autoritaria y represora, sobre todo si hay alcoholismo.

Los padres de Carlos, Ciro y Toño eran menos agresivos, no tomaban y se preocupaban por atender cuestiones sociales y educativas de sus hijos.

Ello no impidió el apego evitativo o descartante, por causa del abandono emocional, y el poner en manos de la *esposa-madre la responsabilidad del cuidado físico: "'Tu responsabilidad es irlas a vigilar, si le pasa algo a mis hijas, voy contra ti'"*. El modelo se asemeja al de vigilar y castigar que describe Foucault (1976).

Se observa un patrón de relaciones interactivas en el que la identificación primaria con el objeto padre, en el caso de las mujeres, involucró la representación mental de buscar una pareja con las mismas características del padre, provocando la repetición intergeneracional del conflicto.

Éste es un elemento que, una vez descubierto por insight, motiva a ir a tratamiento, con la expectativa de romper el círculo transgeneracional del patrón de violencia.

A partir de este modelo se instauró un orden en el que la madre se mantuvo en una relación de sumisión y dependencia, al cuidado y responsabilidad de los hijos, especialmente en lo que concierne a la sexualidad y, en general, la vigilancia social. Otra responsabilidad fue motivarlas a estudiar y prepararse profesionalmente.

Infiero que en este sistema el sentido de la vida está determinado por el patrón sexual y, específicamente, en el caso de las mujeres, por la maternidad. Su sexualidad está al servicio de la procreación. Una mujer tiene éxito o fracasa en función de lograr o no una pareja que la cuide y proteja junto con su prole, sin importar la calidad de la relación con el proveedor-cuidador-vigilante.

La mayoría de las madres de los pacientes provienen de familias con el mismo tipo de estructura: no terminaron la primaria, fueron golpeadas de pequeña por el padre y muy jóvenes se unieron a un hombre también golpeador y violento, con el que tuvieron hijos. Para poder escapar de esa situación, las mujeres en que campea este patrón muchas veces abandonan a la pareja y entregan al hijo a la abuela para que ella lo críe. Y así cada generación actúa en forma similar (la inexorable compulsión a la repetición señalada por Freud, 1924).

Pero algunas de las madres no comparten ese destino. Una de ellas, la madre de Carlos, parece ser alegre, chistosa, con un sentido del humor irónico, aunque negligente en el cuidado de los hijos. La de Toño, muy atenta en cuanto a los cuidados. Y la de Juan y la de Ciro son descritas como muy autoritarias, en especial la última, que llega a ser la violenta de la familia.

Las madres de Carlos, Ciro y Toño, con todo y las vicisitudes que vivieron, parecen haber propiciado un apego seguro y un nivel de organización mental más elevado que el del resto del grupo.

Todos los padres autoritarios, dominantes, distantes, alcohólicos, golpeadores, infieles, generan relaciones conflictivas, ambivalentes, de odio, resentimiento, manipulación, confusión, impotencia, y dos clases de expectativas:

Expectativas positivas a partir de la relación familiar:
Reflejan una fuerte motivación para trascender la situación, buscar superación, evitar la repetición compulsiva del patrón de violencia o negligencia, una esperanza de romper con la identificación, de no caer en lo mismo. Lucía, Rosa, Eddy, son portavoces de estas expectativas. Los tres tienen madres sumisas pero positivas, que a pesar de la hostilidad consciente o inconsciente hacia el padre, impulsan a los hijos a estudiar, ser diferentes y hablan con ellos del problema familiar. Puede haber formaciones reactivas que buscan lo contrario, pero el mecanismo de defensa más amenazante es el de identificarse con el agresor, ser igual al padre.

Las madres de Carlos, Ciro y Toño, que no fueron tan sometidas, generan también expectativas positivas. Como ya se dijo, la de Carlos es chistosa, la de Ciro autoritaria pero cuidadosa, nutriente, y la de Toño es una madre casi "suficientemente buena" (Winnicot, 1998).

Expectativas negativas a partir de la relación familiar:
Conjuntan estados de impotencia, sometimiento y desesperanza ante la posibilidad de lucha y cambio; profecías autocumplidoras, ominosas, de fracaso, y una vida regida por un ciclo de infortunio. Olivia ha vivido toda su vida en ese ciclo, ha abandonado dos veces el tratamiento por periodos cortos de 15 a 20 días, y parece que su sentimiento y su conflicto de no poder ir en contra del deseo del padre ("No estudies, estate aquí") son una fuerza que contrarresta sus esperanzas de liberación. Karina, Nadia y Juan son los testigos acompañantes en este dilema, que de alguna forma han de ser "empujados" a tener una expectativa ("Ándale, tu puedes, todo va a salir bien") para atreverse a soñar un nuevo amanecer.

c) Los hermanos

Casi todos los pacientes tienen hermanos y diversos tipos de conflictos con ellos: odio, resentimiento, hostilidad, competencia, propios de ambientes difíciles donde la envidia no puede sublimarse a causa del alto nivel defensivo a que obliga un ambiente donde hay que pelear hasta por la esquiva mirada de la madre.

Pero algunos pacientes logran desarrollar cualidades especiales que los impulsan a tener expectativas de vida positivas, como Lucía, que es la menor de sus hermanas y desarrolla sentimientos y actitudes solidarias con ellas, en parte por su privilegiada relación con el padre.

En cambio, a Rosa, el mismo conflicto con el padre la lleva a una competitividad extrema que la aleja de la solidaridad con los hermanos.

Eddy sufre por su hermano mayor, que repite la condición de alcohólico del padre.

Karina está sola, sus hermanos están perdidos en la niebla del olvido, y Olivia se siente destrozada por los hermanos, que la explotan.

Nadia sufre desde niña la imposibilidad de tener un hermano que la ayude y proteja, porque su único hermano es perverso y la somete a juegos sexuales de los que ella piensa que no tiene posibilidades de escapar.

Carlos sabe que puede tener expectativas de rescate porque sus hermanas lo ahíjan, le compran nieve, lo cuidan, lo acompañan, cuando se acuerdan de que existe.

Juan tiene una hermana, con la que comparte la soledad.

El mejor librado es Toño, por su gran capacidad sublimatoria, que hace que se lleve bien con todos y hasta ejerza el liderazgo de la conciliación entre generaciones.

d) Relación con el analista

Todos los entrevistados comparten la noción de que el

tratamiento lleva implícita una relación con el analista, algo que en sí define a la terapéutica psicoanalítica desde siempre. Como dicen Thomä y Käechele (1988), el psicoanálisis se define porque estudia centralmente la transferencia y la resistencia. Ello se da en el contexto de una relación humana.

También entienden que esa relación es interactiva, algo que sucede entre paciente y analista, y que si el proceso fracasa es porque la relación no se consolidó. Rosa enfatiza: "Si quieres que salga bien, te das ¿no?, dejas que le sea fácil al terapeuta trabajar contigo, a lo mejor las mismas resistencias se van disminuyendo".

La transferencia significa que el paciente lleva consigo y deposita en el analista toda su historia de relaciones de objeto, incluidas sus expectativas y las resistencias y defensas propias de su estructura.

Se encontraron diversos códigos que corresponden a esta categoría:

Contención y espacio del analista insuficientes, crítica al analista rígido y al estilo de la terapia: Se refiere a que de alguna manera no pudo darse la interacción esperada, ni la escucha ni la empatía fueron suficientes. Tal es el caso de Juan: "El escenario no era para mí el óptimo [...] No había una apertura completa".

Expectativa sobre el analista: Lo que todos los pacientes esperan del analista, sin duda, es una comprensión cabal, integral, holística de su ser. Todos tienen prisa por resolver la ansiedad inmediata, algunos más que otros, pero el encuadre y la aceptación de la relación permiten comenzar con una demora en los impulsos, que son parte de lo que esperan que el analista les ayude a controlar. Esperan que los ayude y los entienda, que se adapte a su tiempo, sepa lo que hace, sea amigo, dé soluciones, que no sólo le interese la remuneración económica, que recuerde lo que se le confía, que comparta aspectos de su vida, que dé opiniones y confronte, que sea atinado y "apapache". Ciro dice de la relación con su analista: *"Logramos ir construyendo una relación de complicidad, cordial, que no estaba predeterminada, y yo me sentí a gusto".*

Transferencia y relación especial con el analista resultan en un cambio de patrón de apego: Se observa que los patrones de infancia y de historia de vida se repiten en la relación con el analista, así como también las resistencias y defensas.

Con excepción de Juan, que abandonó el tratamiento, todos tienen la expectativa de poder reconfigurar, sobre todo, el estilo de apego, de aprender a confiar y sentir lo que significa "estar con alguien" -expresión de Olivia, que tiene la terrible sensación de no haber estado acompañada a pesar de provenir de una familia numerosa.

Y Nadia, que lleva consigo el odio, afirma: "Yo detesto a los psiquiatras, pero con (terapeuta) ella me siento en confianza, puedes hablar, me ha ayudado mucho a ver cosas que no quería ver y otras que no había visto... como estaba con la abuela".

Sugerencias de cambio al analista: En este estudio, el único que sugiere cambios al encuadre, al estilo, a la técnica, al modo, es Juan. Él pide que los analistas se abran al contexto, que sean innovadores, con la esperanza de encontrar alguno que llene sus expectativas de hacer terapia en el parque, en un café, caminando, sin límite de horario.

Transferencia al entrevistador manifiesto en el tratamiento y expectativa de complacer al entrevistador: Desde hace algún tiempo (Pfeffer, 1961; Leuzinger-Bohleber, Stuhr, Rüger & Beutel, 2003; Ramonet, Cuevas, Lartigue, Mendoza y López, 2005) se ha descrito que en las entrevistas de investigación se presenta, repetida, la transferencia: El entrevistado asimila al entrevistador con el analista. Es importante advertir y tratar esta transferencia durante la entrevista. En el caso de esta investigación así se hizo.

Olivia se emociona al darse cuenta de la posibilidad de confiar y sentir que puede reencontrar sus partes buenas: *"¡Uy, no! ¡Usted me recuerda a (el terapeuta), yo me siento muy segura al poder hablar con gente como ustedes, por eso tengo muchas esperanzas!"*.

Igual sucede con Nadia: "Es que me emocioné, usted me lo recordó lo que veo con (el terapeuta)".

Y Karina: *" ¡Ay, ...que no sea tan difícil ser yo, relajada, como me estoy sintiendo aquí, igual que con (su terapeuta)"*.

Respecto a complacer al entrevistador, se infiere que está implícito en este tema de la transferencia. De alguna forma, todos al aceptar la entrevista tenían esa expectativa inconsciente de complacer a su terapeuta también:

Carlos es totalmente explícito cuando interrumpe una frase para decir: *"No sé si está bien así como lo estoy haciendo, ¿como un relato? ¿Sí?"*.

Sugerencias sobre la entrevista: En general, todos, pacientes y terapeutas, estuvieron de acuerdo en que la entrevista había sido útil, en primer lugar, para los pacientes, porque los había ayudado a pensar en las expectativas, que estaban como dormidas o no muy clarificadas. Opinaron que este tipo de entrevistas deberían hacerse a lo largo del tratamiento, quizá por el mismo analista, para ir monitoreando cómo va el proceso. Nadia consideró que era muy interesante lo que se estaba haciendo y que ella se sentía muy bien de haber sido involucrada como paciente, que se tomara en cuenta su opinión: "Es que es interesante lo que están haciendo, a mí me llama la atención por que sí, lo que entiendo es para ver como es el psicoanálisis y en qué se puede mejorar para dar una mejor ayuda ¿no? [-Así es.-] Pero dices, bueno, si a partir de mi rollo existencial alguien puede estar mejor, pues qué mejor, ¿no? Aunque además no están obteniendo dinero de esto".

Amaneciendo en la esperanza

- *Expectativas* positivas motivacionales ⟶
- *Expectativas* favorables ⟶
- *Expectativas* satisfechas ⟶

- Planteamiento de metas, desarrollo personal.
- Cambios en la personalidad y el mundo exterior.
- Sentimientos de logro y satisfacción.

Reconocer la luz del amanecer

Esperanza iluminada

El paciente comprende lo que se espera de él

- ➤ Consciente ⟶ Comportamientos claros y precisos.
- ➤ Inconsciente ⟶ Confusión y pasividad.
- ➤ Actitudes ⟶ Disminuir resistencias.
- ➤ Habilidades ⟶ Reflexivo, sin prejuicios.

Son las *expectativas* en referencia al paciente, al analista, a las metas y al resultado del tratamiento.

Gracias a la vida

Iluminar participando ⟶ Momento crítico. El paciente usa sus propias habilidades en el tratamiento como ideales, esperanzas.

Fuerza interna que contribuye a la resolución de problemas.

Atar el amanecer ⟶ Cómo el paciente se compromete con el tratamiento, la creencia, la fe y la confianza en el terapeuta. Deseos, metas.

- El amor a la vida / autocrítica.
- Autoestima.
- Cambiar el patrón de violencia y fracaso.
- Conciencia de sí mismo.
- *Expectativa* de autoayuda.
- *Expectativa* de solución personal.
- Interacción afectiva solidaria.
- Habilidades para resolver problemas.
- Reconoce habilidades positivas mentales de padres.
- Sentido del humor jocoso, ironía.

Vivir sin alborada ⟶
- ❖ Ausencia de actitudes positivas, patrón de fracaso.
- ❖ Expectativa de ser cuidado frustrada.
- ❖ Expectativa ominosa.
- ❖ Expectativas irreales.

La fuerza del pasado

- Experiencias condicionan el presente.
- Experiencias pasadas determinan expectativas.
- Trauma.
- Violencia activa.
- Violencia familiar.

En espera del otro

- ❖ Concreta: Confusión personal sin riesgo.
- ❖ Emocional: Restaurar el *self*.
- ❖ Interactivo: Que el terapeuta no sea callado.
- ❖ Confiable: Preparación académica, técnica y personal.

Alborada maltrecha

No hay respuestas circundantes, los pacientes no alcanzan las metas, sienten culpa y perciben todo esto como una consecuencia del maltrato de la madre.

CUADRO 5
RESUMEN CONCEPTUAL

1. Descripción temática

A. Amaneciendo en la esperanza

Este tema agrupa todos los contenidos relativos a las *expectativas positivas y motivacionales* para acudir y permanecer en tratamiento. Indica el modo en el que el paciente se presenta en forma natural y espontánea a la entrevista y responde diciendo que llega al tratamiento con muchas esperanzas de resolver sus conflictos actuales. Se diferencia entre: a) expectativas positivas motivacionales, que son las más fuerte y claramente establecidas, como aquella fuerza mental volitiva y de decisión que determina llegar al tratamiento, aceptar las reglas, colaborar activamente hablando de sí mismo y sus problemas, así como confiar en el terapeuta y cooperar con él; b) expectativas favorables, que definen precisamente aquellos elementos que contribuyen con el sentimiento de bienestar durante el proceso; y c) expectativas satisfechas, que clarifican lo que esto significa para los pacientes.

a) Expectativas positivas motivacionales

En este rubro los pacientes describen sus expectativas en diferentes áreas. Todo ello a partir de su decisión de entrar y permanecer en un proceso de tratamiento psicoanalítico o de psicoterapia, que, por cierto, ninguno menciona en forma distintiva, ya que todos se refieren al "tratamiento".

Esas áreas y sus contenidos son:

Personales: Aflorar habilidades, encontrar algo diferente, seguir adelante en su vida, cambiar sus emociones, vivir tranquilamente, tener fortaleza, desarrollo personal, tener herramientas, aceptar las cosas como son, *autopercibirse en su totalidad, confianza. Carlos dice: "Estoy apre-*

ciando que el tratamiento me va a ayudar en alguna forma o en otra, y eso es una fuerza motora para continuar".

Familiares: Cambiar el cómo se ven y cómo ven a los demás, familia, pareja, aprender a decir adiós. Eddy refiere el cambio en sus emociones hacia su padre: *"De repente me di cuenta que no lo odio, a mi papá, no lo amo, pero ya es ventaja"*.

Laborales: Tener metas, pensar cosas positivas, tener trabajo, caminar hacia un objetivo. Toño tiene metas bien claras: *"Espero terminar mi formación, concluir mi maestría"*.

Sociales: Involucrarse socialmente, manejar los problemas. Ciro afirma: *"Darme cuenta que las cosas no están perdidas, hay alicientes para superarme"*.

Los pacientes que iniciaban el tratamiento no hablaron de posibles derrotas ni cuestionaron las reglas que el analista ponía. Ellos hicieron lo que les correspondía para adecuarse a ellas, a pesar de que eso implicaba grandes dificultades, por ejemplo, de traslado, o bien de actitudes específicas, como decidirse a hablar libremente en la sesión, sin ocultar conscientemente lo que les venía a la mente.

No así en el caso de Juan, que abandonó el tratamiento en el tercer mes, después de otros tres intentos fallidos de duración similar. Fue muy importante que accediera tan fácil a las entrevistas porque permitió ver esta dimensión del análisis, la del abandono de la terapia y su relación con las expectativas.

Juan dijo: *"Yo buscaba algo más rápido, una inyección para el dolor de cabeza, algo mega súper, o un medicamento para algo muy chiquito, algo para salir, o tener un empuje, porque me caí de la nada"*.

El análisis del caso de Juan se irá viendo a través de toda la descripción de resultados, porque en una forma u otra él fue el testigo de cómo si no se tiene expectativas positivas la meta no se alcanza, menos aún cuando el analista ni siquiera las advierte.

b) Expectativas favorables

Se refieren a estados mentales en los que se considera que acudir al tratamiento conlleva cambios identificados como positivos, que ayudan a vivir mejor, con menos frustración, menos angustia, menos sufrimiento. Sobre todo en aspectos:

Personales: Cambios referentes a la personalidad, el carácter, los modos de ser tanto con las personas como con el mundo físico en derredor. Que ayuden a seguir avanzando en el proceso de maduración en la vida y de superar dificultades que impiden lograr metas. Por ejemplo, terminar de estudiar, sentirse relajado, cambiar las emociones, tener perseverancia u obstinación para llegar a ser lo que se quiere, eficiencia para resolver problemas, estar bien, probarse a sí misma.

Nadia dice: *"Espero aclarar la relación con mi madre al grado de que a mí ya no me afecte, y por otro lado, lograr mi independencia emocional".*

No se encuentran expectativas negativas u ominosas que indiquen un deseo inconsciente de sabotear o impedir de cualquier forma que el proceso se lleve a cabo exitosamente. Ni siquiera en el caso de Juan, ya que aun cuando fuera en forma irreal, él esperaba que el proceso fuera favorable.

c) Expectativas satisfechas

Implican sentimientos de logro y autosatisfacción, que tienen mayor peso por haber consolidado etapas de vida a pesar de involucrar cambios y despedidas. En estos casos, como los pacientes están en la primera etapa del tratamiento, no puede saberse qué tan satisfechos están del mismo con relación a lo que esperaban, pero sí pueden ellos extrapolar qué tan satisfechos esperan estar de él, y su respuesta es que esperan estar completamente satisfechos.

Toño dice: *"Sé lo que es satisfacer expectativas, porque concluí una carrera y he tenido desarrollo personal".*

B. Reconoce la luz del amanecer

Los temas se refieren a comprender lo que se espera de él o ella como paciente en el proceso del tratamiento, y el modo en el que contribuye al éxito del mismo.

Los pacientes, dependiendo de sus expectativas, tienen una idea clara de lo que el analista espera de ellos. De hecho utilizo el ítem 72 de la escala de Jones (2000) como definición operacional, que dice: "El paciente comprende la naturaleza de la terapia y lo que se espera de él", para compararlo con la visión y el comportamiento del paciente durante la entrevista.

Lo que el terapeuta espera del paciente es que colabore activamente proporcionando datos significativos sobre sí mismo, sobre su vida mental, continuamente; que asista con asiduidad a las sesiones estipuladas, que llegue a tiempo y que pague formalmente sus honorarios. Todo esto se corrobora en estos casos, de nuevo con la excepción del caso de Juan, quien esperaba que el analista adivinara, sin que él lo comunicara, que su deseo era tener sus sesiones en el parque, no en el consultorio.

a) Comprende lo que se espera de él o ella en la terapia

Con relación a esto se describen actitudes:

Conscientes: Actitudes expresadas en comportamientos claros y precisos, sin ambages, coherentes y consistentes con las metas que se proponen en el tratamiento. Responsabilidad, honestidad, puntualidad, autoanálisis, expresión de emociones, mantenerse fuera de las adicciones, perseverancia, cumplir con los pagos, seguir las reglas, tratar los miedos, comprometerse, solidaridad, hacer la tarea. Eddy lo indica muy bien: "Hablar para cambiar, meterme a este trabajo de lleno, quiero conocer, cambiar". "Sé que me puede ayudar a entender bien mis cosas, siempre que yo hable con la verdad".

Inconscientes: También describen confusión, estados de pasividad, donde esperan ser guiados, esperando se les explique de qué se trata. Ello se relaciona con el grado de confusión y desorganización en la mente. Nadia es un buen ejemplo cuando señala: "Entiendo pocas cosas, no he terminado los estudios [se refiere a la fase diagnóstica]. Yo he sido la irresponsable, me ha dado muchísimo trabajo cumplir... horario, costo, flexibilidad, las pruebas, aunque de cada una sacas algo, pero...".

b) Contribuye al éxito del tratamiento

En este tema se refiere a habilidades y actitudes conjuntas para contribuir al éxito del tratamiento y lograr el trabajo interactivo con el analista. Para el paciente queda claro que debe mostrar:

Actitudes: Ser perseverante, constante, obstinado para trabajar, disminuir resistencias, movilizar la parte sentimental, ser solidario, exponer la vulnerabilidad, moverse de lugar.

Habilidades: Igualmente debe ser racional, perceptivo, reflexivo, procesar las discusiones, hacer la tarea, encontrar respuestas, trabajar los sueños, realizar autoanálisis. Es importante la seguridad en uno mismo para cumplir, ser honesto, puntual. Seguir las reglas, ser participativo, no aislarse, tener confianza. Hay que relajarse, bajar la ansiedad, resolver los problemas y, por encima de todo, dejar que el analista o terapeuta te caiga bien, sin juzgar.

Rosa es muy clara cuando define su participación en función de sus expectativas: *"Tienes que tener y usar tu capacidad de análisis, reflexión, percepción, y confianza. Si tengo eso, puedo decir lo que sea". "En las relaciones te tienes que entregar, si no te entregas totalmente, siempre va a haber algo, ¿no? ¿Qué puede hacer [el analista] si no te entregas? Es trabajo tuyo facilitarle la labor así".* Sin embargo, cuando no se tienen estas características, la expectativa de cómo trabajar o contribuir es otra: Juan afirma tristemente: *"No tuve la fortaleza, no tuve el valor para decirlo, por la educación que tengo, o sea, de llegar y... decir, no puedo pagar así. Ella debiera haber sido mi Couch, entenderlo".* Y reflexiona en la entrevista: *"Quizá si me hubiera quedado en la terapia, no me hubiera costado tanto como me ha costado él ayudarme, me lo hubiera ahorrado, me han costado enojos, mi terapeuta me hubiera preguntado simplemente '¿Qué sientes?' y con eso hubiera habido diferencia".*

C. Esperanza iluminada

Los pacientes demuestran tener deseos, metas y claras expectaciones sobre el resultado del tratamiento. La claridad con que definen sus propios objetivos en conjunto con el analista, va iluminando el proceso, consiguiendo que las metas se alcancen paso a paso, bloque a bloque.

a) Expectativas sobre el tratamiento
Aquí se describen actitudes no sólo del paciente sino también del analista, que propician diferentes habilidades en juego:

Paciente: El deseo de poder ver las cosas como el terapeuta las entiende, recibir su ayuda, que el tratamiento ayude a ser buena psicóloga, resolver los conflictos con la pareja; tener capacidad de análisis, estar bien en todo, lo afectivo y lo racional, poder contar las cosas internas como se viven; ser confrontado, encontrar soluciones, liberación, independizarse, desarrollarse mejor como persona en todos los aspectos.

Analista: Que no sólo se fije en cobrar, sino que escuche, entienda, no interrumpa.

Lucía es muy clara en esto: *"Quiero que el doctor me ayude a ver las cosas como él entiende, él siempre tiene explicaciones para todo y no se enoja". "Que me escuche, no interrumpa, como mi mamá". "Desde la adolescencia yo sufría mucho y no tenía a quién contarle mis cosas, y luego por eso yo solita quise ir".* Igual Juan, él logra clarificar lo que no pudo obtener en el proceso: *"Me hubiera funcionado que me diera la sesión en un parque, en un café, variando, así no fueran tres casos de fracaso... además, pagar es como sembrar un arbolito y regarlo, pero yo estaba muy mal, tenía que pagar cuentas, liberarme de que mi papá me pagara, y ganaba poco, hasta eso, mi psicóloga no era lana sobre lana, como las otras, pero tuve que ver mi realidad y es ésta, que no tenía...".*

b) Expectativas, deseos, metas sobre el tratamiento

El deseo es diferente de tener una meta. El deseo es, en palabras de Juan: *"Lo que uno quiere, pero no necesariamente lo que uno puede. Una meta es algo que puede ser un deseo y al mismo tiempo algo que uno quiere llegar y hacerlo propio, poseerlo".*

El proceso terapéutico es visto con esa diferencia, y se marca con las metas concretas que se desea alcanzar. Algunos deseos son abstractos, otros concretos y otros son simples habilidades psicológicas que esperan desarrollar:

Deseos: Tener un tratamiento rápido, recibir un empuje, confrontación para ser ordenada y responsable, no idealizar al terapeuta, dejar atrás la historia de enfermedad y caos familiar.

Metas: Aclarar las relaciones con los padres, ser independiente emocionalmente, definir la identidad, saber quién se es. Tratar los miedos, estar bien, solucionar la depresión, madurar, resolver síntomas, clarificar el pensamiento, llevarse bien con todos.

Nadia no tiene dudas sobre su meta: "Yo quiero aclarar la relación con mi madre y tener independencia emocional".

Juan se confronta con su deseo: *"Yo buscaba algo más rápido, una inyección para el dolor de cabeza, algo mega súper, o un medicamento para algo muy chiquito, algo para salir, o tener un empuje, porque me caí de la nada". "Sin embargo, gracias a las sesiones me volví ordenado, que necesitaba tanto".*

c) Expectativas sobre el resultado del tratamiento
Así como hay diferencia entre los deseos y las metas que coadyuvan en el proceso, así las expectativas sobre el resultado del tratamiento se ven involucradas con los deseos. Para el paciente queda claro que espera cambios, y que éstos no serán fáciles, y que debe relacionar el deseo con las metas para poder realizarlo. Además, puede haber modificaciones en el mundo real (lo social, donde se interactúa en lo real) como una consecuencia de los cambios mentales.

Los resultados pueden entonces ser de diferentes tipos:
Mentales: Cambiar enojos, frustración, tristezas; conocer, aclarar el pensamiento, resolver traumas y conflictos, sentirse relajada sin tanta ansiedad, tratar los miedos, controlar las emociones, buscar la parte sana de una misma y encontrarla.

Realidad: Modificar los ambientes y evitar que los hijos vivan en la agresividad; llevarse bien con todo el mundo, llevar a cabo un buen tratamiento; bajar el nivel de confrontación.

Ciro tiene una meta en la realidad muy específica: *"Bajar mi nivel de confrontación, la parte que yo llevaba a la pareja".* Carlos está centrado en lo mental: *"Que me ayude a resolver los traumas, conflictos y todo ese rollo que puede estar asociado a los síntomas, al malestar".* Juan explica lo que él quería y no logró: *"Tratar mis miedos. Pero, se me hacía como muy largo, un año, ocho meses, yo sabía que me podía hartar fácilmente... Yo quería oír soluciones, no que te den una solución, yo sé que te encaminan, como el grupo de ayuda que te dice 'Mira, a mí me funcionó', como que te levantan la autoestima ¿no?....Lo que he hecho sólo es darme de topes...".*

D. Iluminar participando

Es la parte más creativa del proceso terapéutico para el paciente, porque cuando llega en estado de sufrimiento y vulnerabilidad no tiene mucha conciencia de sus propios recursos. A medida que se involucra en el tratamiento, se observa el modo como el o la paciente descubre y pone a funcionar sus propias habilidades para ayudar en el proceso.

Aquí sólo se ven dos alternativas, una cuando la expectativa positiva es autocumplidora, lo que significa que el paciente está dispuesto a iluminar su propia vida recurriendo al tratamiento, y otra cuando la expectativa es ominosa y la confusión y la desorganización se encargan de impedir que se establezca el proceso. En el caso de la primera es cuando el paciente usa sus habilidades en favor del proceso.

a) Usa sus habilidades en favor del tratamiento

Se describen ideas, creencias, actitudes características de la personalidad del o la paciente que se ha observado que aparecen en el proceso de la interacción y que directamente han contribuido a fortalecer la relación con el terapeuta o que han llevado a aumentar el insight sobre los conflictos.

Ideas: Los pacientes tienen la idea de que existe una persona que puede ayudar a modificar las situaciones existentes y consideran que deben participar en ello. Lucía dice enfáticamente: *"Yo entendía, veía lo que pasaba a mis hermanas, y les decía 'Ayúdate, date oportunidad, estudia, ve a terapia, si no te ayudas a ti misma ¿quién te va a ayudar?'"*.

Creencias: Los pacientes tienen la creencia, aceptada como verdad, de que el proceso va a ser útil, no importa qué tan difícil sea. Eddy dijo de dónde provenía su creencia: *"El psicólogo de la secundaria creo que fue mi salvación, una persona grande, tranquilo, me dio confianza, fe y creencia en que la terapia me iba a ayudar. Y mucha [confianza]..."*.

Actitudes: La actitud predominante es de cooperación. Y lo contrario, obstaculizar el proceso con resistencias de cualquier tipo se identifica como algo negativo y además contradictorio. Rosa plantea: *"Si no voy, si no hablo, ¿cómo me van a ayudar?"*.

E. Atar el amanecer

Se refiere a los modos en los que el o la paciente se compromete con el proceso del tratamiento e involucra su voluntad en ello, aumentando las posibilidades de éxito. El éxito se define como la satisfacción de los deseos, metas y expectativas sobre el cambio de estado de enfermedad a salud.

a) Compromiso con el tratamiento

Todos los pacientes manifiestan su voluntad de involucrarse en el proceso siguiendo sus deseos, metas, expectativas. También refieren un mayor o menor entendimiento de cómo se da su relación con el analista.

Cuando los pacientes deciden acudir a solicitar ayuda es un momento muy importante en sus vidas. Puede ser que los problemas hayan hecho crisis y las posibilidades de seguir solos se hayan agotado. O también puede ser que se busque al analista como alguien que puede satisfacer una expectativa. Cuando los dos factores se reúnen, el compromiso es más fuerte y el sujeto llega con mucha esperanza, motivado para contribuir en el proceso.

Juan, que abandonó el tratamiento, es el más enfático al respecto: *"Después de ver todo esto [se refiere a la entrevista cualitativa con la investigadora], el día de hoy, quizá sí lo haría, hablaría, lo plantearía, diría 'Ésta es mi realidad, lo que puedo hacer. ¿Hay algo que se adapte a lo que yo puedo hacer? Okay, sí me comprometo, sí tengo esto, okay'. Lo peor que hice fue no hablar"*.

b) Creer, tener fe y confianza en el tratamiento

Refiere un estado mental de seguridad de los y las pacientes, ellos están convencidos de que pueden entregarse sin reparos a las reglas del tratamiento porque el terapeuta es confiable, no engaña, no miente, es congruente, coherentes su hacer y su decir, y va a acompañarlos en el proceso.

Lucía dice: *"¿Usted conoce al doctor? Entonces puede entender por qué le tengo confianza; es confiable, no engaña, no dice mentiras y le da confianza a uno [de] que puede salir adelante. Nadie habla mal de él, eso es muy importante, y todos quieren ir a terapia con él. Todo es muy* positivo, pero te tienes que ayudar".

Por su parte, Rosa manifiesta: "Creo que desde chica estaba convencida de que había algo que me pudiera ayudar en todo eso. Luego, el doctor, su personalidad, el trato, la forma en que maneja todo y, claro, la influencia de que fue mi profesor". "No es ilusión, es un nivel superior a decir simplemente que creo, tengo elementos tangibles para creer en los tratamientos, ¡vaya! Entonces, considero que sí tengo fe".

Eddy comenta: "[Mi terapeuta] es una persona grande, tranquilo, me dio mucha confianza, fe y creencia en que la terapia me puede ayudar. Y mucha...".

c) Confiar en el terapeuta para solucionar sus problemas

Se describe al terapeuta como una persona relajada, que sabe lo que hace, tranquilo, solidario en una situación de vulnerabilidad. De esta manera se desarrolla una disposición para cooperar, de entrega y escucha mutuas, se comparten atenta y creativamente aspectos de la vida interna, con calidez, amabilidad, empatía y, sobre todo, sin juzgar. Con la salvedad de Juan que abandona el tratamiento y que esperaba mucho más del terapeuta.

Eddy dice, "Está ahí para escucharme, se acordaba en lo que yo decía, es la diferencia con otras personas".

Lo más relevante es lo que dice Juan, porque detenta la opción negativa, no decirlo en la terapia, pero que revela la expectativa inconsciente y guardada, no dicha: "La tercera vez que fui, la diferencia era que yo la estaba buscando, yo estaba comprometido; pero bueno, el escenario no era lo óptimo y ella podía haber visto más sobre en qué escenario me podía haber desenvuelto mejor [¿Sin qué tú lo dijeras?] Sí, lo debió haber adivinado".

F. Vivir sin alborada

Se describen aquellos momentos o situaciones en que el paciente ha experimentado, ya sea en sí mismo o en circunstancias de convivencia con otras las personas, desesperanza, pesimismo, un patrón de fracaso, la frustración de no recibir la respuesta que se desea. O bien, cuando el paciente se enfrenta a las consecuencias de tener expectativas irreales, que no pueden cumplirse porque no hay ambiente propicio o porque pertenecen al dominio de las ilusiones o delirios.

Se pueden distinguir estados de ánimo, afectivos, actitudes, patrones de respuesta que repiten una conducta de los padres, con lo que sin darse cuenta los pacientes están decidiendo vivir situaciones para las que aparentemente no hay otra opción más que repetir los patrones de vida de los antecesores.

El afecto que permean estas situaciones siempre es de tristeza, pérdida, desánimo. Ni siquiera se plantea la posibilidad de tener una expectativa.

a) Ausencia de expectativa-patrón de fracaso

Se observa un patrón de fracaso en derredor y una ausencia de expectativa. Es como si no se pudiese optar por otras elecciones.

Actitudes: Las relaciones tienen una actitud devaluadora, de sobajar, no valorar opiniones, no encontrar insight, sólo queda probarse a sí mismo aisladamente, retarse, con un sufrimiento previo y posterior acompañado de pensamientos punitivos, castigadores, y siempre quedarse en el intento, resignado ante la situación.

Lucía habla de su hermana, una que aparentemente no iba a tener un destino trágico: *"La que menos se esperaba, porque era la calladita, la apegadita a mi mamá, salió con dos chamacos, y es que como que no quería nada, se de-*

jaba llevar, pero bueno, pasó, con vergüenza para todos".

Luego, la experiencia de Rosa sobre su madre, queriendo explicar por qué su madre se quedó en una relación sin esperanza: *"Mi mamá dice de mi padre que no es lo que esperaba, la sobaja, no valora sus opiniones, pero lo peor es la infidelidad que le trajo VPH. A veces le digo '¿Por qué no lo dejaste cuando viste la primera falta de respeto?' Solo dice, 'Ya están aquí, mis hijos, y los adoro'. Todo eso porque no espera nada bueno de la vida".*

En esta área, lo que no se dice es todo ese aparato de la estructura social donde sobre todo las mujeres están expuestas a vivir una vida sin mayor expectativa que la de tener hijos, casadas, con un marido que las pueda mantener económicamente, que les permita vivir una vida sojuzgada, pero con la garantía de tener hijos.

b) Expectativa de fracaso

Se genera por patrones culturales que se repiten generacionalmente a menos que se tome conciencia de ellos. Se considera que si va mal, no puede evitarse y se continúa y aparecen aun en circunstancias donde no se esperan.

Se habla de malas experiencias, que podrían haberse evitado si hubiera existido un tipo diferente de conciencia. Las manifestaciones son en diferentes aspectos:

Personales: Las pacientes se percatan de que están repitiendo los patrones agresivos, destructivos, inconvenientes con sus parejas, de la misma forma que sus padres las vivían. Lucía dice: *"Yo tenía ese novio, por cinco años, mi relación se fue desgastando, él me manipulaba, yo me volví dependiente de él, pero lo peor fue cuando vi que tomaba y me acordé de mi papá. Algo me ayudó para terminar, porque yo ya iba por el mismo camino de mis hermanas y mi mamá". "A mi hermana no hubo forma de animarla a la escuela, se conformó, decía 'Para qué voy a* *perder el tiempo...'"*.

Sociales: Considerando el tratamiento como un espacio psicosocial donde pueden hacerse modificaciones o construcciones psicosociales que modifiquen las circunstancias de los pacientes, se observa cómo los pacientes a pesar de creer que el tratamiento puede ayudar a superar las circunstancias de la vida, llegan con una reserva de duda.

Carlos dice: *"Al principio del análisis sí llegué a pensar '¿Sí estará funcionando? A la mejor estoy tirando mi dinero'. No para empeorar, sino para quedar igual... Yo tenía mis dudas, no negativas, pero es que no confiaba todavía"*.

Familiares: La esfera familiar permite una generalización positiva en el medio social, que en un principio facilita que se extiendan las expectativas, sin mediar precauciones o preventivos que pudieran evitar que se repitan las experiencias negativas. Al no tomar en cuenta que la cultura es un medio de cultivo donde prolifera la asimilación de patrones semejantes, se extiende, en una paradoja sin sentido lógico, la idea de que "el vecino" o el conocido puede dar lo que la misma familia no dio, el cuidado adecuado. Es así que ante la ausencia de apoyos en la familia de origen, se otorga confianza al "vecino desconocido, pero familiar", porque vive ahí cerca y se asume como benefactor.

Nadia relata su terrible experiencia en este rubro: *"Cuando has tenido tantas malas experiencias ya nomás te enojas, como con la señora que no supo cuidar a mi hija y que su hijo la violó, la lastimó. Yo tenía que trabajar y se la confié. El alma se rompe, ya no puedes esperar nada bueno"*.

c) La expectativa de ser cuidado frustrada

Conjunta las experiencias que resultan de la negligencia del cuidado paterno y materno, de la ausencia de límites y estructuras sociales que procuren protección y seguridad, de la imposibilidad de tener un ambiente donde se pueda crecer, aprender y madurar gracias a que los responsables del cuidado –padres o sustitutos, realmente lo den. La paradoja es que la expectativa subsiste a pesar de las frustraciones, y todo paciente que va a tratamiento insiste en la posibilidad satisfacerla. Esto es algo que promueve la esperanza de reparación mediante la psicoterapia, a través del vínculo y la transferencia, y convierte en verdadera tragedia el hecho de que no se cumplan, de nuevo, las expectativas cuando la psicoterapia fracasa.

Sin embargo, no todos tienen la expectativa formulada de una manera lineal. En algunos, la frustración fue tan intensa que casi no esperan nada, tal como los estudiosos del apego lo indican (Fonagy, Steele, Steele, Target, Gerber, Leigh, Kennedy y MaRoon, 1996) en referencia al modo de apego descartante; pero estos pacientes tienen grandes posibilidades precisamente porque no esperan nada y lo que obtienen es altamente apreciado. Como Juan, que aprendió a ser ordenado a pesar de que fracasó la terapia.

En igual forma, aquí se observan modos de respuesta a esta dificultad que coinciden con los estilos de apego que se vivieron en la primera infancia, calificados según las reglas utilizadas en la entrevista de apego adulto (Main y Goldwyn, 1984a).

Respuesta segura: El paciente habla de su experiencia en forma coherente y consistente a lo largo de la entrevista. Carlos es buen ejemplo de esto: *"Yo hubiera querido que mis papás se aplicaran más a mi casa, a cuidarnos a mi y a mis hermanos; siempre estaban muy ocupados y mi mamá, generalmente, un poquito deprimida. Yo podría decir que hubo mucho rencor hacia mis padres, me caían* *mal, eran descuidados y negligentes".*

Respuesta descartante: No coherente, descartante de las experiencias relativas al apego, tiende a normalizar, a generalizar, a referir contradicciones. Juan, después de afirmar que sus padres hicieron lo mejor que pudieron, termina diciendo: *"Bueno, bien podrían educarnos ¿no?".*

Respuesta preocupada: No coherente. El interlocutor aparece enojado, se expresa con oraciones largas y embrolladas. Nadia es así cuando relata sus terribles experiencias con sus padres y su hermano y afirma que ella sólo tuvo una persona confiable en su infancia: *"Obviamente no te agrada y estás peleada con muchas cosas, sientes rabia con mi papá, un vacío con mi hermano, mi mamá ni existe, con mi abuela fue con la única persona que yo me apegué, por eso me puse tan mal cuando se murió".*

Respuesta no-resuelta/desorganizada: Durante las descripciones de pérdidas o abuso se muestra desplome en el discurso. También puede ser descartante, segura y preocupada al mismo tiempo. Juan, siempre embrollado al hablar de los padres, indica: *"Por la parte química o biológica de los dos, pues traigo algo de -pues 50% de mi papá, 50% de mi mamá, lo cual pues, bueno, tengo cosas positivas y negativas de ambos, y pues a veces, bueno, aflora más lo negativo, o sea, en los casos de que, pues tenemos una cierta tendencia en la familia de mi papá, de que se deprimen, igual por la parte de mi madre, que son de encerrarse, de alejarse del mundo y que finalmente eso yo también lo tengo".*

d) Expectativa ominosa

Describen la presencia de pensamientos negativos que reconocen el impacto de la miseria material en los esquemas de la violencia. Estos pensamientos negativos están asociados con falta de confianza, manipulación, amenazas de muerte, tener un caos en la cabeza, expectativas negativas, devaluación, dificultades para adaptarse y continúas caídas en el proceso de buscar la felicidad –que se piensa como algo casi inalcanzable. Se describe la fatalidad e imposibilidad de alterar los patrones.

Se presenta la profecía autocumplidora, que consiste en que lo que se cree que va a ocurrir, anticipando un final negativo, es lo que ocurre, porque se movilizan defensas y estrategias inconscientes que regulan la conducta para que ello ocurra.

Lucía habla de su experiencia en la familia: *"Mi hermana mayor se había ido con este hombre horrible, la golpeaba, y [ella] tenía miedo porque él la amenazaba y le decía que si se iba, la buscaría para matarla. Ella estaba aterrada, y aunque mi mamá le decía que lo dejara, ella como que no podía. Hasta que se armó de valor y se fue a otra ciudad. Ella creía que así era la vida, por mi mamá".*

e) Expectativas irreales

Se describe el contenido del deseo que motiva la expectativa y cuya satisfacción se busca en el mundo, sin encontrarla. A veces, el paciente se da cuenta de que se trata de un deseo irreal, pero eso no es suficiente para corregirlo y se continúa repitiendo la búsqueda.

La expectativa es irreal, pero el sujeto no entiende la diferencia entre fantasía y realidad y asume que algo pensado por él puede ser parte de la realidad independiente de sí mismo. Esto es lo que Bateman y Fonagy (2005) mencionan como "equivalencia psíquica".

Aun cuando este concepto nos remite a las dificultades epistémicos de definir qué es lo real y qué no lo es, o sea, al relativismo, y ya que dejamos asentado que de acuerdo con la hermenéutica y la fenomenología todo lo mental es una construcción interpretativa del cuerpo, el tiempo, el espacio y las relaciones humanas, se debe intentar distinguir entre construcciones, buscando calidad, cantidad y relevancia en los discursos, para con ello llegar a realmente entender la perspectiva desde el interior de nuestro sujeto (emic).[24]

Siguiendo esta línea, todos los entrevistados, como yo misma, interpretan el mundo interno y el externo desde su propio relativismo, pero lo decisivo es poder lograr el encuentro con el Otro, representado por el terapeuta, es decir, permitir la transferencia que ayude a experimentar lo interno en lo externo, mediante la apertura al diálogo terapéutico para reconstruir lo asumido.

Cuando analizo las entrevistas, encuentro que solamente dos pacientes no cumplen con lo antes descrito. Olivia, en un discurso desorganizado, no expresa que la expectativa sea suya, sino del Otro, el entrevistador del proceso diagnóstico (todos los pacientes del protocolo de la investigación que se hace en la APM deben seguir un proceso de diagnóstico antes de iniciar la terapia) –alguien que ella conoce desde hace mucho tiempo y a quien tiene confianza de que la puede ayudar, porque en el pasado ha sido útil y amable, y, posteriormente, de su terapeuta, que le indica en la primera sesión *"Te va a ir bien"*. Incluso, ello vuelve a repetirse en la entrevista de investigación, cuando *parafrasea mi clarificación como entrevistadora: "[–Entonces, el tratamiento ¿le ofrece alguna esperanza de que usted logre sus expectativas de 'encontrar la parte buena y feliz' de usted?] –¡Ay, sí! (ríe), buscar la parte buena de la vida, ajá, y sana, de mí misma, ajá, sí".*

---

[24] Podemos distinguir las construcciones entre sí con los principios de la comunicación de Grice (1975, 1989), que son, a) calidad: decir la verdad y evidenciar con hechos lo que se dice, b) cantidad: ser breve y a la vez completo, c) relevancia: que la dirección del discurso sea relevante para el tópico, d) manera: que el mensaje sea claro y ordenado.

El caso de Juan evidencia de forma contundente lo que acabo de describir. Él es capaz de poner en palabras, durante la entrevista de investigación, lo que no pudo decir a la terapeuta y que le ayuda a entender la irrealidad de su expectativa: *"Yo venía y yo quería que la terapia fuera de una forma que yo quería. Sé distinguir entre a mí, qué me funciona y, bueno, qué era lo que yo quería. Sí, yo quería, bueno, que me sacaran al parque como un perro, pues no, tampoco ¿no? Pero yo sé que a mí, estar en un ambiente externo, no tan público, sino abierto, me funciona, desde ir a retiros espirituales, estar en el campo y eso, tenía energía, pero al estar encerrado en un cuarto, me siento encerrado, no sé, oprimido, enjaulado... Es algo que estoy buscando, todavía no lo he encontrado. Busqué otras alternativa, una chava que tenía fuentecita, música, velas, pero estaba sobre la lana, y no, tampoco, pero yo los alentaría a buscar alternativas, a la mejor algo funciona".*

G. Gracias a la vida

Se observa una fuerza interna importante enfocada en resolver problemas, buscar satisfacciones, cumplir metas, cambiar patrones de violencia y destructivos. Es lucha por vivir una vida realizada y satisfactoria, a través de la autocrítica o una orientación saludable, que se espera encontrar en el tratamiento al tomar conciencia de los conflictos mentales que dificultan este camino de vida positivo. Resultaron 10 códigos unidos por ese impulso, que se encuentra en todos los pacientes que utilizan el recurso "tratamiento" como un medio idóneo para encauzar esa fuerza vital: Amor a la vida, autocrítica; Autoestima; Cambiar el patrón de violencia y fracaso; Conciencia de sí mismo; Expectativa de autoayuda; Expectativa de solución personal; Interacción afectiva solidaria; Reconoce habilidades para resolver problemas; Reconoce habilidades positivas mentales de padres; Sentido del humor jocoso, ironía.

a) Amor a la vida, autocrítica
Tiene que ver con no vivir apariencias, enfrentarse y cuestionarse, realmente intentar conocer a la gente, independizarse, crecer, acercarse con sinceridad a la gente, usar la autocrítica para luchar contra el empequeñecimiento, salir del ambiente caótico, ser simple, práctico, darse cuenta de lo que a uno le duele, huirle a la vida catastrófica y desesperada. Una actitud rígida no es funcional para esto, hay que huir de los problemas, no buscarlos, y también evitar la egolatría. Nadia dice: *"El llegar a la terapia es liberarte, aprendes a decir adiós a lo que se va, al sabor; pero como sea, me siento mejor, viva, no me gusta tenerle miedo al miedo, no soy juzgona"*.

b) Autoestima
Se reconoce como la cualidad unida al autoanálisis, a ser perceptivo, reflexivo, tranquilo, obediente pero también a veces corajudo. Se reconocen cualidades y habilidades para sortear las dificultades de la vida y sentirse orgulloso de sí mismo. Todos los pacientes lo refieren, si no como algo que tienen, como algo que buscan adquirir y desarrollar en la terapia. Juan, por ejemplo, admite que algo que obtuvo de la terapia fue precisamente un comentario de la terapeuta que le señaló como una de sus cualidades tener pensamientos positivos: *"Eso me ha ayudado a ver el poder que yo tengo"*.

c) Cambiar el patrón de violencia y fracaso
Se enfoca a dejar aflorar habilidades para la resolución de los problemas, a efectuar cambios en el modo de percibir a los demás, elegir la educación como herramienta de vida, cuestionarse, combatir las frustraciones para que se ahuyenten (resiliencia), querer zafarse de las situaciones conflictivas, desear ser feliz, no aceptar las cosas dadas

como hechos inmutables, cambiar actitudes, tener control y entender lo que pasa, respetar el trabajo y terminar las metas. Lucía señala que su proceso está atado al de sus hermanas y que con ellas aprendió su propia filosofía de vida: *"Todo está mal hasta que lo cambias, como mi hermana, un día llegó llorando y dijo 'Ya no quiero estar con él, yo quiero ser feliz'".*

d) Conciencia de sí mismo

Se describen actitudes, cualidades y estados emocionales propios, considerados como parte medular de la lucha por vivir bien. También se observa que el darse cuenta de la actitud de sí mismo y evaluarla es un motor poderoso para acudir a tratamiento. De hecho, "tomar conciencia" de sí mismo es un hecho especial en la vida, que moviliza expectativas e impulsa a la acción.

Olivia había tenido una vida muy difícil, sometida a un padre y unos hermanos dominantes y autoritarios que la explotaron durante muchos años, hasta que, en forma casi sorpresiva, ella tomó conciencia de sí misma y los dejó: *"Estaba cansada, quería huir, a pesar de que soy perseverante. Antes no me daba cuenta, hasta que me salí".*

Los estados contrarios, de inconsciencia, se reflejan en lo que no se dice literalmente y que aparece en el discurso como vacilaciones, modismos, uso constante de interrogación al cerrar las frases (¿no?) afirmando y negando el discurso al mismo tiempo, como si la inseguridad y la incertidumbre estuvieran acechando en el curso del proceso y de la vida y sólo la claridad de la conciencia diera esa dimensión de seguridad. Como dice Ciro: *"Yo soy una persona violenta, lo he sentido ¿no? Sí, soy, me doy cuenta, por eso cada día me contengo más, cada vez tengo como mis mecanismos de control más afinados ¿no?".*

e) Expectativa de autoayuda

Se refiere a todo aquello que se capta como algo positivo que uno puede hacer por uno mismo, en lo que se pone empeño y que, junto con el tratamiento, termina consolidando el self. Tiene algunas modalidades:

Personal: Tomar decisiones desde lo estrictamente personal, sin consultar a nadie. Como Karina, que un día decide dejar de ver a sus novios para salir del descontrol en el que la mantiene su conducta promiscua.

Social: Reconocer que la realidad es compleja y se necesita tener el deseo de enfrentarla con decisión. Lucía comenta: *"Los problemas son difíciles y hay que enfrentarlos".*

Profesionales: Es necesario tener una motivación construida desde uno mismo para encontrar la forma de ayudarse. Toño confiesa algo que muy pocos profesionales externamos: *"Yo creo que me quise ayudar porque estaba en una época depresivo y por eso entré a psicología".*

f) Expectativa de solución personal

Se refiere a aquellos momentos en que el sujeto se da cuenta, conscientemente, de que puede aceptar las cosas como son, pagar emolumentos según sus posibilidades y generar compromisos como el de una terapia, empezar a vivir solo y aceptar que no se estará en el mismo nivel en que se estaba viviendo con los padres, hacer todo para ir a trabajar, no complacer a los demás, dar más de sí, ser puntual, ordenado, buscar el escenario perfecto para sí mismo, encontrar lo que se buscaba, hacer lo que le guste, cambiar y dar el siguiente paso hacia su evolución como persona.

Ello puede darse en el proceso del tratamiento o fuera de él, pero aquí se encontró en la primera parte, durante el descubrimiento gozoso y poderoso de saber qué tan capaz se es de enfrentar la vida y sus vicisitudes.

Juan casi grita cuando relata cómo un día, ya fuera del tratamiento, tiene la revelación de su potencial: *"¡Espérame! Sí tengo una vida padre, la verdad… porque no empiezo por aceptar las cosas como son, y busqué otras alternativas, que es, bueno, a lo que estoy acostumbrado: si una cosa no funciona, pues busco otra y otra y otra".*

g) Interacción afectiva solidaria

Los y las pacientes no están aislados en el mundo. Todos tienen una familia que para bien o para mal les ha rodeado e influido. Dependiendo mucho del lugar que se ocupa dentro de ese grupo familiar, se desarrollan habilidades para interactuar con ellos y al mismo tiempo captar y entender sus vidas y la propia.

Estas interacciones son de diferentes estilos y no sólo se refieren a la vida familiar sino también a lo social, lo que queda en el círculo externo a la familia.

Lograr una capacidad para interactuar pensando en el otro es lo más importante, ya que ella permite, primero, el desarrollo de la función interpretativa interpersonal (FII; Bateman y Fonagy, 2005), mediante la cual la mente del sujeto es capaz de entender la mente del otro. Eso permite desarrollar vínculos, complicidades y solidaridad.

Familiar: Dentro de la familia se observan la identificación con los otros y las reglas, que sin ser explícitas se obedecen para conservar los vínculos y permitir la seguridad de éstos. Lucía relata: *"Mis hermanas me contaban muchas cosas, era como la confidente (ríe), así como la cajita de todo y pues a mí me gustaba, o sea, nunca, aunque me enojara, nunca le decía a mi mamá las cosas de mis hermanas, ni a mi papá menos".*

No siempre son positivos, en ocasiones esto propicia la manipulación y la explotación, como en el caso de Olivia: *"Me la creí y ahí iba, pos sí, empecé a vender, a abrirles mercado, ¡a abrirles! Porque, pos, ahora lo tienen ellos ¿no?".*

Social: Hacia fuera de la familia, estos vínculos ayudan a tejer el espacio social donde se puede encontrar la seguridad de los afectos y los intercambios. Rosa dice, hablando de estos afectos, que no pueden ser abundantes sino selectivos: *"A las amigas de verdad, con los dedos de las manos las cuentas".*

h) Reconoce habilidades para resolver problemas

Se establece que el reconocimiento de las habilidades para resolver los problemas es algo inherente al o la paciente y que en parte eso es lo que lo lleva a terapia, pero también se especifica que estas habilidades son reconocidas en el proceso. Se describe la capacidad de poner límites, de proteger lo propio y, sobre todo, de valorar el juicio propio.

Se detectaron dos orígenes del reconocimiento:

Personal: Entrar en íntimo contacto consigo mismo para reconocer que sí existe una fuerza que permite salir del conflicto. Nadia se emociona durante la entrevista cuando habla de ello: *"Protegerme a mí, lo que quiero proteger, lo que yo siento, y valorar mis virtudes... ajá, ajá, eso sí, ¡Sí! ¡Ay, me emocioné, es muy emocionante redescubrir esas cosas!".*

El analista: Se reconoce la presencia e influencia del analista para poder apreciar las posibilidades propias. Juan sorprende con una gran cantidad de elementos que indican el insight que desarrolló a partir de su magro análisis: *"Entender que todos los procesos terminan en lo mismo: Que todo está dentro de uno, pero uno necesita ayuda de afuera. Yo le valoro mucho a mi psicóloga que me confrontara fuerte, yo lo necesitaba".*

i) Reconoce habilidades positivas mentales de padres

Al entenderse a sí mismo, el o la paciente puede ir comprendiendo a los padres, tomando en cuenta su origen y lo que hacen, disminuyendo así los resentimientos contra ellos.

Carlos es el ejemplo más claro: *"Mi papá también ha sido una aventura: viene de un ranchillo y hace dinero, estudia, se mete con gente de la izquierda, nos convierte en una familia muy sui géneris, medio chistosa, porque había caos, pero también risas. Mi mamá mencionaba detalles de las personas, ella se fijaba, qué sacaban de estar viviendo apesadumbrados"*.

j) Sentido del humor jocoso, ironía

El sentido del humor se resalta como ingrediente indispensable para la estabilidad psíquica y como un modo de transmitir la conexión emocional.

De nuevo Carlos ilustra el pasaje: *"Me acostumbré a ver mucha gente y eso sirvió a no estar aislado, por más que uno estuviera triste, ahí había gente para enojarse. El ambiente era muy relajiento, había cosas buenas, mi madre era medio chistosa, medio ocurrente, es inteligente, sagaz"*.

H. La fuerza del pasado

Se observa cómo las experiencias pasadas repercuten en el presente, determinan las expectativas y se relacionan con los elementos constitutivos del trauma. Más notoriamente las experiencias vividas como sufrimiento por violencia activa y familiar.

Los códigos que dan cuenta de esto son: las experiencias condicionan el presente, las experiencias pasadas determinan expectativas, y el trauma tal y como se reconoce en psicoanálisis, ocasionado por la violencia activa y la violencia familiar.

a) Experiencias condicionan el presente

Se encuentran datos que indican fallos en la memoria y acontecimientos como el divorcio de los padres, una situación económica y social traumática durante la infancia y adolescencia, con rebeldía, hiperactividad, mentiras, violencia, y también experiencias positivas dentro de lo traumático. Todos los entrevistados aceptaron la presencia del pasado en su vida actual, en las manifestaciones de su personalidad, las elecciones de su vida y, sobre todo, los conflictos que enfrentaban día a día.

Lucía: *"Donde más me di cuenta fue con mi novio, yo estaba apegada a él y no me daba cuenta que estaba en una relación igual a mi hermana, hasta que me dio una cachetada".*

Rosa: *"Últimamente he atado cabos, y sí, desde el principio me afectaron cosas que se ven en las defensas que pongo".*

Karina: *"La memoria me falla mucho, no recuerdo muchas cosas, igual las quiero olvidar De lo que más me acuerdo es de los problemas que tenían mis papás, igual tampoco me acuerdo de cómo me apoyó. No sé ni cuándo se separaron".*

Nadia: *"Tuve el divorcio de mis padres, un embarazo precoz, trabajé de prostituta, de policía, consumí drogas, alcohol, me gusta involucrarme con gente arriesgada, me volví a embarazar y di mi niño en adopción, por eso no lo cuento como hijo, hasta que entré a trabajar en seguridad privada y ya me quedé donde estoy, desempleada, esperando que abran una plaza buena en el gobierno".*

Ciro: *"Yo tengo una sensibilidad para entender la pobreza, yo no la leí en un texto, la viví, y no juego con eso, te marca en la vida, igual que la violencia".*

Olivia: *"Con muchos altibajos, subidas y bajadas; he tenido problemas familiares, la constante en mi vida ha sido pos los problemas, el enojo de mis hermanos, mis hijos – el mayor es el más grueso–, mi depresión, alcoholismo, todo, sin darme cuenta, hasta que [el terapeuta] me dijo".*

Toño: *"Mis experiencias pasadas influyeron mucho. De*

niño, yo no podía caminar, pero mi madre implementó unos ejercicios y luego mi padre y mi abuelo, en el campo, me ayudaron.

Pero luego, tengo una parte que me empuja a proteger al vulnerable, esa combatividad de, de hacerlo y no sé si desde la, la época en que vivía en el campo, eh, fue esa, esa aversión a las gentes, este, a los terratenientes y la gente que es muy déspota con los campesino ¿no?".

b) Experiencias pasadas determinan expectativas

Es el modo en el que se puede ver cómo las experiencias pasadas se reflejan en las expectativas, actitudes, creencias y conductas presentes.

Actitudes: El o la paciente espera encontrar un modelo de terapeuta y de proceso terapéutico similar a lo que se vivió con los padres y/o con otras personas significativas. Nadia es muy específica al respecto: *"Cuando llegué con (terapeuta) me ha sorprendido que no me regañara, ni juzgara, yo eso esperaba, como todos los demás psiquiatras que he conocido, como mi familia".*

Creencias: Durante la infancia se generan pensamientos que explican el mundo y que, avalados por el medio social, se convierten en verdades subjetivas que se mantienen inmutables, hasta que nuevos acontecimientos las tambalean. Estos pensamientos o creencias son una de las principales palancas de acción en el proceso de cambio y de maduración, y en ocasiones se une a ellos la experiencia de vida con el accionar de la terapia. Eddy cuenta: *"A los 5 años me operaron de hipospodia[25]; tardé en sanar, me desconectaba, pensando en caricaturas, juegos, no aprendía, era tonto, burro, y llegué a pensar, bueno, la verdad, a creer que era malo, no merezco... hasta que entré a campeonatos de natación y luego a terapia con el psicólogo de la secundaria, pero todavía lucho con el pasado, ahora".*

---

[25] Seguramente quiso decir *hipospadias.*

Conductas: Lo más aparente de la persona es lo que hace. Lo que está expuesto a que cualquiera vea y entienda. Son actos, acciones, el cuerpo en movimiento, y ello también incluye la sutilidad de lo que no se dice, que sólo se vive. Juan lo plantea muy claramente: *"Pues esa cosa de estar sentado en el reposet me pegó mucho. Yo siempre de chico estaba jugando afuera, no por los problemas de la familia, sino porque era hiperquinético, entonces, creo que por eso tenía la expectativa, la tengo, de hacer terapia caminando en el parque".*

c) Trauma

Se refiere a aquellas experiencias que en un momento de la vida fueron emocionalmente tan abrumadoras que avasallaron a la persona y marcaron su mente, al grado que el trauma se vuelve el centro de operaciones de todas sus actividades mentales, y la vida una lucha por resolverlas o darles significado.

El trauma es individual, construido significativamente en el inconsciente por cada sujeto, y si bien existen circunstancias universales que pueden incidir en todos, aun cuando sea de diversa forma para cada quien, en este estudio el trauma es individual. Toño lo pone en pocas palabras: *"El malestar (estaba) dentro de mí, de mi infancia, a pesar de que después lo he ido entendiendo, pero mi madre, mi padre, se acercaban, pero yo tenía ese caparazón, hasta que decidí yo abrirlo y ya quitármelo".*

d) Violencia activa

En esta investigación, en ocho de los sujetos estudiados el trauma está relacionado con momentos en los que se reacciona con violencia activa, demostrando la rabia y la furia acumuladas, en ocasiones actuando físicamente, golpeando, y en otras en forma más sublimada, en derivados más intelectuales.

Esta violencia proviene de las relaciones violentas entre

los padres, del machismo, la ausencia de control en los impulsos tanto sexuales como agresivos, de la disfuncionalidad familiar, de la ausencia de respeto para las mujeres, de la pasividad y la dependencia que generan las situaciones económicas, de la permisividad existente en la sociedad en cuanto a la negligencia en el cuidado de los niños, de las actitudes perversas y de las adicciones. Nadia fue golpeada, especialmente por su madre, pero en realidad sólo reaccionó con extrema violencia cuando su hija fue ultrajada por el hijo de 12 años de la señora que le cuidaba a su hija mientras ella iba a trabajar, cuando no tenía otra persona en quien confiar, pues su madre misma no era confiable: *"[Habla del ultraje a su hijita]: Fue la gotita que derramó el vaso, yo me empecé a deprimir, no la quería dejar sola, dejé el trabajo, y sí, fui y la golpee, y al hijo, estaba desesperada, muy furiosa ¿cómo no? Ella sabía que yo tenía que trabajar".*

e) Violencia familiar

La violencia dentro de la familia es un patrón cultural compartido por todos los casos del estudio excepto Carlos y Toño. Esta violencia incluye todas las situaciones en que de manera directa y franca se identifica agresividad actuada dentro de la familia, entre padres, con los hijos, a veces física, con golpes, otras con manipulación y devaluación.

Es dolorosa, profundamente insidiosa, provoca trauma y perturba el crecimiento psíquico, cuando no también el físico.

Pero lo más terrible es que, a menos que se tome conciencia plena de ella y el sujeto pueda defenderse a través de actitudes, creencias y expectativas que le ayuden a superarla, esta específica forma de violencia es transmitida generacionalmente sin ningún obstáculo, incluso a través de mecanismos psíquicos tan complicados como la identificación con el agresor. Éste es el caso de Rosa, que alcanzó a darse cuenta de que estaba actuando, ella de mujer, con una conducta prepotente, devaluadora y sádica tal como la de su padre hacia su madre, sólo que Rosa estaba haciendo eso con su novio.

El grado de violencia que Nadia vivió con su madre se muestra así: *"Mi mamá es una mujer difícil, no tiene amigas, le fue mal de chavita, mi abuela fue muy golpeada, yo ya no soy tolerante, porque ya grande me pegaba, mi hija vio, me puso una zapatiza, o sea, me agarró a patadas, pero la última vez que me quiso pegar, la agarré de sus manitas y la estampé en la pared, le dije 'Ya no, soy más fuerte que tú'"*.

I. En espera del otro

Engloba las acciones relacionadas con esa profunda búsqueda de otro ser que nos ayude a salir del caos y de la confusión interna.

Se describe el deseo de encontrar un analista que escuche, entienda, guíe y entre en la vida como un entrenador, se adapte al tiempo, sepa lo que hace, sea amigo, dé soluciones, no esté siempre cobrando dinero, recuerde, comparta su vida, sea atinado en lo que dice, perciba la totalidad, apapache.

Ésa es la gran promesa que ofrece el tratamiento, la posibilidad de encontrar lo que muchas veces las experiencias en las relaciones de apego infantil frustraron, principalmente por la negligencia en el cuidado.

Es el gran compromiso social que el análisis tiene como reto, y abarca dos códigos en especial: uno, la expectativa esperanzada de que el analista repare el trauma, y dos, el fuerte depósito (transferencia) que se hace en la persona del analista, siempre idealizado.

a) La expectativa sobre el analista

Que puede ser:

Concreta: El paciente deposita una expectativa absolutamente concreta, esperando no correr ningún riesgo en cuanto a que se le confunda con otra persona, sino que pueda ser percibido sin error: Rosa dice: *"...tenga la seriedad que yo tengo en el proceso, de poder percibir, atinado, en mi totalidad"*.

Emocional: El analista debe responder emocionalmente al vacío generado en la vida, ofrecer una constancia, involucrarse compartiendo, para poder restaurar el self. Eddy es profundamente emotivo cuando relata su experiencia con el primer terapeuta que tuvo en su temprana adolescencia, y eso es lo mismo que ahora espera de su terapeuta: *"Que estaba ahí para escucharme, se acordaba lo que decía, es la diferencia con otras personas, me compartió cosas de su vida, él no tiene una pierna y al hablar de la tristeza eso también me ayudó"*.

Interactiva: No esperan encontrar una persona callada que sólo responda con monosílabos y que sólo abra el espacio de un consultorio cerrado donde alguna vez ocurra una interpretación genial. Los pacientes describen puntualmente a analista ideal. Dice Ciro: *"...fuimos [el analista anterior y él] construyendo una relación de complicidad, de empatía, que confronta, acompaña, apapacha; yo me sentía a gusto"*

Confiable: Éste es el atributo más importante de todos, mencionado por todos, basado no sólo en el nivel de preparación académica y técnica, sino en la persona, que sea capaz de proyectar una imagen, dentro del ámbito social, de coherencia y consistencia ética. Carlos lo dice muy claro: *"Que sepa lo que está haciendo, que me ayude a resolver los traumas, los conflictos y todo ese rollo asociado con los síntomas, al malestar, que no sea iatrogénico"*.

b) Expectativa de complacer al entrevistador

A pesar de todas las aclaraciones, de marcar un espacio de libertad, de indicar que todo lo dicho en las entrevistas quedaba en el anonimato, que sus analistas no tendrían ningún acceso al material y que su contribución era valoraba en términos de una investigación que perseguía la mejora en los procedimientos terapéuticos exclusivamente, algunos pacientes estuvieron muy atentos pensando en qué contestarme y deseosos de complacerme al entrevistarlos.

Ello estuvo muy relacionado con sus actitudes durante las entrevistas conmigo, pensando quizá que así como podían ser de sinceros en el proceso, podían serlo ahí. También hubo momentos de confusión, en los que el paciente llegó a sentir que estaba en su análisis personal o bien, a preocuparse por la forma como respondía, para que "se oiga bien en el estudio".

En cada entrevista al final se preguntó respecto a cómo se habían sentido durante ésta, qué sugerencias tenían sobre la misma y cuáles habían sido sus expectativas sobre ella.

Casi todos dijeron que esperaban poder colaborar con un proyecto que les parecía interesante y poco común pues no sabían que ello se hiciese regularmente. Afirmaron haberse sentido bien conmigo como entrevistadora y que, salvo la sugerencia de eliminar una encuesta que hice a los dos primeros informantes, así estaba bien y la consideraban muy útil tanto para ellos porque les permitía pensar sobre temas que no habían abordado, como para los analistas.

J. Alborada maltrecha

Bajo esta categoría se conjuntaron las situaciones en que el o la paciente desarrollan una expectativa hacia cualquier evento significativo de la vida y no logran respuesta ni alcanzan metas ni resuelven conflictos, lo que les genera sentimientos de derrota, fracaso, miedo, culpa, depresión, abatimiento. Además de la idea de que no queda otra más que darse "topes contra la pared'.

Son los casos en que el análisis se interrumpe, comúnmente, dentro de los tres primeros meses. Esto no ocurre cuando el proceso se lleva a cabo durante al menos un año o un año y medio.

Pero ocurre también cuando la mujer es maltratada siendo que es un ser humano como cualquier otro.

Ambas situaciones generan consecuencias:

a) Consecuencia de interrumpir la terapia y no satisfacer expectativas

Uno de los pacientes se culpa por no haber cumplido las reglas que conlleva el tratamiento, a pesar de que en una experiencia previa de terapia con el mismo terapeuta había logrado superar algunos problemas, por ejemplo se hizo más responsable y organizado. Juan dice: *"Me siento culpable porque era un compromiso que yo rompí, siendo que ahora soy puntual, cumplo muchas cosas del trabajo, personales [...] No poder cumplir, no tengo los recursos para cumplir, todavía me siento culpable porque fue algo que no pude conseguir, me he dado mis buenos topes contra la pared, por un detalle se nos cae todo".*

b) Consecuencia del maltrato de la madre

Con excepción de dos casos, los y las pacientes refieren una estructura familiar en la que la madre es golpeada, humillada, devaluada, abandonada y no considerada una persona con todos los derechos propios de un ser humano. Esto genera situaciones de agresividad violenta en que a veces las mujeres intentan defenderse de la misma manera, con violencia, y en otras, tomando decisiones que las lleven a mejorar su situación.

La expectativa básica es que todo esto no debiera ocurrir, es decir, ninguna mujer debe ser agredida o violentada, por lo tanto, todos los casos en que sucede lo contrario generan una expectativa frustrada: "¡No es lo que esperaba! Esto significa que ninguna mujer, a pesar de la cultura violenta que existe contra ella, casi estructuralmente, en el país, espera ser agredida o violentada cuando establece una relación amorosa con un hombre. Y como paciente desea que el analista rompa con la constante generacional; lo que se refleja en la transferencia terapéutica positiva y de contención.

Hay que aclarar que esto es válido a veces en el caso de algunos hombres, como Eddy, que va a terapia buscando la solución a sus conflictos internos: *"De mi identidad, yo me veía como alguien que venía de una familia violenta, me sentía diferente a los demás niños, que vivía con esa dificultad que los demás no tenían. Cuando niño, yo veía que nuestra vida era difícil, yo veía que mi mamá sufría y yo me preguntaba '¿Por qué no se dan cuenta que está mal todo eso?'"*.

2. Diferencias entre las expectativas sobre el psicoanálisis y las expectativas sobre la psicoterapia psicoanalítica

A. La diferencia entre los pacientes que estaban en psicoanálisis y los que estaban en psicoterapia psicoanalítica estriba en que los primeros tienen un nivel más elaborado de sofisticación psicológica, entienden más elementos de su propia vida mental, tienen más constancia y adhesión al tratamiento y no sienten la presión de terminarlo.

Las expectativas se relacionan con esto, y tan es así, que las de los pacientes en psicoanálisis son menos mágicas y ellos tienden a esperar menos que el terapeuta mismo les resuelva los problemas, aunque, al igual que los pacientes en psicoterapia, esperan poder modificar sus patrones de apego de tal manera que disminuya su ansiedad y aumente su confianza y seguridad personales. Así también, esperan que la relación con el analista no siga un patrón frustrante en su vida.

B. No se encontró ningún dato que indique diferencia alguna de acuerdo con la geografía (en este trabajo clasificada por áreas), a pesar de la profundidad y la riqueza de las respuestas. Es decir, las expectativas son una constante en los pacientes sin importar su lugar de residencia.

C. Considerando la diferencia entre pacientes comunes y aquéllos involucrados en alguna profesión relacionada con la psicología, si atendemos a la teoría, sería posible encontrar en la historia de los pacientes elementos que los hagan inclinarse por determinado tipo de idealización, conformando expectativas que "les lleven a encontrar lo que esperan".

Los pacientes de este estudio que se inclinan por alguna profesión relacionada con la psicología, muestran mayor nivel de organización psíquica y un "insight" profundo de sus percepciones, lo cual los motiva a buscar una ayuda que les permita clarificar más su vida mental.

D. Respecto a la distinción entre el psicoanálisis y la psicoterapia psicoanalítica, la diferencia se presentó al tratar de entender si las expectativas se vivían con la misma disposición en uno y otro tratamiento. Se encontró que cuando menos al inicio de ambos tratamientos lo que se destaca es la expectativa de lograr resolver los problemas, independientemente del tipo de terapia de que se trate. Todos los participantes están de acuerdo con eso.

E. Ninguno de los pacientes hablaron de expectativas en otros tratamientos, probablemente porque no pregunté. En relación a expectativas y mecanismo de cambio de la conducta, ya se mencionó que si hay una probable conexión entre ellas, cuando la expectativa de ayuda es satisfecha. El cambio de conducta se da en el nivel de colaboración con el terapeuta. Por otro lado, es muy posible que la misma investigación afectara positivamente a los pacientes, y a los terapeutas, volviéndolos más conscientes del proceso.

Una vez presentados todos estos resultados, enseguida presento la discusión de los mismos, en el contexto del marco teórico y el estado de la cuestión, así como las conclusiones.

VIII. DISCUSIÓN Y CONCLUSIONES

El objetivo del estudio fue conocer cómo son las expectativas de pacientes en tratamiento psicoanalítico y en psicoterapia psicoanalítica, para entender cómo influyen en ellos. El objetivo se logró, como puede verse en los resultados ya presentados en el capítulo anterior.

Respecto a las implicaciones teóricas, en cuanto al enfoque teórico que dio fundamento a este estudio, la fenomenología fue especialmente importante al guiarme hacia una perspectiva emic y permitir situarme en exclusiva en el punto de vista del paciente.

Los cuatro ejes analíticos de los existenciales básicos: corporeidad, espacialidad, temporalidad y relacionabilidad, abrieron perspectivas insospechadas para la comprensión de las personas participantes.

El sufrimiento desde el cuerpo que gime, en un espacio desorganizado y caótico como es una mente sin límites ni cohesión, en un tiempo atemporal, donde sólo se suceden los momentos del dolor, y las relaciones sin reflejo, vacías, abruptas, violentas, sin apego, destino o derrotero, todo esto es la definición misma de dolor mental, de enfermedad. Y la esperanza de modificar esto es lo que lleva a las personas a buscar tratamiento.

Fue muy interesante poder poner en palabras el eje estructurante de los pacientes a través de su narrativa y comparar las diferencias usando sus propias palabras, mostrando como las expectativas nacen con el desarrollo, como Lucía y Juan.

El uso de palabras como "curar", "usar" el cuerpo en una

221

manera que habla de la necesidad de ser libre, 'abrirse' a la potencialidad, ratifica los enunciados fenomenológicos precisamente en 'ser para sí' y lo cifran en su expectativa al tratamiento.

El sujeto tiene sus memorias placenteras y ahí funda sus expectativas positivas, neutralizando en lo posible el horror del vivir en la angustia que carcome el cuerpo, buscando superarlo a través del tratamiento.

Una vez más aparecen los lenguajes psicosomáticos mostrando como algunas enfermedades son el lenguaje de la desorganización mental y utilizando la expectativa positiva para luchar por superarlas.

La diferencia de sexos en las expectativas se ve afectada por el terrible fantasma del machismo y las existencias doblemente afectadas y manipuladas por él. De un modo u otro, la existencia se doblega a rebelarse o a deprimirse, pero nadie queda libre de su influencia nefasta.

El espacio y la relacionabilidad consigo mismo forman parte de una voz que clama por encontrar el derecho a vivir en paz, manifiesta en la búsqueda de coherencia.

El psicoanálisis bien puede tomar conciencia del peso tan enorme que significa ser el depositario de las expectativas tan enormes, globales y a la vez específicas, que los pacientes tienen en la relación con el analista, porque al final de cuentas, se centra en el deseo de que el analista sea capaz de ofrecer la relación de contención que los padres dejaron frustrada.

En este análisis, la historia y el tiempo que viven los sujetos denota que no hay infancias felices, pero que si hay grados de infelicidad, poniendo de manifiesto que a mayor negligencia y abandono, violencia y desmentalización, las posibilidades de alcanzar coherencia mental son menores.

Los cuatro existenciales permiten una ubicación dentro de este paradigma, y sería muy decisivo para la salud pública el que pudieran ser considerados en los niveles de atención primaria.

La diferencia entre los resultados de los cuatro existenciales y la descripción temática se ve en cuanto al sentimiento sobre la propia existencia que aparece de lleno en los momentos más significativos de cada paciente. Sin embargo, el análisis descriptivo y de contenido temático permite una puntualización exacta que se convalida con los existenciales.

Pero hay algo más sobre la perspectiva fenomenológica: en la ciudad de Heidelberg, Alemania, desde el jardín de los filósofos, se gestó una parte importante de esta corriente que tantas aportaciones ha hecho.

Uno de los más relevante de sus ponentes, Martín Heidegger[26], muestra su influencia en el hecho de encontrarnos en la actualidad en una posición donde el sujeto tiene derechos una vez reconocido su "ser en sí y para sí".

Otra importante influencia es la de buscar la interpretación de la acción. Aún cuando la proliferación de respuestas mágicas y religiosas en ocasiones oscurece el panorama, cada vez son más las personas que buscan comprender y ser comprendidas no sólo por la psicología, sino también en la sociología.

De ahí que Gadamer sea uno de los más importantes traductores de las complejas relaciones y los episodios comunitarios que se dan en el plano de lo social.

Pero actualmente el psicoanálisis puede ufanarse de ser el último bastión de la libertad del sujeto (Ramonet, 2004), al implementar en la terapia y en el cuerpo teórico, sobre todo en investigación, los anhelos perseguidos por Heidegger y sus seguidores.

---

[26] Messkirch, 26 de septiembre de 1889-Friburgo, en Brisgovia, 26 de mayo de 1976.

La Universidad Alberto-Ludoviciana de Friburgo, en Brisgovia (Albert-Ludwigs-Universität Freiburg) fue fundada el 21 de septiembre de 1457 por el archiduque Alberto VI de Austria. Su lema "La verdad os liberará" se encontraba inscrito en la ciudad de Viena, en una fuente del Prater, y fue retomado por Freud para el psicoanálisis. Este anhelo es compartido por fenomenólogos y psicoanalistas.

Pero cuando se intenta aplicar la fenomenología, el psicoanálisis y la investigación cualitativa en el contexto mexicano de la ciencia, surge una serie de problemas que no se reconocen sino hasta que se está inmerso en ellos. El más importante: deshacerse de las perspectivas positivistas que impregnan la educación académica en México y que permean al mismo psicoanálisis. El positivismo desestima "la verdad" de la experiencia del sujeto, postula que se tiene que buscar un extraño y complejo camino para encontrarla, ceñido a números y estadísticas.

Esta "verdad" no es estadística, y aunque puede tener semejanzas con la de otros sujetos, de hecho cada sujeto tiene la suya propia. Igual pasa con la visión del investigador, sólo él podrá encontrar lo que busca.

Una parte de la "verdad" fenomenológica estriba en reconocer el doble círculo hermenéutico que conlleva toda interacción humana, desde el momento mismo de entrar al saber del mundo. Toda percepción es una interpretación de una parte del mundo percibido, y la interpretación de dicha percepción, o de cualquier contenido mental, es una doble interpretación.

Pero el punto que interesa con más fuerza en este trabajo es aquel en que confluyen las tres perspectivas: fenomenología, psicoanálisis e investigación cualitativa.

Acercarme a los sujetos entrevistados, los informantes, como seres en su mundo, en sus contextos particulares, y ajustar toda transcripción e interpretación a sus comunicaciones y vivencias, me permitió reconocer su "verdad" dentro de los exquisitos cánones de la investigación cualitativa. Me apoyé constantemente en la formación psicoanalítica, usando una hermenéutica guiada por una intencionalidad, como también lo demanda la fenomenología. Al final, encuentro que la mayor dificultad estuvo en intentar hacer el análisis fenomenológico puro, dejando de lado lo psicoanalítico, y no estoy segura de haberlo logrado.

El lema "La verdad os liberará" guió la intencionalidad de los informantes al acceder a las entrevistas, me impulsó a mí como investigadora y estuvo presente en el esfuerzo terapéutico de los analistas.

El método de investigación apuntaba a intentar reconocer las razones y motivos que explicaran los procesos del "sentido del ser", de los síntomas, de los problemas, de las dificultades para las relaciones y la comprensión del mundo circundante, así como del mundo interno mismo y, sobre todo, de las expectativas de los pacientes.

Se trataba de reconocer cómo los informantes luchaban por descifrar su "autenticidad", por librarse de una "alienación" que, siendo ajena a ellos mismos por definición, los llevaba a penetrar en el mundo del self, donde se encontraban con episodios constantes de sus relaciones con los otros, habitantes de su mundo interno; así también, de reconoce qué tanto y cómo esto se reflejaba en sus expectativas.

En las entrevistas, los informantes y yo nos encontramos persiguiendo nuestro propio ser, siendo. Y fuimos redescubriendo algunos elementos propios de cada perspectiva, lo más importante fue:

La corroboración de la presencia de lo inconsciente en la formación de las expectativas, y la activación de éstas en el entorno del tratamiento y la entrevista.

La influencia de la perennidad de las experiencias infantiles, y su constante retorno en el momento de la experiencia.

El percatarnos que, no importa lo que se diga en cualquier otro ámbito científico, la metodología cualitativa fue un instrumento verdaderamente provechoso para encontrarnos e intentar descifrarnos, complacernos, vivenciarnos.

Concluyo subrayando la decisiva importancia que esto último tiene en cualquier interacción humana, y la complejidad que ello representa en la asistencia del cuidado primario en cualquier nivel de servicio médico, no sólo en los tratamientos psicoanalíticos.

Las implicaciones metodológicas de este trabajo indican que, en cuanto al enfoque metodológico que guió a este estudio, encuentro que el procedimiento fue adecuado, sobre todo porque ayudó a conjuntar los tres elementos teóricos que perseguía, aun cuando deja algo al deseo de hacerlo más distintivo.

Al momento de hacer las entrevistas fue muy importante constatar la sabiduría de Taylor y Bogdam (1996), incluyendo las guías para las preguntas, su constante ir y venir desde el problema hasta la experiencia, y la libertad para elegir el formato. Así también, verificar la consistencia final del trabajo, resultante de hacer las cosas siguiendo sus lineamientos.

Al agregar el modelo de la entrevista psicoanalítica de investigación (EPI) de Cartwright (2002), Frommer, Langebach y Streeck (2004) y Kvale (2001), buscando las historias de vida, indagando las contradicciones del discurso, aceptando los momentos emocionales y dejando que el sujeto fuera el director del flujo asociativo, por encima de las guías y las preguntas específicas que sugiere Hudelson (1994), fui encontrando ese sentido del ser que tanto necesitamos expresar y enfocar cotidianamente y que al final es la esencia de la investigación científica.

Esto es más fácil decirlo que hacerlo, porque en el sitio, al tratar de indagar el significado profundo que la persona le da a su interpretación, se entra en una dimensión de comunicación que remite en mucho al ambiente de la sesión psicoterapéutica.

Se tiene que estar muy consciente de la intención de investigar y no de hacer psicoterapia, para evitar que una entrevista derive en terapia; pero también es imposible no utilizar mecanismos de empatía y de comprensión con los entrevistados, que abren las puertas de su intimidad y por lo tanto hay que ser sumamente cuidadoso de cerrar estos procesos.

Para ello se debe tener en cuenta el fenómeno de la repetición de la transferencia y dilucidarlo ahí mismo, o advertirlo, cuando menos, y de ser posible clarificarlo con el informante, para poder cerrarlo y a la vez agregar y devolver a la sesión de entrevista lo que se puede traer de ella.

Las técnicas empleadas para obtener la información, es decir las entrevistas cualitativas, fueron sumamente afines a los enfoques teóricos. Ningún informante pareció incómodo o estuvo a la defensiva en ellas, y la comunicación fluyó en forma por demás vivencial y grata.

El análisis de la información se hizo siguiendo la prescripción anotada, y quizá fue excesivo en algunos momentos el pretender usar la técnica de análisis de contenido temático y de análisis fenomenológico que proponen Krippendorff (1990), Minayo (1995), Lanigan (1997), Martínez (1996), Van Manen (1997), Madjar (1998) y Frommer y Rennie (2001).

A pesar de que todos los autores ofrecen un nivel de pertinencia, encontré que en realidad una vez que se inicia con la codificación temática, de acuerdo con Krippendorff y Minayo, los temas van apareciendo por sí mismos y la descripción, la reducción y la interpretación que propone Lanigan en el enfoque fenomenológico, desembocan en la formulación temática de los existenciales.

Sin embargo, para poder llegar a la comprensión que proponen Van Manen, Madjar, y Frommer y Rennie, que implica la profundidad del sentido inconsciente más psicoanalítico, tratando de encontrar las relaciones y las identificaciones, es necesario recurrir a las narrativas (Labov y Waletsky, 1967), que fue el siguiente paso después de analizar los temas.

La aportación del psicoanálisis, está en la formación del psicoanalista que desarrolla una percepción clínica al interior de la estructura de interacción. Esto es más incidente con relación a la Institución del psicoanálisis, diferenciando la formación que se da ahí de otras Instituciones universitarias o la Salud pública misma, donde pareciera haber una contradicción entre la atención a los grupos contrastado con el individuo.

La factibilidad de un análisis exitoso siguiendo este proceso fue posible gracias a la dedicación y el gusto que los resultados generaron. Es evidente que se lleva mucho más tiempo del que en principio se planea, sobre todo cuando se intenta realmente entender los sentidos ocultos del discurso.

Las limitaciones encontradas fueron definitivas para mí como investigadora. Presionada por el tiempo, incurrí en errores que hicieron emplear más tiempo en el análisis de los datos, y gracias a la crítica paciente de las lectoras fue posible corregir en el momento oportuno. Ésta es una de las enseñanzas importantes que aprendí al realizar esta parte del trabajo: al analizar los datos se debe olvidar el tiempo pues si se lo toma en cuenta se puede dejar de lado algo importante por la premura de terminar.

Las inferencias inductivas y abductivas (Rennie, 2001)

que se hicieron a partir de los resultados fueron muy interesantes, sobre todo cuando se encontró el concepto original de abducción.

La abducción permite hacer inferencias de las relaciones entre los conceptos; inferencias que no aparecen en forma obvia en el discurso sino que salen a la superficie mediante asociaciones que inconscientemente se hacen al analizar el texto.

En cierto modo, este la abducción tiene un gran parecido con el sistema de interpretación psicoanalítica, que implica una "construcción" del saber que se da entre paciente y analista.

Por otro lado, fue muy importante reconocer, como dicen Weineberg y Eig (1999), que las expectativas son, de los cinco factores comunes a toda psicoterapia (la relación terapéutica, las expectativas, la confrontación de problemas, la maestría –dominio del paciente sobre los problemas– y la atribución de los resultados), los más ignorados y pasados por alto. El hecho de haber encontrado tan poca información bibliográfica (aun cuando la encontrada sea tan significativa) acerca de ellas corrobora esta afirmación.

El estudio de Seganti (1995) y el de Almond (1999) son únicos en su especie y realmente apuntan todo su esfuerzo a concientizar sobre la importancia de incluirlas en el campo de atención de toda intervención psicoterapéutica.

Los resultados de investigaciones que concluyen que las expectativas positivas son relevantes para la efectividad del tratamiento (Sotsky et al., 1991), la calidad de la alianza terapéutica (Krupnick et al., 1996) y la mejoría de la condición clínica, debieran ser tomados en cuenta por todas las áreas médicas.

El no encontrar una vasta literatura sobre ellas en el área específica de psicoanálisis me llevó a reflexionar e intentar explicar el asunto. Creo que en gran parte, se debe a que formarían parte de todo lo que queda fuera de lo considerado como el "oro puro" del análisis, y muy en especial a la posición del mismo Freud en "Sobre la Iniciación del tratamiento" (1913:127).

Fonagy y Kächele (2009) definen con claridad ese gran paraguas que es el psicoanálisis indicando como todas las maniobras que se derivan del análisis de las resistencias y transferencia de hecho son las modalidades del psicoanálisis en el siglo XXI.

Nadie pone en duda que el esquema freudiano del "oro puro", donde el analista se mantiene en silencio con atención flotante y el paciente desarrolla la asociación libre hasta sus últimas consecuencias, es en efecto el esquema perfecto para entender la mente humana y modificarla cuando lo necesite, pero, no todos pueden ejercitarlo.

Aún en ese esquema, las expectativas existen, están activas y no reconocerlas conscientemente lo único que hace es fortalecer resistencias desconocidas que van en contra de la eficacia del tratamiento.

La sociedad moderna necesita otros esquemas y son las diversas modalidades psicodinámicas, basadas en el psicoanálisis, las que ofrecen más eficacia, eficiencia y efectividad para las grandes poblaciones (Fonagy, Roth y Higgit, 2005).

Por lo tanto es imprescindible que el saber psicoanalítico se impregne de su prístina identidad y logre diseminar sus modalidades, integrando en ellas el análisis de las expetativas.

El hecho de que este estudio corrobore tales afirmaciones pudiera hacerlo útil para enfocar la atención e impulsar la investigación sobre los mejores métodos para hacerlo.

Con relación a las implicaciones prácticas, considero que los resultados aquí obtenidos pueden ser aplicados en muchas áreas.

Aun no pudiendo echar mano del sofisticado método de

Seganti para poder aprehender las expectativas del paciente desde la primera sesión, el hecho de hacerle una pregunta clara y directa sobre sus expectativas conscientes, como lo hace Kernberg (1984a) en la entrevista estructural[27], es un primer paso, totalmente práctico, para iniciar un cambio fundamental en el enfoque cualitativo del trato con el paciente.

Los estudiantes de psicología podrían hacer muchas investigaciones breves sobre cómo reaccionan, por ejemplo, los integrantes de equipos de salud o de brigadas comunitarias al externarles sus expectativas de los servicios que ofrecen.

Con ello, se tendría un gran adelanto sobre la posibilidad de que dichos servicios fuesen asimilados más fácilmente por los integrantes de las comunidades, y a los prestadores de dichos servicios les permitiría situarse en una perspectiva fenomenológica que le dé más sentido a su existencia.

Los terapeutas en formación podrían abandonar de manera mucho más rápida las terribles posiciones narcisistas que los llevan a creer que realmente saben lo que el paciente espera de ellos, sin indagarlo.

Los terapeutas formados y en ejercicio de su profesión simplemente tendrían acceso a una técnica indolora que ofrece seguridad en términos de alianza terapéutica, adhesión al tratamiento y eficiencia.

No hay nada mejor que preguntar sobre las expectativas, para que el sujeto de inmediato se dé cuenta que es importante para el terapeuta y que no se va a jugar mágicamente con un saber inventado, sino que se trata de construir, junto con él, a lo largo de las sesiones, sus propios objetivos y metas.

---

[27] La pregunta es "¿Que expectativas tiene para su tratamiento?".

Lo más interesante es que algo tan sencillo modifica totalmente la dimensión fenomenológica de cualquier entrevista médica, como lo indican los estudios de Plunket (1984), Klerman y Weissman (1982), Kirsch (1990), obligando a todos los profesionales realmente interesados en sus pacientes a entrar en el amanecer de la esperanza. En cuanto a conocer cómo son las expectativas de los entrevistados, ellos mismos refieren que son:

A. Expectativas positivas motivacionales, expectativas favorables, expectativas satisfechas

Este apartado indica que los y las pacientes cuando llegan a tratamiento esperan una serie de cambios en su estado mental muy relacionados con la anticipación y la predicción (Baeza, 1994; Olson, Roese y Zanna, 1996; Goldman, 1999) de que mediante el tratamiento podrán cambiar sus formas de estar en el mundo, evitando así muchas de las dificultades y dolencias que obstaculizan su vida.

Los estudios de Mora-Ríos e Ito-Sugiyama (2005) muestran que cuando las expectativas hacia el tratamiento son positivas, éste tiene mejores resultados que si son de otro tipo. Estos estudios, realizados en nuestro país, arrojan un saber muy importante: que una sufriente y numerosa población no tiene fe ni confianza en los profesionales de la salud mental, lo que indica que las expectativas que contribuyen a solucionar dichas afecciones no existen.

Lo mismo se verifica en la Encuesta Nacional de Epidemiología Psiquiátrica en México, a partir de la cual Medina-Mora, Borges, Muñoz et al. (2003) deducen que los y las pacientes no esperan que los profesionales de salud mental satisfagan sus necesidades.

El hecho de que los resultados del análisis de los discursos de los sujetos en que se basa este estudio no coincidan con los datos obtenidos antes por estos investigadores, y que todos estos sujetos tengan un nivel socioeconómico diferente del de los otros estudios de salud pública mencionados, indicaría que los factores socioeconómico y educativo afectan fuertemente las expectativas.

Así también, este trabajo podría aportar datos que permitieran inferir que las expectativas están relacionadas con elementos culturales de crianza, más precisamente con la conducta de apego, si al hacer el muestreo hubiera tomado en cuenta esta posibilidad, haciendo una estratificación. Desgraciadamente no fue así y toda la muestra pertenece a un mismo nivel socioeconómico, medio y medio bajo. Dados los datos confrontados con los estudios en salud pública, resalta con fuerza el hecho mencionado. Podrían entonces, derivarse nuevas hipótesis, es decir, que los niveles socioeconómicos muy bajos, pudiesen afectar los patrones de apego por la línea de la negligencia en el cuidado de los satisfactores indispensables y desde ahí, condicionar las expectativas.

Fonagy (2001) y Erickson (1964) se refieren a la confianza que el bebé ha de desarrollar en su psique para poder tener expectativas positivas de cuidado con las personas que lo crían.

En nuestro estudio se encontró que a mayor desorganización de la personalidad, mayor dificultad para desplegar expectativas positivas motivacionales y satisfechas. Aun cuando todos los pacientes acudieron a tratamiento porque tenían expectativas, algunas inconscientes, éstas no se encontraban afianzadas y, por lo tanto, una buena parte del tratamiento en su inicio se ocupó en desarrollar una confianza eficiente con el terapeuta para poder seguir el proceso.

Los estudios en salud pública cuyos sujetos pertenecen a otras clases socioeconómicas, donde no sólo hay privaciones en la crianza sino también negligencia, ofrecen una hipótesis causal de esta ausencia de fe, confianza creencia en "cuidadores" de salud mental que pudieran ayudar a corregir problemas emocionales desarrollados en el curso de la vida.

B. Las expectativas tienen relación con la vida del informante anterior al proceso terapéutico

Se observó que las experiencias pasadas repercuten en el presente y determinan las expectativas, las cuales se relacionan con los elementos constitutivos del trauma y, notoriamente, con el sufrimiento ocasionado por la violencia activa y familiar, tal como se reconoce en psicoanálisis.

Fonagy (2001; en Fonagy, Gergely y Target, 2007; en Bateman y Fonagy, 2005) indica que las expectativas se forjan en el inicio de la vida de acuerdo con la relación que tiene el bebé con sus cuidadores. El bebé proyecta expectativas en el cuidador sobre atributos interactivos, y viceversa, el cuidador sobre el bebé. Subsecuentemente, estas expectativas del infante van reelaborándose hasta convertirse en "creencias", que determinan gran parte de su personalidad.

El problema aparece cuando el bebé no es capaz de responder a las expectativas primarias de los padres. Entonces inicia un ciclo de frustración en las respuestas interactivas de ambos, provocando mecanismos defensivos que protegen la coherencia del self en cualquier circunstancia.

Hago referencia a los autores que fundamentan esto: Seganti (1995) aporta tanto una teoría como la aplicación técnica para manejar este problema una vez iniciado el tratamiento.

El caso ejemplificado por Seganti en su artículo tiene gran semejanza con los casos encontrados en esta investigación, aunque por desgracia éstos últimos no han sido aún estudiados con la técnica de Luborsky y Crits-Christoph (1990). Dicha técnica surgió en 1977 y es conocida por sus iniciales en inglés, CCRT. Se refiere a los episodios relacionales encontrados en la narrativa del paciente durante la sesión, utilizando tarjetas en las que se muestran partes de la transcripción de la sesión. Se busca encontrar lo mejor y lo peor de lo expresado por el paciente según lo califica él mismo, y tomarlo como centro de la terapia.

De ahí toma Seganti su idea para hacer el análisis de las expectativas prototípicas. La hipótesis que él desarrolla es que la elaboración no verbal del proceso psicoanalítico y su impacto en el lenguaje del paciente pueden ser gobernados por las expectativas prototípicas, que manifiestan los estados más profundos evocados por las experiencias relacionales actuales o remotas.

El procesamiento paralelo puede reflejarse en la producción de las conexiones verbales que el paciente implementa. La relación del sujeto con sus objetos puede ser guiada por la experiencia de los estados del self en forma no simbólica y no verbal, y esa relación sólo puede ser encontrada en los episodios verbales.

La técnica permite descubrir las expectativas prototípicas y, con ello, salvaguardar la efectividad y eficiencia del tratamiento a través de, como lo hace Seganti en el caso estudiado, predecir el desarrollo de la transferencia y proteger al paciente de los aspectos negativos de su defensividad distorsionada por las expectativas prototípicas:

El analista puede apoyar la estabilización de las maniobras defensivas de anticipación y favorecer una transferencia positiva si él, empáticamente, reconoce y hace reconocer al paciente a) la forma en que él pretende esperar, negando, y b) la forma en la que niega el sentirse aburrido, con lo que niega las expectativas prototípicas (Seganti, 1995:1251)

El delicado y acucioso trabajo de este autor abre enormes perspectivas técnicas para enfrentar las dificultades que plantea un elemento de la terapia comúnmente evadido como son las expectativas.

Espero poder continuar en el futuro cercano una más extensa investigación sobre este tema, utilizando el mismo modelo que plantea Seganti, en virtud de la profundidad de sus resultados.

C. El pasado repercute en el presente

Se logró activar la historia de las relaciones de los entrevistados con los padres tan atrás como pudieron recordar, y los eventos significativos de su desarrollo. A partir de ello se estableció que las experiencias determinan las expectativas.

Fonagy, Gergerly, Jurist y Target (2006) detallan cómo las expectativas del bebé y sus cuidadores alteran el espacio y el grado de contacto entre ellos, en etapas tan tempranas como los tres meses de edad, y cómo las interacciones se troquelan en base a ellas. Éstos son patrones de conducta que quedan fijos en el inconsciente y que se repiten en forma compulsiva durante la vida mientras no emerjan en la conciencia.

Las reminiscencias de los entrevistados confirman estas afirmaciones, ejemplificándolas de facto en la transferencia, mediante la cercanía o lejanía afectiva que promueven en relación con el terapeuta, y la confianza o desconfianza que depositan en él según su respuesta.

D. Lo que el paciente espera del tratamiento

Los autores relacionados con la perspectiva psicodinámica y cognitiva (Sotsky, 2002; Kirsch, 1999; Joyce y Piper, 1998; Weineberg y Eig, 1999) tienen mucha evidencia de lo que aquí se ha verificado. En todos estos estudios, los autores encuentran que las expectativas de los pacientes hacia el tratamiento moldean y afectan los resultados de éste, y que los pacientes que tienen expectativas positivas, metas, objetivos claros sobre sí mismos, la realidad, la familia, los cambios que buscan, son los más beneficiados, tal como se concluye en esta investigación.

E. Contribución y participación personal del paciente en el proceso del tratamiento

Se encontró que las creencias y la confianza del paciente son afirmaciones positivas necesarias para entender sus problemas, así como para comprometerse a seguir las reglas que se le sugieren.

Este resultado concuerda con lo referido por los autores antes mencionados, además por Greenberg, Constantino y Bruce (2006), Frank (1983) y Klerman y Weissman (1982).

Greenberg et al. (2006) también corroboran lo antes expuesto en relación a las clases socioeconómicas y los factores sociodemográficos, y confirman que las expectativas positivas y las "creencias" en los resultados favorables estimulan a los pacientes a identificarse plenamente con las reglas que les son sugeridas para su tratamientos, incluyendo las actitudes hacia la enfermedad o la salud.

Además encuentran que existe una distribución por clases en cuanto a dicha confianza y la obediencia de las prescripciones, relacionada con niveles de educación y economía. Concluyen que se presentan más expectativas positivas en los niveles más altos de ambos parámetros.

Frank (1983), al afirmar que las expectativas pueden dar cuenta cabal de todos los aspectos de la psicoterapia, también asevera que ellas son los principales motivadores para que los pacientes acepten trabajar con los terapeutas. Klerman y Weissman (1982) "instilan" en sus pacientes las expectativas positivas, asegurándoles que van a estar bien, y con ello promueven que acepten las regulaciones indicadas para el tratamiento. En el caso de Olivia puede verse que su permanencia actual en el tratamiento ha sido en mucho provocada por esa esperanza "instilada" en ella por los actores profesionales del protocolo.

F. Habilidades que pueden contribuir al éxito del tratamiento

En forma reiterada se encontró que los pacientes más motivados para seguir el tratamiento utilizan sus mejores habilidades para contribuir al éxito de éste, en total acuerdo con los autores mencionados, sobre todo con Sotsky (2002) que se enfoca en la alianza terapéutica.

Los pacientes más articulados, que están en psicoanálisis, no sólo buscan la resolución de sus síntomas, sino también alcanzar una nueva comprensión o insight de su conflicto. Esto es altamente valorado por autores como Jones (2000).

G. Descubrir si las expectativas positivas se basan en las habilidades y el estilo del paciente para resolver problemas

En el sentido de tener expectativas positivas acerca de la terapia y expresar la esperanza o la expectativa de que la terapia será de ayuda, se encontró que en efecto así lo piensan los pacientes que encuentran alivio en la misma, logran una buena alianza terapéutica y desarrollan nuevas formas de apego. Esta conducta del paciente concuerda también con su colaboración en el proceso.

Comparando con las aportaciones en salud pública de Mora-Ríos e Ito-Sugiyama (2005), que indican que los pacientes no acuden a tratamiento porque desconocen lo que el tratamiento ofrece o desconfían de él, de nuevo subrayo que los entrevistados de este trabajo no se apegan a este criterio, muy probablemente por su mayor nivel educativo y económico, así como por el contacto cercano con quienes ofrecen los servicios.

También es interesante observar la influencia que el sexo y la edad tienen en la muestra. En nuestra cultura apenas inicia el reconocimiento pleno de la identidad de género, y en este grupo lo más relevante en relación a ello es la forma como se manifiesta el machismo, ya sea como un recurso utilizado para sojuzgar, someter e impedir el libre desarrollo, en ambos sexos, o al expresar expectativas que ayuden a liberarse de él. Ciertamente, la edad para ir a terapia contribuye a ello.

H. Las implicaciones de las expectativas de los pacientes en el tratamiento psicoanalítico y en la psicoterapia psicoanalítica

Seganti (1995) explicita la implicación más definitiva para el tratamiento, indica que el paciente se beneficia cuando el analista hace eco de sus expectativas, y logra un manejo mucho más adecuado de las mismas si integra al paciente al proceso. En este estudio encuentro que los analistas que fueron capaces de entender las expectativas de sus pacientes lograron una mejor alianza terapéutica y no se quedaron fijados en tratarlas simplemente como resistencias al proceso; hallazgo ya relatado por Jones (2000).

I. La relación con la entrevistadora

De acuerdo con el marco psicoanalítico, lo esencial en el tratamiento es la transferencia y las resistencias (Thomä y Kächele, 1988).

Ello sugiere entender de qué modo la relación del paciente con el analista, reflejada en la transferencia, ayuda a establecer una interacción en la que una esperanza o expectativa se manifiesta como confianza y creencia de que se va a recibir ayuda para resolver los sufrimientos.

Desde Freud (1890) y hasta nuestros días, la afirmación al respecto es que la relación interactiva con el analista marca definitivamente el desenlace de la terapia, y que es el análisis de la transferencia y las resistencias la clave de dicho proceso. Lo cual se constató, aunque negativamente, en el caso de Juan, y de manera positiva en el resto de los pacientes.

Por otra parte, queda claro que el paciente llega con expectativas, las proyecta sobre el analista, pero éste a su vez tiene las suyas propias. Por lo tanto, es el analista quien debe estar consciente de que él es el responsable de interpretar las expectativas del paciente.

Es particularmente notable encontrar autores como Almond (1999), Raphling (1993) y Renik (1995), que no sólo se ocupan de las expectativas del paciente, sino que en forma enfática dicen lo importante que es que el analista reconozca claramente sus propias expectativas respecto del paciente, porque, al igual que los padres proyectan sus expectativas sobre el hijo, el analista sin lugar a dudas hace lo mismo. Y en ese juego entre ambos se irán analizando las transferencias y resistencias en el proceso.

Con relación a las afirmaciones de los autores revisados en el marco teórico y el estado de la cuestión, y las afirmaciones de los autores citados en el estado del arte y el marco teórico referentes a la pregunta básica: "los pacientes que van a tratamiento psicoanalítico y a psicoterapia psicoanalítica llevan de entrada una expectativa que se actualiza en el encuadre de los primeros tres meses del mismo", los resultados de este estudio las confirman.

Desde el punto de vista de las neurociencias, Baeza (1994) define anticipación como el proceso mental de prever hechos que todavía no han ocurrido. Al examinar los resultados se encontró que, en efecto, la anticipación desempeña un papel importante en la formulación de las expectativas de estos pacientes, tanto positivas como negativas. Antes de que la transferencia misma se desarrolle por completo, los pacientes anticipan si sus expectativas serán satisfechas.

Goldman (1999) retoma el pensamiento de Tolman (1932) y señala el papel de la predicción como una construcción más elaborada que la anticipación, y la estudia en la conducta comparada de los animales, los que a través de señales son capaces de predecir circunstancias importantes para su supervivencia.

Al saber que la expectativa es el sistema por el cual el pensamiento humano ahorra energía guardando y organizando la información para usarla posteriormente, y que la predicción es utilizada también por los animales, se decidió observar el papel de la misma en varios de los ejemplos señalados en los resultados, sobre todo en cuanto a la activación de la transferencia tanto con el analista como conmigo como entrevistadora.

Olson, Roese y Zanna (1996) consideran el carácter de la expectativa desde las creencias y afirman que éstas son su base y su fuerza. Éste es otro aspecto que coincide en mucho con lo que se ha encontrado en este trabajo.

Si se observa con detalle cada uno de los resultados, sobre todo en los relacionados con la anticipación y predicción de la expectativa sobre el analista, puede verse que ésta se edifica sobre una creencia que impulsa a aceptar las reglas del tratamiento desde un inicio, lo cual facilita la apertura al trabajo analítico.

Es decir, los pacientes "creen" en las cualidades del analista, independientemente de certezas o evidencias. Y formulan explicaciones que testifican la fuerza de la creencia.

Por supuesto, ello se articula con el grado, nivel y complejidad de la idealización del paciente hacia el analista, y con el proceso de identificación que se genere por la interacción entre ellos.

En la teoría del apego, el impacto de las expectativas (Fonagy, 2001) muestra que son tres elementos: anticipación, predicción y creencia, los operadores de una respuesta hacia los cuidadores previamente ordenada desde el inconsciente. Estos elementos o mecanismos de interacción dinámica predisponen hacia la respuesta del otro y a una determinada actuación.

Como expuse antes, expectativas de falta de compren-

242

sión y cuidado pueden evocar, recíprocamente en la díada, una conducta parental de hostilidad y negatividad, incrementada por la provocación del niño o por otras causas. Lo mismo sucede en la terapia, como puede verse en los resultados de las expectativas hacia el analista. Afortunadamente, en los casos de este estudio la mayoría mostraron expectativas positivas que ayudan a regular la interacción entre analista y paciente

Los pacientes comprenden lo que se espera de ellos en la terapia, y su expectativa es colaborar con el proceso, contribuyendo al éxito del mismo siempre y cuando se dé lo que Almond (1999) plantea.

Este autor señala que las expectativas del analista sobre su paciente son un aspecto importante de la interacción analítica y que la influencia mutativa del psicoanálisis ocurre mediante la inducción de un rol en el paciente que el analista representa mentalmente de forma preconsciente. Dicha inducción se logra durante las intervenciones. En esta investigación, Eddy y Rosa ejemplifican estas afirmaciones de Almond, ellos indican con claridad que la actitud de sus analistas los invita a colaborar en el proceso.

La expectativa hacia el tratamiento demuestra que los pacientes tienen deseos, metas y claras expectaciones sobre su resultado. La claridad con que definen sus propios objetivos junto con el analista, va iluminando el proceso, consiguiendo que las metas se alcancen paso a paso.

Tanto el paciente como el analista se involucran en una interacción que ratifica las posturas de Raphling (1993) y Renik (1995). Ambos asientan lo que los pacientes indican, como lo hace Lucía, ella espera que el analista le comunique sus puntos de vista, incluidas sus expectativas.

Otro hallazgo indica que cuando las expectativas de estos pacientes son positivas, motivacionales, favorables, ellos esperan que sean satisfechas. Pero si la expectativa del paciente hacia el analista no es analizada, verbalizada, abordada, la consecuencia más directa es que el tratamiento aborte en la primera fase, como plantean Westen y Gabbard (2002), Jones (2000), Fonagy (2001, y en Fonagy, Gergely y Target, 2007) y se evidencia en el caso de Juan. También algunas expectativas son defensivas e inconscientes, y se manifiestan cuando se tiene confusión mental, como suele suceder cuando el paciente apenas llega al tratamiento. Así se muestra en los casos de Karina, Olivia, Nadia y Juan, que corroboran el estudio de Seganti (1995) respecto a las expectativas prototípicas.

Tanto Fonagy (2001) como Seganti (1995) plantean que las expectativas se encuentran inscritas en la mente y que forman parte del equipo dinámico de la formación de defensas.

Incluso, Seganti afirma que existe un proceso de negociación interactivo que produce un modelo cargado de expectativas prototípicas que salvaguardan la coherencia del self.

Gracias a ellas, el sujeto está proveído de un sistema que lo protege en sus relaciones posteriores a las que tuvo con sus cuidadores primarios. Pero si esas expectativas son negativas, distorsionan ese sistema protector o de defensa.

Respecto de los resultados que no corroboran las afirmaciones de los autores reseñados en el estado de la cuestión y el marco teórico, puede verse el apartado del estado de la cuestión sobre expectativas populares en el inicio y transcurso del tratamiento, donde se afirma que, por lo general, el paciente percibe al psicoanalista como alguien que le va a solucionar todos sus problemas, como todopoderoso, y no se percibe a sí mismo como alguien capaz de generar cambios, sino que suele colocarse en una situación meramente pasiva, receptiva.

Éste es un punto que no se corrobora en este estudio, excepto en el caso de Juan, que pensaba que el analista debía "adivinarle" su expectativa o deseo de que las sesiones se llevaran a cabo fuera del consultorio.

En cuanto a esto último, este caso contradice la historia de la tradición psicoanalítica, porque en diferentes épocas y situaciones, desde el mismo Freud (1900), en ocasiones el analista acepta abandonar el espacio cerrado del consultorio para encontrarse con el paciente en un espacio abierto o de otro tipo.

Ciertamente, no son muchos los casos documentados, pero cuando menos se puede citar el análisis de Eitingon en 1906 (Jones, 1955), paseando por los jardines de Viena, y el de Mahler[28] en Holanda (Mitchel, 1958), ambos realizados por Freud.

Otra expectativa que no se encontró fue la de que el análisis es interminable. Sea porque los mismos pacientes tenían una idea clara del tipo de contrato que estaban haciendo, en virtud de que el analista les hizo comprender eso o porque ellos no esperaban que así fuera.

Pienso que esta expectativa no aparece en este estudio porque el trabajo que hacen tanto pacientes como analistas los lleva a establecer una relación interactiva de transferencia y contratransferencia que modifica de entrada esta visión del paciente.

J. Limitaciones del estudio

Las limitaciones de la metodología utilizada son las mismas que conlleva toda investigación cualitativa: la imposibilidad de generalizar los resultados sin antes hacer una

---

[28] En Leyden, Holanda, hacia el final de agosto de 1910, Gustav Mahler, el músico-compositor, y Sigmund Freud, el psicoanalista, se encontraron en un hotel "y estuvieron caminando unas cuatro horas llevando a cabo algo así como un análisis" (Mitchel, 1958).

réplica idéntica en diversas poblaciones.

Sin embargo, y éste es un asunto delicado, hacer réplicas exactas es imposible porque los sujetos, por mucho que se asemejen a los sujetos de la investigación base, nunca serán los mismos, ni el momento será igual, ni el espacio, ni las relaciones vividas por cada uno.

Por eso, de acuerdo con Angen (2000), ya es momento para establecer que las limitaciones de la investigación cualitativa son totalmente inherentes a la ciencia humana y a lo humano mismo.

El concepto más importante es la coherencia y la seguridad de la fidelidad absoluta de los datos y las interpretaciones. En ese sentido doy fe de que lo encontrado es lo plasmado en este impreso.

El tipo de muestreo pudo haber sido mucho más selecto, y al final creo que no era necesario ir a tantos lugares buscando diferencias. Habría sido suficiente con tener sujetos de un solo lugar, en vista de que la geografía no produjo ningún dato.

Creo que las posibilidades de hacer una réplica metodológica en otros campos de la medicina podrían ser sumamente útiles.

Considerar los factores socioeconómico y educativo como variables para estudiar las expectativas puede producir muy alto rendimiento, porque son parámetros que no se buscaban y aparecieron en el curso de la investigación, con muchas implicaciones importantes para los servicios de salud.

A los futuros investigadores sobre el tema recomendaría una importante corrección al hacer de nuevo el estudio: tomar un número mayor de campos terapéuticos y condiciones, no solo la psicoterapia o el psicoanálisis, ni sólo las enfermedades psicosomáticas o degenerativas en general, por ejemplo y hacer la muestra estratificada por niveles socioeconómicos.

La otra gran limitación fue el tiempo, ya que en dos años no puede hacerse un estudio realmente profundo, que implique poder realizar un número mayor de entrevistas, a más profundidad. Y habría que dar seguimiento no sólo por un año, sino por dos o hasta tres años y en diferentes ambientes.

Ligada a lo anterior está la limitación de la población, ya que ésta se redujo a los pacientes que remitieron los analistas que aceptaron colaborar. Considero que si, por ejemplo, hubiera más tiempo y más recursos económicos, podría hacerse una comparación con población abierta convocada a través de medios de comunicación masiva, y de esta forma obtener otro tipo de informantes, que permitieran una replicación del mismo estudio, con mayores posibilidades de generalización.

Una limitación más fue la de los recursos económicos, que obligaron a mantenerse en espacios conocidos y evitaron la extensión que se sugiere en el párrafo anterior. Esto también impidió que se pudiera trabajar con un equipo de profesionales en otras áreas médicas, lo que hubiera dado mucha mayor amplitud al trabajo.

Por ejemplo, el estudio pudiera replicarse en pacientes diabéticos que acaban de conocer el diagnóstico. Mi expectativa es que los resultados podrían ayudar a modificar los índices tan pobres de adhesión a los tratamientos en la población con este padecimiento.

Pero en definitiva, la mayor limitación es la mía como autora de este trabajo, por eso asumo en toda su extensión las faltas y errores cometidos en virtud de todo lo que acabo de señalar.

3. Conclusiones

Parece que puede concluirse que las expectativas son creencias que se construyen en función de las experiencias vividas, y que influyen en el presente como una manifestación explícita de la historia personal.

Se tiene la impresión de que el método fenomenológico permitió una mejor comprensión de los casos, junto con la perspectiva cualitativa y el psicoanálisis.

Fue muy revelador constatar que los tratamientos son directamente influidos por la acción de las expectativas, en este estudio, y este hecho cobra toda su importancia al ponerlo en la dimensión de la salud mental en la salud pública, considerando los alarmantes índices del problema que aquejan a nuestro país.

También parece que el nivel socioeconómico donde se desenvuelve, desarrolla y crece el sujeto influye de manera determinante en la calidad de sus expectativas sobre el tratamiento, en razón también de sus patrones de apego.

Es probable que la relación con el analista sea una manifestación activa de tales expectativas, las que se reflejan en los fenómenos de transferencia y contratransferencia, conocidos desde siempre en psicoanálisis.

Desde el punto de vista de los informantes, las expectativas contribuyen al tratamiento mediando en la alianza terapéutica.

Igualmente, lo que se espera del tratamiento es lo que se obtiene, a través de la autoayuda y la contribución personal al mismo.

Pudiera ser que lo que el tratamiento puede ofrecer es una relación de apego donde se reediten los conflictos anteriores y las expectativas se puedan enmarcar en la realidad.

En este estudio se ha visto que las expectativas positivas, las propias habilidades y la eficiencia para resolver problemas contribuyen para lograr los objetivos del tratamiento. También se observó que las expectativas pueden situarse en un punto donde todas las influencias que un sujeto tiene en su historia personal confluyen y determinan la construcción subjetiva de aquéllas.

Se pudo apreciar que a través de su historia los/las pacientes lograron rescatar sus propios modos de ver la vida y explicarse los hechos ocurridos hasta antes de llegar al tratamiento psicoanalítico. Ellos depositaron sus expectativas en un analista que trató de ser interactivo y acompañarlos en el proceso. Con excepción de un caso, que abandonó el tratamiento porque no encontró la oportunidad de explicitar sus expectativas, así que ni siquiera fueron consideradas por él ni por su analista.

Me parece que la colaboración positiva del/la paciente se da porque acepta tener fe en el proceso, confiar en el analista y contribuir en el tratamiento a manera de autoayuda, apoyado en la confianza, la fe y la creencia en las propias habilidades: "Primero, ir a las sesiones, no buscar pretextos para no ir, porque el doctor no me puede ayudar si no voy, si no hablo, si no le cuento mis cosas. Yo veo algunas compañeras que así le hacen, andan todas deprimidas y se van a una fiesta y lo dejan plantado. Yo no, yo siempre voy", como dice Lucía.

Parece, por lo encontrado, que los y las pacientes tienen clara la idea de que es necesario usar sus propias habilidades para obtener ayuda: "No hay posibilidad de autoayuda cuando se tiene miedo por una expectativa que amenaza la vida", en palabras otra vez de Lucía.

Desde el punto de vista de los entrevistados, la decisión personal de modificar la expectativa ominosa permite cambiar el patrón de violencia y fracaso. La interacción afectiva solidaria del analista contribuye a lograr esa modificación, tornando la expectativa ominosa en positiva y motivadora:

"Uno puede ayudar a otros, pero necesita que otro le ayude a uno", agrega Lucía.

Es una fuerte sugerencia de esta autora, hacia el/la analista, el conocer y aplicar algún método para comprender las fantasías prototípicas y así manejar con eficiencia, efectividad y eficacia los problemas inherentes a ellas, en la transferencia y las resistencias que conllevan.

Igualmente, me atrevo a sugerir que todos los médicos involucrados en una relación interactiva con sus pacientes deben asimismo considerar lo anterior, porque las expectativas funcionan activamente promoviendo o distorsionando la alianza terapéutica en casi todos los encuadres médicos, no sólo en el psicoanálisis y la psicoterapia psicoanalítica.

En el campo de la investigación, pueden abrirse áreas que enriquecen éste trabajo considerando que si el médico está conciente de la importancia de las expectativas dentro de la interacción, podrían clarificarse desde el inicio, por ejemplo, cuando el/la paciente recibe el diagnóstico de diabetes o hipertensión arterial y en esa forma atajar las fantasías ominosas que implican el rechazo a los tratamientos.

La formación de recursos puede aumentar su competencia apoyando la idea de que toda persona tiene expectativas preconcebidas al iniciar una interacción y que ellas juegan un papel importante en la adherencia a los tratamientos.

Desde el punto de vista de la salud pública se aportan tres rubros importantes, en calidad de hipótesis futuras de trabajo:

a) La competencia profesional necesita interesar los niveles dinámicos de la interacción humana.

b) Las expectativas inciden el campo de los diagnósticos y su ulterior adherencia en los tratamientos.

c) Las políticas de salud deben tomar en cuenta las expectativas prototípicas de los usuarios de servicios para lograr una mejor utilización de los mismos.

BIBLIOGRAFÍA

Ablon, S., & Jones, E. (2004). On analytic process. Journal of the American Psychoanalytic Association, 53(2), 541-568.

Aguilera, M. A. (2006). Vivencias de jubilación y prejubilación en odontólogos del Centro Universitario de Ciencias de la Salud de la Universidad de Guadalajara. Tesis de doctorado no publicada, Doctorado en Ciencias de la Salud en el Trabajo, Centro Universitario de Ciencias de la Salud, Universidad de Guadalajara.

Ainsworth, M. D. S., Blehar, M. C., Waters, E., & Wall, S. (1978). Patterns of attachment: A psychological study of the strange situation. Hillsdale, NJ: Erlbaum.

Alexander, F., & French, T. (1946). Psychoanalytic therapy: Principles and applications. New York: Ronald Press.

Almond, R. (1999). The patient's part in analytic process: Analyst expectations. Journal of the American Psychoanalytic Association, 47, 519-542.

Ames, G. E., Perri, M. G., Fox, L. D., Fallon E. A., De Braganza, N., Murawski, M. E., Pafumi, L., & Hausenblas, H. A. (2005). Changing weight-loss expectations: A randomized pilot study. Eating Behavior, 6(3), 259-269.

Angen, M. J. (2000). Pearls, pith, and provocation: Evaluating Interpretive Inquiry: Reviewing the validity debate and opening the dialogue. Qualitative Health Research 10, 378. Recuperado en 2007, en http://qhr.sagepub.com/cgi/content/ abstract/10/3/378.

Arnkoff, D. B., Glass, C. R., & Shapiro, S. J. (2002). Expectations and preferences. In: Psychotherapy relationships that work: Therapists contributions and responsiveness to patient (pp. 325-346). New York: University Press.

Austin, M. P., Kotze, B., Niven, H. & Parker, G. (2005). Great expectations: Factors influencing patient expectation and doctors recommendations at a mood disorders unit. Journal of Affective Disorders, 88(2),187-192.

Baeza Villarroel, J. C. (1994). Afrontamiento contraproducente en trastornos de ansiedad. Clínica de la ansiedad. Recuperado el 25 mayo de 2008 en: http://www.clinicadeansiedad.com/02/25/Ansiedad:_cuando_la _soluci%C3%B3n_es_el_problema_o_parte_de_%C3%A 9l..htm

Bandura, A. (1986). Social foundations of thought and action. New Jersey: Prentice-Hall. Ed. en español (1987). Pensamiento y acción. Barcelona: Martínez Roca.

Barthélemy, D., Contamine, P., Duby, G. y Régnier-Bohler D. (1992). Historia de la vida privada. Madrid: Santillana.

Bateman, A. y Fonagy, P. (2005). Psicoterapia para el trastorno límite de la personalidad. Tratamiento basado en la mentalización. Guadalajara: Editorial Universitaria. (Trad. D. C. Peña y R. S. Ramonet.)

Becerra, R. B., González, M. G., Páez, A. F. y Robles, G. R. (2005). Tabla de comparación de prevalencias de trastornos mentales a lo largo de la vida por género y ajustadas para la población general. En Datos poblacionales de morbilidad basados en el Estudio Epidemiológico de 1995, de la Secretaría de Salud Jalisco, a través del Instituto Jalisciense de Salud Mental, con porcentajes y cálculos de la población actual proporcionados por el Instituto Nacional de Estadística Geografía e Informática (INEGI). Comunicado número 024/06 con fecha del 13 de febrero de 2006. (En prensa.)

Berger, P. y Luckman, T. (1987). La construcción social de la realidad. Buenos Aires: Amorrortu.

Berlanga, C., Ontiveros, M., Junco, G., Esnaurrízar, R., Sentíes, H., Chávez, E. y Bauer, J. (1990). Características de los pacientes deprimidos que responden al placebo. Salud Mental, 13(3), 8-12.

Bogdan, R. J. (1997). Interpreting minds. Cambridge, MA: MIT Press.

Bourdon, K., Rac, D., Locke, B., Narrow, W., & Regier, D. (1992). Estimating the prevalence of mental disorders in U.S. adults from the epidemiological catchment area survey. Public Health Rep., 107, 663-668. Estados Unidos. Recuperado el 28 de Mayo de 2008, en: http://www.pubmedcentral.nih.gov/articlerender.fcgi?artid= 1424236.

Bowlby, J. (1969). Attachment and loss, Vol. 1: Attachment. London: Hogart Press/ Institute of Psychoanalysis.

Bowlby, J. (1973). Attachment and loss, Vol. 2: Separation: Anxiety and anger. London: Hogart Press/Institute of Psychoanalysis.

Bowlby, J. (1980). Attachment and loss, Vol. 3: Loss: Sadness and depression. London: Hogart Press/Institute of Psychoanalysis.

Breilh, J. (2002).Técnicas intensivas (cualitativas) en la investigación en salud: Debate sobre sus usos y distorsiones. En Mercado, F. y cols, Paradigmas y diseños de la investigación cualitativa en salud (pp. 73-89). Guadalajara: Universidad de Guadalajara.

Bruner, J. S., & Postman, L. (1949). On perception of incongruity: A paradigm. Journal of Personality, 28, 206-223.

Caraveo, J., Medina, E., Villatoro, G., López, E. y Martínez, A. (1995). Detección de problemas de salud mental en la infancia. Salud Pública de México, 37(5), 445-451. México.

Carels, R. A., Darby, L. A., Rydin, S., Douglass, O. M., Cacciapaglia, H. M., & O'Brien, W. H. (2005). The relationship between self-monitoring, outcome expectancies, difficulties with eating and exercise, and physical activity and weight loss treatment outcomes. Annual Behavior Medicine. 30(3): 182-190.

Cartwright, D. (2002). The psychoanalytic research interview: Preliminary suggestions. Journal of American Psychoanalytic Association, 52 (1), 209-242.

Carver, C. S., & Scheier, M. F. (1982). Control theory: A useful conceptual framework for personality-social, clinical, and health psychology. Psychological Bulletin, 92, 111-135.

Catalán, J. L. (1987). Principios de psicoterapia cognitiva. Recuperado el 25 de mayo de 2008, en http://www.cop.es/colegiados/A-00512/principios.html.

Clarkin, J., Yeomans, F., & Kernberg, O. (1999). Psychotherapy for borderline personality. New York: Wiley.

Clarkin, J., Yeomans, F., & Kernberg, O. (2006). Psychotherapy for borderline personality focusing on object relations. Arlington: American Psychiatric Publishing.

Coderch, J. (1995). La interpretación en psicoanálisis: Fundamentos y teoría de la técnica. Barcelona: Herder.

Cuyás, A., Brett, L., y Eaton, H. (1972). Diccionario Cuyás. (5a. ed.) New Jersey: Prentice-Hall.

Damasio, A. R. (1994). Descartes error: Emotion, reason and the human brain. New York: G. P. Putnam's Sons.

Davis, L. A. (2005). A phenomenological study of patient expectations concerning nursing care. Holistic Nursing Practice, 19(3), 126-133.

De la Fuente, R. y Álvarez L. F. J. (1998). Biología de la mente. México: Fondo de Cultura Económica.

Denker R. (1946). Results of treatment of psychoneuroses by the general practitioner. A follow-up study of 500 cases. Nueva York State Journal of Medicine, 46, 21-64. Nueva York, Estados Unidos.

Denman, C. y Haro, J. (2000), Trayectorias y desvaríos de los métodos cualitativos en la investigación social. En Francisco Mercado J., Denise Gastaldo y Carlos Calderón, Paradigmas y diseños de la investigación cualitativa en salud. Una antología iberoamericana (pp. 35-72). México: Universidad de Guadalajara.

Dennett, C. (1987). The international stance. Cambridge, Mass: MIT Press.

Dennett, D.C. (1991). Consciousness explained. Boston: Little, Brown.

Derrida, J. (l986). La tarjeta postal. De Freud a Lacan y más allá. México: Siglo Veintiuno Editores. (Trad. T. Segovia.)

Devereux, G. (1996). De la ansiedad al método en las ciencias del comportamiento. (8ª ed.). México: Siglo Veintiuno Editores.

Diccionario de la lengua española (2001) (22ª ed.). Real Academia Española. Recuperado el 25 de mayo de 2008, en http://www.rae.es.

Diccionario Cuyás (1972). New Jersey: Prentice-Hall. Véase arriba: Cuyás, A., Brett, L., y Eaton, H. (1972).

DOF (Diario Oficial de la Federación) (1984, 7 de febrero). Ley General de Salud. Título quinto: Investigación para la salud. Capítulo único. Artículo 96. México.

Eisen, A. R., Spasaro, S. A., Brien, L. K., Kearney, C. A., & Albano, A. M. (2004). parental expectancies and childhood anxiety disorders: Psychometric properties of the parental expectancies scale. Journal of Anxiety Disorders. 18(2), 89-109.

Elkin, E. S., Meyer, B., Pilkonis, P. A., Krupnick, J. L., Egan, M. K., & Simmens, S. J. (1994). Treatment expectancies, patient alliance, and outcome: Further analyses from the National Institute of Mental Health treatment of Depression Collaborative Research Program. Journal of consulting and clinical psychology, 70(4), 1051-1055.

Elkin, E. S., Yamaguchi, J. L., Arnkoff, D. B., & Glass, C. R. (1999). "Patient-Treatment Fit" and early engagement in therapy. Psychotherapy Research, 9, issue 4, 437-451. Recuperado el 25 de mayo de 2008, en http://www.informaworld.com/smpp/title~content=t713663589~db=all~tab=issueslist~branches=9 - v99.

Elkin, I., Shea, T., Watkins, J. T, Imber, S. D., Sotsky, S. M, Collins, J. F., Glass, D. R., Pilkonis, P. A., Leber, W. R., Docherty, J. P., Fiester, S. J., & Parloff, M. B. (1989). National Institute of Mental Health treatment of Depression Collaborative Research Program: General effectiveness of treatments. Arch Gen Psychiatry, 46, 971-982.

Erickson, E. H. (1956). The problem of ego identity. In Identity and the life cycle. New York: International Universities Press.

Erickson, E. H. (1964). Insight and responsibility. New York: Norton.

Estados Unidos Mexicanos. (1987). Reglamento de la Ley General de Salud en Materia de Investigación para la Salud. Publicado en el Diario Oficial de la Federación el 06 de enero de 1987. México: México.

Fairbairn, W. R. D., (1952). An Object-Relations Theory of the Personality. Nueva York: Basic Books.

Fenichel, Otto (1945). The Psychoanalytic Theory of Neurosis. W. W. Norton Co. Inc. Nueva York.

Flores, L. (2003). Fenomenología de la espacialidad en el horizonte de la corporalidad. Teol. vida (online) 44 (2-3). Citado el 7 de julio de 2007. Recuperado el 13 de julio de 2008, en http://www.scielo.cl/scielo.php?script=sciarttext&pid=S0049-344900 20003000200011&lnq=es&nm=iso.

Fonagy, P. (2001, 2004). Attachment theory and psychoanalysis. London: Karnac.

Fonagy, P. (2002). An open door review of outcome studies in psychoanalysis. (2nd. Ed.). London: International Psychoanalytic Association.

Fonagy, P., Gergerly, G., Jurist, E. L., & Target, M. (2006). Affect regulation, mentalization, and the development of the self. London: Karnac.

Fonagy, P., Gergely, G., & Target, M. (2007). The parent-infant dyad and the construction of the subjective self. Journal of Child Psychology and Psychiatry, 48 (3/4), 288–328.

Fonagy, P., Steele, M., Steele, H., Target, M., Gerber, A., Leigh, T., Kennedy, R., & MaRoon, G. (1996). The relation of attachment status, psychiatric classification, and response to psychotherapy. Journal of Consulting and Clinical Psychology, 64(1), 22-31. American Psychological Association.

Fonagy, P. and H. Kächele (2009). Psychoanalysis and other long term dynamic psychotherapies. In M. G. Gelder, J. J. Lopez-Ibor and N. Andreasen (eds), New Oxford Textbook of Psychiatry. Second edition, Oxford, Oxford University Press 2009, volume 2, pp 1337-1349.

Fonagy, P. Roth, A., & Higgitt, A. (2005). Psychodynamic psychotherapies:Evidence–based practice and clinical wisdom. Bulletin of the Menninger Clinic, 69[1], 1-58).

Foucault, M. (1996). Vigilar y castigar: El nacimiento de las prisiones. (1ª ed. en francés, 1975). México: Siglo XXI.

Foucault, M. (2006). La hermenéutica del sujeto. (2ª reimpr.). México: FCE.

Frank, J. D. (1983). The placebo is psychotherapy. Behavioral and Brain Sciences, 6, 291-292.

Frenk, J., Ruelas, E., Romero, M., Peniche, A. y Vértiz, J. (2001-2006). Programa Nacional de Salud (pp. 17-105). México: Secretaría de Salud y Asistencia.

Freud, A. (1980). El Yo y los mecanismos de defensa. Barcelona: Editorial Paidós Ibérica.

Freud, S. (1890). Tratamiento psíquico. Tomo 1. Argentina: Amorrortu.

Freud, S. (1900). La interpretación de los sueños (segunda parte). Tomo 5. Buenos Aires: Amorrortu.

Freud, S. (1905-1904). Sobre psicoterapia. Tomo 7. Buenos Aires: Amorrortu.

Freud, S. (l905). El chiste y su relación a lo inconsciente. Tomo 5. Argentina: Amorrortu.

Freud, S. (1913). Sobre la iniciación del tratamiento. Tomo 12. Argentina: Amorrortu.

Freud, S. (1924-1923). Breve informe sobre el psicoanálisis. Tomo 16. Buenos Aires: Amorrortu.

Freud, S. (1924-1923). Breve informe sobre el psicoanálisis. Tomo 16. Buenos Aires: Amorrortu.

Freud, S. (1959 [1919]). Turnings in the way of psycho-analytical therapy. In E. Jones (Ed.), Sigmund Freud: Collected papers (Vol. 2, pp. 392-402). New York: Basic Books.

Freud, S. (1976a [1930]). El malestar en la cultura. Tomo 21. Buenos Aires: Amorrortu.

Freud, S. (1976b [1937]). Construcciones en el análisis. Tomo 23. Buenos Aires: Amorrortu.

Freud, S. y Breuer, J. (1976 [1893-1895]). Sobre el mecanismo psíquico de los fenómenos histéricos. Comunicación preliminar. Tomo 2. Argentina: Amorrortu.

Friedman, H. J. (1963). Patient expectancy and symptom reduction. Archives of General Psychiatry, 8, 61-67.

Frommer, J. (2007). Qualitative approaches as a paradigm for psychoanalytic suicide research. (Under publication.) Recuperado el 25 de mayo de 2008, en http://www.med.uni-magdeburg.de/fme/znh/kpsy/pmpt/ http://www.psychoanalyse-magdeburg.de/ http://www.zbbs.de.

Frommer, J. y Langenbach, M. (2001). El estudio de caso psicoanalítico como una fuente de conocimiento epistémico. En J. Frommer & D. L. Rennie (guest-editors), Qualitative psychotherapy research: Methods and methodology. Psychologische Beiträge. Contents No. 3. Volume 43 (pp. 60-64). Lengerich: Pabst Science Publishers.

Frommer, J., & Rennie, D. L. (guest-editors) (2001). Qualitative psychotherapy research: Methods and methodology. Psychologische Beiträge. Contents No. 3. Volume 43 (pp. 60-64). Lengerich: Pabst Science Publishers.

Frommer, J., Langebach, M., & Streeck, U. (2004). Qualitative psychotherapy research in German-speaking countries. Psychotherapy Research, 14(1) 57-75.

Gadamer, H. G. (1975). Hermeneutics and social science. Cultural Hermeneutics, 2, 307-316.

Gadamer, H. G. (1977).Verdad y método, I. Fundamentos de una hermenéutica filosófica. Citado por Gomez-Heras, J.M.G. (1989). El a priori del mundo de la vida: Fundamentación fenomenológica de una ética de la ciencia y de la técnica. (pp. 96-99 y 274). Barcelona: Anthropos.

García Márquez, G. (2002). Vivir para contarla. México: Diana.

García-Pelayo y Gross, R. (1984). El pequeño Larousse Ilustrado: México: Ediciones Larousse.

Garfinkel, H. (1968). The origins of the term "Ethnometodology". In R. J. Hill & K. S. Crittenden (Eds.), Proceedings of the Purdue Symposium on Ethnomethodology Institute. Monograph Series no. 1. Institute for the Study of Social Change, Purdue University.

Gaudiano, B. A., & Miller, I. W. (2006). Patients' expectancies, the alliance in pharmacotherapy, and treatment outcomes in bipolar disorder. Journal of Consulting Clinical Psychology , 74 (4), 671-676.

Geers, A. L., Helfer, S. G., Weiland, P. E., & Kosbab, K. (2006). Expectations and placebo response: A laboratory investigation into the role of somatic focus. Journal of Behavioral Medicine, 29(2), 171-178.

Gergerly, G., & Watson, J. (1999). Early social-emotional development: Contingency perception and the social biofeedback model. In P. Rochat (Ed.), Early social cognition: Understanding others in the first months of life (pp.101-137). Hillsdale, NJ: Erlbaum.

Gill, M. (1984). Psychoanalysis and psychotherapy: A revision. The International Review of Psychoanalysis, 11, 161-179.

Glosario de psicobiología (2007). Última visita en mayo de 2008. Accesible en psychobiology.ouvaton.prg/glossaire.es/es-txt-p06.20-02-glossaire.htm.

Goldman, M. S. (1999). Expectancy operation: Cognitive-neural models and architectures. In I. Kirsch (Ed.), How expectancies shape experience. (Vol. 1, pp. 1-39). Washington, DC: American Psychological Association.

Goldstein, A. P. (1960a). Patient's expectations and non-specific therapy as a basis for (un)spontaneus remission. Journal of Clinical Psychology, 16, 399-403.

Goldstein, A. P. (1960b). Therapist and client expectation of personality change in psychotherapy. Journal of Clinical Psychology, 7, 180-184.

Gómez-Heras, J. M. G. (1989). El a priori del mundo de la vida: Fundamentación fenomenológica de una ética de la ciencia y de la técnica. Barcelona: Anthropos.

Goossens, M. (2005). Las expectativas del paciente condicionan el éxito terapéutico. Netherlands: Universidad de Maastricht.

Gran diccionario de sinónimos, antónimos e ideas afines (1994). México: LIMUSA.

Green, A. (1990). De locuras privadas. Buenos Aires: Editorial Amorrortu.

Green, A. (2000). Science and science fiction in infant research. In J. Sandler & A.-M.

Greenberg, R. P., Constantino, M. J., & Bruce, N. (2006). ¿Son las expectativas del paciente aún relevantes para el proceso de psicoterapia y los resultados? Clinical Psichology Review, 26, Issue 6, pp. 657-678.

Grice, P. (1975). Logic and converstion. In P. Cole & J. L. Moran (Eds.), Syntax and semantics, Vol. 3: Speech acts (pp. 41-58). New York: Academic Press.

Grice, P. (1989). Studies in the way of words. Cambridge, MA: Harvard University Press.

Guba, E.G., & Lincoln, Y. S. (1994) Competing paradigms in qualitative research. In Handbook of qualitative research. London: Sage.

Hahn, R. A. (1999). Expectations of sickness: Concept and evidence of the nocebo phenomenon. In I. Kirsch (Ed.), How expectancies shape experience (pp.333-356). Washington, DC: American Psychological Association.

Harrington, A. (1997). The placebo effect: An interdisciplinary exploration. Cambridge, MA: Harvard University Press.

Heidegger, M. (1951) Ser y tiempo. México: Fondo de Cultura Económica.

Hornby, A. S., Gatenby, E. V., & Wakefield, H. (1963). The advanced learner's dictionary of current English. (2nd. Ed.). London: Oxford University Press.

Howard, K. I., Kopta, S. M., Krause, M.S., & Orlinsky, D.E. (1986). The dose-effect relationship in psychotherapy. American Psychologist, 41, 159-164.

Hudelson, P. (1994). Qualitative research for health programmes. Geneva: World Health Organization.

Husserl, E. (1972). Ideas relativas a una fenomenología pura y una filosofía fenomenológica. México: Fondo de Cultura Económica.

Jones, E. (1955). Sigmund Freud: Life and work. Vol. II. London: Classic Books.

Jones, E. (2000). Therapeutic action: A guide to psychoanalytic therapy. New York: Horton Hoots.

Joyce, A. S., & Piper, W. E. (1998). Expectancy, the therapeutic alliance, and treatment outcome in short-term individual psychotherapy. Journal of Psychotherapy Practice and Research, 7, 236-248.

Joyce, A. S., Ogrodniczuk, J. S., Piper, W. E., & McCallum, M. (2003). The alliance as mediator of expectancy effects in short-term individual psychotherapy. Journal of Consulting and Clinical Psychology, 71, 672-679.

Kandel, E. R. (1976). The cellular basis of behavior. San Francisco: W. H. Freeman & Co.

Kazdin, A. E. & Holland, L. (1991). Parents expectancy for therapy scale. New Haven: Yale University Child Conduct Clinic.

Kernberg, O. (1984a). Severe personality disorders. Psychotherapeutic strategies. New Haven and London: University Press.

Kernberg, O. (1984b). La entrevista estructural. En: Trastornos graves de la personalidad. México: Manual Moderno.

Kernberg, O. (1996). A psychoanalytic theory of personality disorders. In J. Clarkin & M. Lenzenweger (Eds.), The diagnoses. Major theories of personality disorder (pp. 106-140). New York: Guilford Press.

Kirsch, I. (1982). Efficacy expectations or response predictions: The meaning of efficacy rating as a function of task characteristics. Journal of Personality and Social Psychology, 42, 132-136.

Kirsch, I. (1985a). Self efficacy and expectancy: Old wine with new labels. Journal of Personalty and Social Psychology, 49, 824-830.

Kirsch, I. (1985b). Response expectancy as a determinant of experience and behavior. American Psychologist, 40, 1189-1202.

Kirsch, I. (1990). Changing expectations: A key to effective psychotherapy. Pacific Grove, CA: Brooks/Cole.

Kirsch, I. (1995). Self-efficacy and outcome expectancies: A concluding commentary. In J. E. Maddux (Ed.), Self efficacy, adaptation and adjustment: Theory, research and application (pp.331-345). New York: Plenum.

Kirsch, I. (Ed.). (1999). How expectancies shape experience. Washington, DC: American Psychological Association.

Kirsch, I. (2004). Placebo psychotherapy: Synonim or oximoron? Journal of Clinical Psychology, 60(4), 369-392.

Kirsch, I., & Lynn, S. J. (1999). Automaticity in clinical psychology. American Psychology, 54(7), 504-515.

Klerman, G. L., & Weissman, M. M. (1982). Interpersonal psychotherapy: Theory and research. In A. J. Rush (Ed.), Short term psychotherapies for depression: behavioral, interpersonal, cognitive and psychodynamic approaches (Vol. 1, pp. 88-106). New York: Guilford Press.

Krippendorff, K. (1990). Metodología de análisis de contenido. Barcelona: Paidós.

Krupnick, J. L., Sotsky, S. M., Simmens, S., Moyer, J., Elkin, I., Watkins, J., & Pilkonis, P. A. (1996). The role of the therapeutic alliance in psychotherapy and pharmacotherapy outcome: Findings in the National Institute of Mental Health Treatment of Depression Collaborative Research Program. Journal of Consulting and Clinical Psychology, 64, 532-539.

Kvale, S. (2001). The psychoanalytic interview as qualitative research. In J. Frommer & D. L. Rennie (guest-editors) (2001). Qualitative psychotherapy research: Methods and methodology. Psychologische Beiträge. Contents No. 3, Volume 43. Lengerich: Pabst Science Publishers.

Labov, W., & Waletsky, J. (1967). Narrative analysis: Oral versions of personal experience. En J. Helm (Ed.), Essays on the verbal and visual arts. Seattle: University of Washington Press.,

Lacan, J. (1981). Escritos 1. México: Siglo XXI Editores.

Lanigan, R. (1997). Capta versus data: Método e evidencia em comunicolgia. Psicología: Reflexao e Crítica, 10, 17-45.

Laplanche, y Pontalis (1967). Vocabulaire de la psychanalyse. Paris :Presses Universitaires de France.

Lazarus, R. S., & Folkman, S. (1984). Stress, appraisal and coping. New York: Springer Publishing Company, Inc.

Leuzinger-Bohleber, M., Stuhr, U., Rüger, B., & Beutel, M., (2003). How to study the "quality of psychoanalytic treatments" and their long-term effects on patients' well-being: A representative, multi-perspective follow-up study. International Journal of Psychoanalysis, 84, 263-290.

Lorentzen, S., & Hoglend, P. (2005). Predictors of change after long-term analytic group psychotherapy. Journal of Clinical Psychology, 61(12), 1541-1553.

Luborsky, L. (1984). Principles of psychoanalytic psychotherapy: A manual for supportive-expressive treatment. New York: Basic Books.

Luborsky, L., & Crits-Christoph, P. (1990). Understanding transference: The core conflictual relationship theme method. New York: Basic Books.

Maddux, J. E. (1999). Expectancies and the social-cognitive perspective: Basic principles, processes, and variables. In I. Kirsch (Ed.), How expectancies shape experience (Vol. 1, pp. 1-39). Washington, DC: American Psychological Association.

Madjar, I. (1998). Giving confort and inflicting pain. Alberta: Qual Institute Press.

Main, M., & Goldwyn, R. (1984a). Adult attachment scoring and classification system. University of California at Berkeley. Unpublished manuscript. (Trad. al español de Sonia Gojman de Millán. Seminario de Sociopsicoanálisis, A.C.) Revisión en marzo 2006.

Malinowski, B. (1961). Argonauts of the Western Pacific. New York: E. P. Dutton.

Marcuse, H. (1955). Eros and civilization: An inquiry into Freud. Boston: Beacon Press.

Marek, E. W. (1973). The effects of expectancy cueing upon client perception of counselor effectiveness. Dissertation Abstracts International, 33, 6734-6735.

Martínez, M. (1996). Comportamiento humano: nuevos métodos de investigación. Cap. 8: El método fenomenológico. (2ª ed., 2006) (pp. 167-188). México: Trillas.

Martínez M. E., & Santiago, J. L. (2003). Biocognición en los receptores de las membranas celulares: De la biocultura a la citocultura. Trabajo presentado en el Cuarto Congreso Virtual de Psiquiatría, Interpsiquis 2003, mesa redonda Psicosomática.1-28 de febrero. Recuperado el 28 de mayo de 2008, en http://www.biocognitive.com/images/pdf/Bio-cogniciones_en_las_membranas__revisado_1_7_03.pdf.

May, J. R. (1977). A psychophysiological study of self and externally regulated phobic thought. Behavior Therapy. 8, 849-861.

McCallum, M., & Piper, W. E. (1996). Psychological mindness. Psychiatry, 59, 48-63.

Mead, G. H. (1934) Mind, self and society: From the standpoint of a social behaviorist. Chicago: University of Chicago Press.

Medina-Mora, M. E., Borges, G., Muñoz, C. L., Benjet, C., Jaimes, J. B., Bautista, C. F., Velázquez, J. V., Guiot, R. T., Ruiz, J. Z., Rodas, L. C. y Aguilar-Gaxiola, S. A. (2003, agosto). Prevalencia de trastornos mentales y uso de servicios: Resultados de la Encuesta Nacional de Epidemiología Psiquiátrica en México. Salud Mental, 26(4), 1-16.

Mella, O. (1998). Naturaleza y orientaciones teórico-metodológicas de la investigación cualitativa. Santiago: CIDE.

Merleau-Ponty, M. (2000). Fenomenología de la percepción. (3ª ed.). Barcelona: Ediciones Península.

Meyer, B., Pilkonis, P. A., Krupnick, J. L., Egan, M. K., Simmens, S. J., & Sotsky, S. M. (2002). Treatment expectancies, patient alliance, and outcome: Further analyses from the National Institute of Mental Health Treatment of Depression Collaborative Research Program. Journal of Consulting and Clinical Psychology, 70, (4), 1051–1055.

Minayo, M. C. (1995). El desafío del conocimiento. Investigación cualitativa en salud: (pp. 165-207). Buenos Aires: Lugar Editorial.

Mischel, W. (1973). Toward a cognitive social learning reconceptualization of personality. Psychological Review, 80, 252-284.

Mitchell, D. (1958). Mahler and Freud. Chord and Discord 2(8), 63-68.

Montaner y Simón (eds.) (1887-1910). Diccionario enciclopédico hispano-americano. Tomo 2. Barcelona: Montaner y Simón Editores.

Montgomery, G. H. (1997). Classical conditioning and the placebo effect. Pain, 72(12), 107-113.

Mora-Ríos, J. e Ito-Sugiyama, M. (2005). Padecimientos emocionales, búsqueda de ayuda y expectativas de atención en una comunidad urbano-marginal. Salud Publica, 47, 145-154. México.

Moyle, W. (2003). Nurse-patient relationship: A dichotomy of expectations. International Journal of Mental Health Nursing, 12 (2), 103-109.

Mueller, M., & Pekarik, G. (2000). Treatment duration prediction: Client accuracy and its relationship to dropout, outcome, and satisfaction. Psychotherapy: Theory, research and practice. Training; 117-123.

Natera, G. y Mora, J. (2002). La teoría fundamentada en el estudio de la familia y las adicciones. En F. Mercado Martínez y T. M. Torres López (comps.). Análisis cualitativo en salud. Teoría, método y práctica. Guadalajara: Universidad de Guadalajara/Plaza y Valdez.

Olson, J. M., Roese, N. J., & Zanna, M. P. (1996). Expectancies. In E. T. Higgins & A. W. Kruglanski (Eds.), Social psychology: Handbook of basic principles (pp. 211-238). New York: Guilford.

Organización Mundial de la Salud (OMS) (2001). A:\Mesas redondas salud mental. Recuperado en mayo del 2008, en http://www.google.com/Atlas: recursos de la salud mental en el mundo 2001.17/Aug/2001.OPS en español.

Oxford University Press Journals (1963). 2nd Edition. London: Oxford University Press,.

Pando, M., Salazar, J., Aranda, C. y Alfaro, N. (1999). Salud mental en la tercera edad. Encuesta a jubilados. Rev. MED del Instituto Mexicano del Seguro Social, 37(4), 273-278. México.

Parsons, T. (1951). The social systems. New York: Free Press.

Patton, M. Q. (1990). Qualitative evaluation and research methods. London: SAGE.

Pelinski, R. (2005). Corporeidad y experiencia musical. Revista transcultural de Música, 9. Consultado el 7 de julio de

2007. Recuperado el 13 de julio de 2008, en http://www.si-betrans.com/trnas/trans9/pelinski.htm.

Pfeffer, A. Z. (1961). Follow-up study of a satisfactory analysis. J. Am. Psychoanal. Assoc., 9, 698-718.

Plunket, J. W. (1984). Parents' treatment expectations and attrition from a child psychiatric service. Journal of Clinical Psychology, 40(1), 372-377.

Rachman, S. J. (1994). The overprediction of fear: A review. Behaviour Research and Therapy, 32, 683-690.

Ramonet, R. S. (2004). Psicoanálisis en el siglo XXI: Un nicho para la libertad. Carta Psicoanalítica, 5. Última visita: mayo de 2008. Recuperable en www.cartapsi.org/revista/no5/ramonet.htm.

Ramonet, R. S. (2005). Evaluación de los efectos del psicoanálisis y la psicoterapia psicoanalítica en pacientes mexicanos como base prospectiva para educación en salud mental en un estudio piloto. Tesis de maestría no publicada. Universidad de Guadalajara.

Ramonet, R. S. y López, G. D. (2004). Investigación cualitativa en salud y psicoanálisis. Investigación en Salud, VI (3), 154-158.

Ramonet, R. S., Cuevas, C. P., Lartigue, T., Mendoza, R. J. y López, G. D. (2005, october). A successful trial utilizing the Leuzinger-Bohleber methodology for evaluation of psychoanalytic treatment: Preliminary report. The International Journal of Psycho-Analysis: 86,1425-1440.

Raphling, D. L. (1993). Interpretation and expectation: The anxiety of influence. Journal of the American Psychoanalytic Association, 43, 95-111.

Real Academia Española (2001). Diccionario de la lengua española (22ª ed.). Consultado el 15 de enero de 2007, en www.rae.es.

Reglamento de la Ley General de Salud en Materia de Investigación para la Salud (1983). México: Estados Unidos Mexicanos.

Renik, O. (1995). The role of an analyst's expectations in clinical technique: Reflections on the concept of resistance.

Journal American. Psychoanalytic Association, 43, 83-94.

Renik, O. (1998). The analyst's subjectivity and the analyst's objectivity. International Journal of Psychoanalysis 79, 487-498.

Rennie, D. L. (2001). Grounded theory methodology as methodical hermeneutics. In J. J. Frommer & D. L. Rennie (guest-editors), Qualitative psychotherapy research: methods and methodology. Psychologische Beiträge. Contents, 3(43), 33-34, 38-39. Lengerich: Pabst Science Publishers.

Ricoeur, P. (1999). Freud: Una interpretación de la cultura. México: Siglo XXI.

Rohsenow, D. J., Colby, S. M., Martin, R. A., & Monti, P. M. (2005). Nicotine and other substance interaction expectancies questionnaire: relationship of expectancies to substance use. Addictive Behavior, 30(4), 629-641.

Rosenthal, R. (1966). Experimenter effects in behavioral research. New York: Appleton-Century-Crofts. In I. Kirsch (Ed.), How expectancies shape experience. Washington, DC: American Psychological Association.

Roth, A., & Fonagy, P. (Eds.) (2005). What works for whom? A critical review of psychotherapy research. (2nd ed.). New York: The Guilford Press.

Rotter, J. B. (1954). Social learning and clinical psychology. Englewood Cliffs, NJ: Prentice Hall.

Safren, S. A., Heimberg, R. G., & Juster, H. R. (1997). Clients' expectancies and their relationship to pretreatment symptomatology and outcome of cognitive-behavioral group treatment for social phobia. Journal of Consulting and Clinical Psychology, 65, 694-698.

Salazar J, (1992). Estudio epidemiológico del adulto de 20 a 59 años en la zona metropolitana de Guadalajara. Tesis para obtener el grado de Maestro en Ciencias de la Salud Pública. Centro Universitario en Ciencias de la Salud, Universidad de Guadalajara, México.

Sandelowski, M. (2002). Reembodying qualitative inquiry. Qualitative Health Research, 12, 104.

267

Sandler, J. & Davies, R. (Eds.), Clinical and observational psychoanalytic research: Roots of a controversy. London: Karnak Books.

Sandoval, C. C. (2002). Investigación cualitativa. (pp.27-168). Instituto Colombiano para el Fomento de la Educación Superior, ICFES. Recuperado en septiembre de 2007, en http://www.cuantolibro.com/libro/35288/InvestigacionCualitativa.html.

Sartre, P. (1943). El ser y la nada. México: Fondo de Cultura Económica.

Schafer, R. (1976). A new Language for Psychoanalysis. New Haven: Yale University Press.

Schafer, R. (1983). The analytic attitude. New York: Basic Books.

Schutz, A. (1972). Fenomenomelogía del mundo social. Buenos Aires: Paidós.

Seganti, A. (1995). Prototypical expectations of safety. International Journal of Psychoanalysis, 76,1245-1255.

Shapiro, A. K., Struening, E., & Shapiro, E. (1980). The reliability and validity of a placebo test. Journal of Psychiatric Research, 15, 253-290.

Sharan, P., Levav, I., Olifson, S., De Francisco, A., & Saxena, S. (Eds.) (2007). Research capacity for mental health in low and middle-income countries. Results of a mapping project. Global Forum for Health Research & World Health Organization. Consultado el 29 de mayo de 2008, en http://www.globalforumhealth.org/Site/002__What%20we%20do/005__Publications/021__Mental%20Health.php.

Silverman, (2007, October). International Psychoanalytic Association (IPA). Newsletter 4.

Smith, W. D. (2005, Winter). "Phenomenology". The Stanford Encyclopedia of Philosophy. Edward N. Zalta (Ed.). Consultado el 14 de mayo de 2006, en http://plato.stanford.edu/archives/win2005/entries/phenomenology/.

Sotsky, J. (2002). Treatment expectancies, patient alliance, and outcome: Further analyses from the National Institute of Mental Health Treatment of Depression Collaborative

Research Program. Journal of consulting and clinical psychology,.70, 1051-1055. Nov. 4.

Sotsky, S. M., Glass, D. R., Shea, M. T., Pilkonis, P. A., Collins, J. F., & Elkin, I. (1991). Patient predictors of response to psychotherapy and pharmacotherapy: Findings in the NIMH Treatment of Depression Collaborative Research Program. American Journal of Psychiatry, 148, 997-1008.

Starks, H., & Brown, T. S. (2007). Choose your method: A comparison of phenomenology, discourse analysis, and grounded theory. Qual. Health Res., 17, Consultado el 17 de noviembre de 2007, en http://qhr.sagepub.com/cgi/content/abstract/17/10/1372.

Stewart-Williams, S., & Podd, J. (2004). The placebo effect: dissolving the expectancy versus conditioning debate. Psychological Bulletin, 130(2), 324-40. Marzo.

Strauss, A., & Corbin, J. (1998). Basics of cualitative research. Thousands Oaks: SAGE.

Sutton, S. R. (1991). Great expectations: Some suggestions for applying the balanced placebo design to nicotine and smoking. Addiction, 86 (5), 659-662.

Szydlo, K. D. (2000). ¿Qué es la psicoterapia? En Marco A. Dupont Villanueva (comp.), Manual clínico de psicoterapia (pp. 2-16). México: JGH Editores.

Taylor, S. J. y Bogdam, R. (1996). Introducción a los métodos cualitativos de investigación. España: Paidós.

Thesaurus (2006). Recuperado el 25 de mayo de 2008. http://dictionary.reference.com/browse/placebo.

Thomä, H., & Kächele, H. (1988). Teoría y práctica del psicoanálisis. 1: Fundamentos. Barcelona: Herder.

Thomä, H., & Kächele, H. (1975). Metascience and methodology in clinical psychoanalytic research. Annual of Psychoanalysis, 3, 49-122.

Thomä, H., & Kächele, H. (2004). Comparative psychoanalysis on the basis of a new form of treatment report. New Orleans: 43rd IPA Congress. Manuscrito en preparación.

Valerio, S. U. (2006). Las representaciones del tiempo. Segunda parte: Edmund Husserl. La conciencia íntima del tiempo y del tiempo vivido. En: Babel Historias y Metahistorias 3:50-85. México: Limbo Editor Guadalajara. Consultado el 18 de julio de 2007. Recuperado el 14 de julio de 2008, en http://rafaelvillegas. typepad.com/babel/babelo3/index.html.

Van Manen, Max (1997). Researching lived experience. Toronto, Ontario: Best Manufacturers.

Verbeek, J., Sengers, M. J., Riemens, L., & Haafkens, J. (2004). Patient expectations of treatment for back pain: A systematic review of qualitative and quantitative studies. Spine., 29(20), 2309-2318.

Volkow, N, D., Wang, G. A., Ma, Y., Fowler, J, S., Zhu, W., Maynard, L., Telang, F, Vaska, P., Ding, Y. S, Wong C., Swanson, J. M. (2003). Expectation enhances the regional brain metabolic and the reinforcing effects of stimulants in cocaine abusers. Journal of Neurosciense, 23(36), 11461-11468.

Volkow, N. D., Wang, G. A., Ma, Y., Fowler, J. S., Wong, C., Jayne, M., Telang, F., & Swanson, J. M. (2006). Effects of expectation on the brain metabolic responses to methylphenidate and to its placebo in non-drug abusing subjects. Neuroimage, 32(4), 1782-1792.

Wallerstein, R. S. (1989). Psychoanalysis: The common ground. International Journal of Psychoanalysis, 46, 845-956.

Wallerstein, R. S. (1998). Grounded theory. New York: New York Press.

Wallerstein, R. S. (2000). Forty-two lives in treatment: A study of psychoanalysis and psychotherapy. New York: The Other Press.

Weinberger, J., & Eig, A. (1995). The common factors dilemma. Clinical Psychology: Science and Practica, 2, 45-69.

Weinberger, J., & Eig, A. (1999). Expectancies: The ignored common factor in psychotherapy. In I. Kirsch (Ed.), How expectancies shape experience (pp.357-382). Washington, DC: American Psychological Association.

Weiss, J., Sampson, H., & The Mont Zion Psychotherapy Research Group (1986). The psychoanalytic process: Theory, clinical observation, and empirical research. New York: Guilford,

Westen, D., & Gabbard, G. (2002). Developments in cognitive neuroscience. II: Implications for theories of transference. Journal of American Psychoanalytic Association, 50(1), 99-133.

Wilhelm, K., Wedgwood, L., Malhi, G., Mitchell, P., Austin, M. P., Kotze, B., Niven, H., & Parker, G. (2005). Great expectations: Factors influencing patient expectation and doctors recommendations at a mood disorders unit. Journal of Affective Disorders: 1, 88(2), 187-192.

Winnicott, D.W. (1998). Los bebés y sus madres. Buenos Aires: Paidós.

Wolfe, B. E., & Goldfried, M. R. (1988). Research on psychotherapy integration: Recommendations and conclusions from an NIMH workshop. Journal of Consulting and Clinical Psychology. 56, 448-451.

Yelland, M. J., & Schluter, P.J. (2006). Spine section research defining worthwhile and desired responses to treatment of chronic low back pain. Research Pain Medicine, 7(1), 38-45.

Young, J., Tschudi, P., Hugenschdmidt, C., Welgelüssen, A., & Buscher, H. C. (2005). Patients expectations about the benefit of antibiotics treatment: Lessons from a randomised control trial. Forsch Komplementärmedizin Klassiche Naturaheilkunde, 12(6). Switzerland: Institut für klinische Epidemiologie.

ANEXOS

ANEXO 1. Carta-invitación al analista

Por la presente tengo el gusto de invitarle a participar en una investigación titulada EN EL AMANECER DE LA ESPERANZA. CÓMO SON LAS EXPECTATIVAS DE PACIENTES EN PSICOANÁLISIS Y EN PSICOTERAPIA PSICOANALÍTICA. El objetivo es conocer cómo son las expectativas de pacientes en el tratamiento psicoanalítico y la psicoterapia psicoanalítica.

Su participación es esencial. Si usted acepta colaborar, debe invitar a participar a cualquier paciente que solicite tratamiento en el curso del mes que reciba esta carta, y mostrarle al paciente la carta que adjunto a ésta. En ella se le explica que necesitamos hacer una entrevista personal para conocer su punto de vista sobre las expectativas que él / ella tiene hacia su tratamiento, con el fin de tratar que éstas puedan ser satisfechas en el curso del mismo.

Anexo a usted el resumen del protocolo, que puede ser extendido al paciente para su completa información.

Quedo muy atentamente a sus estimables órdenes.

Socorro Ramonet Rascón
Reforma 1758, Col. Ladrón de Guevara
Tel. (33) 36164706
Guadalajara, Jalisco, México

ANEXO 2. Resumen del protocolo

4 de mayo de 2006
Socorro Ramonet Rascón

Título: EN EL AMANECER DE LA ESPERANZA.
Subtítulo: CÓMO SON LAS EXPECTATIVAS DE PA-
CIENTES EN PSICOANÁLISIS Y PSICOTERAPIA PSI-
COANALÍTICA.
Palabras clave: Expectativas, tratamiento/proceso, psi-
coanálisis y paciente.

INTRODUCCIÓN Y JUSTIFICACIÓN
La pregunta de investigación está enfocada a encontrar
cómo son las expectativas de pacientes en psicoanálisis y
en psicoterapia psicoanalítica al iniciar el tratamiento.
Se estudiarán las expectativas que los pacientes comunes tienen al inicio de su tratamiento psicoanalítico o de
psicoterapia psicoanalítica, hasta llegar a comprender el
punto de vista del paciente.

PROBLEMA DE INVESTIGACIÓN
El problema metodológico es encontrar un medio para
estudiar los componentes de las expectativas en los pacientes.

PREGUNTA DE INVESTIGACIÓN
Pregunta principal: ¿Cómo son las expectativas de pacientes en el tratamiento psicoanalítico y la psicoterapia
psicoanalítica?

MARCO TEÓRICO
Se inscribe en la perspectiva psicoanalítica de la escuela
inglesa actual y la teoría de la mente y del apego (Fonagy,

2001 y Fonagy et al., 2007), así como en la perspectiva fenomenológica tradicional (Merleau-Ponty, 2000) para el diseño metodológico.

En este vértice es donde se estructuran las expectativas, junto con las funciones de anticipación y predicción.

ANTECEDENTES

Existen pocos estudios desde la perspectiva teórica fenomenológica interpretativa, pero los hay y la mayoría son psicoanalíticos.

Dentro del marco de la teoría del aprendizaje, la psicología cognitiva ha hecho valiosas aportaciones, sobre todo bajo la influencia de Kirsch (1999).

El psicoanálisis ofrece explicaciones fehacientes (Fonagy et al. 2007)

PERSPECTIVA

Mi perspectiva es fenomenológica y psicoanalítica, lo cual implica que intentaré hacer preguntas a los entrevistados acerca de cómo ven ellos sus expectativas sobre el tratamiento, y suspender mi juicio totalmente respecto a sus aseveraciones, tratando de comprender su punto de vista para entender lo más heurísticamente posible sus respuestas.

OBJETIVO

Conocer cómo son las expectativas de pacientes en el tratamiento psicoanalítico y la psicoterapia psicoanalítica, para entender sus implicaciones en él.

MÉTODO

1. Tipo de diseño: Cualitativo, con orientación teórica fenomenológica interpretativista (heurística) y análisis temático.

276

2. Informantes: Los informantes serán los pacientes que acudan a solicitar tratamiento con los analistas que acepten colaborar con esta investigación. Los analistas serán informantes sólo para hacer llegar la invitación al paciente.

Los criterios para la inclusión de pacientes serán: Tratamiento iniciado con no más de tres meses de sesiones en su haber, edad mínima de 18 años y máxima de 65 años, cualquier sexo y sin perturbaciones neurológicas, esquizofrenia, bipolaridad, anorexia con desnutrición, adicciones, psicopatías, sociopatías, o psicosis. Nivel escolar mínimo de 3° de secundaria, sin importar el máximo.

Los criterios de inclusión para invitar a los analistas de Guadalajara, México, Monterrey, Veracruz y Tuxtla serán: Ser candidato a analista en 2° grado de entrenamiento, analista graduado o con experiencia (se aceptarán todos los que quieran participar en la investigación, sin importar su grado de experiencia). Pertenecer a la Asociación Psicoanalítica Mexicana, Sociedad Psicoanalítica de Occidente, Asociación Regiomontana de Psicoanálisis, Sociedad Psicoanalítica de México o Asociación Mexicana de Psicoterapia Psicoanalítica, todas ellas miembros de la Asociación Psicoanalítica Internacional (IPA por su nombre en inglés).

En una primera intención se desea obtener cinco pacientes de psicoanálisis y otros cinco de psicoterapia psicoanalítica.

3. Técnicas de obtención de los datos

Se usará entrevista cualitativa, semiestructurada (Taylor & Bogdam, 1996), con una lista de preguntas focales, standards, de final abierto, para los pacientes (anexo 1) y un cuestionario (anexo 2) para datos epidemiológicos.

Las entrevistas serán realizadas, audiograbadas y transcritas por mí.

Los cuestionarios proporcionarán información epidemiológica para identificar a los pacientes y analistas desde su propio contexto y para establecer los criterios de inclusión. El lugar de las entrevistas será una oficina privada, habilitada en cada ciudad.

La información obtenida será específica con relación al tema de las expectativas, de acuerdo con Hudelson (1994).

4. Trabajo de campo

Inicio de trabajo de campo (octubre de 2006).

ANEXO 3. Carta-invitación al paciente y forma de consentimiento

Estimable Sr. / Sra../Srita.:

Por la presente tengo el gusto de invitarle a participar en una investigación titulada EN EL AMANECER DE LA ESPERANZA. CÓMO SON LAS EXPECTATIVAS DE PACIENTES EN PSICOANÁLISIS Y EN PSICOTERAPIA PSICOANALÍTICA.

El objetivo es conocer cómo son las expectativas de pacientes en tratamiento psicoanalítico y la psicoterapia psicoanalítica.

Su participación es esencial. Si usted acepta colaborar, me permitirá tener una entrevista personal con usted, donde podré responder a todas sus preguntas con el fin de clarificar el procedimiento. Esta primera entrevista puede ser hasta de 90 minutos. Usted puede llamar por cobrar al teléfono citado abajo para concertar la cita.

Adjunto un breve resumen del protocolo, para su cabal información.

Quedo a su disposición en la siguiente dirección:

Dra. Socorro Ramonet Rascón
Reforma 1758, Col. L. de Guevara
Tel. (33) 36164706
Guadalajara, Jalisco, México.

Consentimiento informado

Proyecto institucional de investigación: EN EL AMANE-
CER DE LA ESPERANZA. CÓMO SON LAS EXPECTATI-
VAS DE PACIENTES EN PSICOANÁLISIS Y EN
PSICOTERAPIA PSICOANALÍTICA.

Después de haber sido invitada(o) por mi analista
_____ e informada(o) por esa
carta de los propósitos, objetivos y procedimientos del proyecto, doy mi total consentimiento para ser entrevistada, y
también que esa entrevista sea audiograbada, por la Dra.
Ramonet cuando menos una vez, y contestar los cuestionarios necesarios. Yo también consiento que el material de
estas entrevistas y cuestionarios sea usado posteriormente para los propósitos científicos del estudio. Yo estoy
informada(o) de todas las protecciones éticas (archivos
personales de la Dra. Ramonet) usadas con el fin de pre-
servar la confidencialidad y privacía de las entrevistas y
cuestionarios y el manejo de datos, y soy consciente de
que en cualquier momento yo puedo rehusar continuar co-
laborando en esta investigación en el caso de que no me
sienta confortable durante las entrevistas.
Nombre y firma del paciente (en código) _____
Nombre y firma del analista _____
Nombre y firma del investigador principal _____

Quedo a su disposición en la siguiente dirección:

Dra. Socorro Ramonet Rascón
Reforma 1758, Col. L. de Guevara
Tel. (33) 36164706
Guadalajara, Jalisco, México.

ANEXO 4. Base teórica para fundamentar la guía de las entrevista

Esta entrevista se realiza para investigar algunos conceptos tomados de Jones (2000) y de Fonagy (2001); es un instrumento de investigación actual en psicoanálisis. Jones establece una guía de 100 temas que deben ser investigados para saber si la sesión psicoanalítica contiene los elementos indispensables para que sea exitosa. Entre ellos se encuentran algunos que son relevantes, y se refieren a las expectativas. Fonagy describe los aspectos de la teoría del apego que se manifiestan en toda interacción humana. Los ítems tomados de Jones son los siguientes:

4: Se discuten los objetivos del paciente en el tratamiento. Indique como característico si lo hablado es acerca de los deseos que el paciente quiere alcanzar como resultado de la terapia. Estos deseos u objetivos pueden referirse a "cambios" internos (por ejemplo, "Yo inicié terapia para quitarme mis depresiones) o a cambios en la circunstancia de la vida (por ejemplo, "Me pregunto si la terapia resultará en que yo me case"). Indique como no característico si el terapeuta o el paciente no hacen referencia o aluden a las posibles consecuencias de la terapia.

52: El paciente se apoya en el terapeuta para resolver sus problemas. Indique como característico si el paciente parece presentar sus problemas al terapeuta en una manera que sugiere esperanza o expectación de que el terapeuta ofrecerá sugerencias específicas o consejo para encontrar el camino hacia una solución (por ejemplo, el paciente presenta incertidumbre sobre si debe o no romper con una pareja romántica, y le pregunta al terapeuta si debe hacerlo o no). Tenga en cuenta que la demanda de una solución no siempre es dicha explícitamente sino que puede estar implícita en la manera en que el paciente discute el problema. Indique como no característico si el paciente no parece apoyarse explícita o implícitamente en el terapeuta para resolver problemas.

55: El paciente comunica expectativas positivas acerca de la terapia. Expresa la esperanza o expectación de que la terapia será de ayuda. Un lugar más extremo en esta dirección indica que el paciente expresa expectativas positivas no realistas (por ejemplo, que la terapia resolverá todos sus problemas y lo protegerá contra dificultades futuras), o cuando comunica la esperanza de que la terapia podría ofrecer resultados rápidos. Indique como no característico si el paciente expresa críticas a la terapia (por ejemplo, comunica un sentimiento de decepción de que la terapia no es efectiva o gratificante). Un lugar más extremo se indica cuando el paciente expresa escepticismo, pesimismo o desilusión acerca de lo que puede ser alcanzado en la terapia.

72: El paciente entiende la naturaleza de la terapia y su expectativa. Si se indica un lugar hacia el extremo característico, refleja la extensión en la cual el paciente parece comprender lo que es esperado de él en la situación y lo que sucederá en la terapia. Si se indica un lugar hacia el extremo no característico, sugiere que el paciente está incierto, confundido o comprende mal su rol en la terapia y lo que es esperado en la situación.

ANEXO 5. Reglas de trascripción de las entrevistas

1. Notas al inicio del documento e intermedias.
Utilizar el símbolo + al inicio del renglón con la nota. Ya sea que se trate de cambio de cinta o algún evento que requiera que se establezca una nota en la trascripción. Ejemplo:
+ Entrevistado el día 18 de abril de 1998.

2. Intervención de los interlocutores.
Siempre que uno de los interlocutores intervenga en la entrevista, escribir las iniciales de su nombre y su apellido, seguidas de dos puntos y tres espacios libres, al inicio del primer renglón de su intervención. Ejemplo:
RL: Ésta es mi casa desde...

3. Sobreposición.
Cuando uno de los interlocutores está hablando y el otro dice algo de manera simultánea, se utilizan los corchetes cuadrados para delimitar lo que dice el que se sobrepone. Ejemplo:
Cuando yo estaba [FM: Pero eso puede ser cierto] cargando una maleta

4. Silencios
Los silencios entre las intervenciones de un interlocutor o entre interlocutores se escriben mediante puntos suspensivos, donde cada punto representa un segundo. Si la pausa es muy prolongada se coloca el número de segundos entre paréntesis. Ejemplo:
Me parece que no ... esto es cierto (25).

5. Falta de claridad.
Si la palabra escuchada no se escucha claramente, se

coloca entre paréntesis. Si son palabras ininteligibles se usan puntos entre paréntesis. Ejemplo:

(gripa) el otro día.

No me parece que (...) por eso

6. Interrupciones.

En el caso en que el interlocutor que esté hablando interrumpa su discurso o sea interrumpido por el otro, se marca con un guión inmediato justo después de la letra o palabra en que se dio la interrupción. Ejemplos:

Esta enfermedad no tiene-

Hace como venti-

7. Expresiones.

Cuando se trata de una pregunta, usar los signos de interrogación (preferentemente el de apertura y el de cierre, o mínimo el de cierre). Ejemplo:

¿Le parece que sí?

Usar el signo de admiración cuando lo requiera la expresión o cuando se eleva la voz (preferentemente el de apertura y el de cierre, o mínimo el de cierre). Ejemplo:

¡Qué interesante!

8. Citas textuales.

Cuando el interlocutor hace referencia a lo dicho textualmente por él u otra persona, el texto se colocará entre comillas. Ejemplo:

Él me dijo "Mejor ve a que te atienda" para que no me sintiera mal.

9. Intervención de desconocidos.

Cuando intervenga en la entrevista otra persona cuyo nombre no se conozca, escribir el dato que se tenga a la

mano en la entrevista (en mayúsculas). Ejemplo:
ESPOSO: ..., NIETO: ..., OTRO: ..., etc.

10. Alargamiento de una palabra.

La prolongación de una sílaba o una palabra por más de un segundo se marca con un guión: Ejemplo:
¡Sí co-ómo no!¬¬

11. Expresiones de asentimiento o de admiración.

Dependiendo de la entonación y el tiempo que tarde la expresión, este tipo de expresiones se escriben con letras "emes", "haches" o "ajás" o las que se requieran. Ejemplo:
Mmmmh, mhhh, mmmm, ajá, aha, uuuy, hey, aaah, etc.

12. Ruidos o eventos durante la entrevista.

Los ruidos que se suscitan alrededor de la entrevista y que llegan a ser lo bastante fuertes como para interrumpir la conversación o dificultar la percepción de quien transcribe, son reportados entre paréntesis. Ejemplo:
(ladrido de un perro), (ruido de motor), (alguien saluda), etc.

13. Sonidos extralingüísticos y expresiones de algún sentimiento de los interlocutores.

Cuando alguno de los interlocutores hace algún sonido que no corresponde a la conversación o que es parte de una expresión sentimental, se reporta entre paréntesis. Ejemplo: (carraspea), (tose), (llora), (ríe), etc.

14. Reporte de números.

Las cifras del uno al diez se escriben con la palabra correspondiente, y del 11 en adelante se escriben con números. Ejemplo:
Uno, dos tres, etc.

25, 37, 102, etc.

15. Jerga y palabras peculiares de los entrevistados.
Las palabras se deben escribir tal y como las pronuncia el interlocutor. Ejemplo:
Pos, orita, pa'rriba, pa'llá, etc.
Diabetis, indieción, etc.

16. Palabras homófonas
Las palabras homófonas deben ser bien diferenciadas de acuerdo a contexto lingüístico. Ejemplos:
Ahí – allí – hay Allá – haya

ANEXO 6. Ejemplo de un cuadro concentrador del resultado del análisis de la narrativa de una paciente (Nadia)

Clave del paciente	8- 03/5/07 **NADIA**
Etiqueta ET (*expectativa* sobre el tratamiento)	aclarar la relación con mi madre - ajá- al grado de que a mí ya no me afecte, por otro lado, lograr mi independencia emocional - mjum-
Relación con el padre	mi papá, pos era al que más veía porque llegaba más temprano a casa [después] una gran rabia con mi papá, yo no me llevaba bien con la esposa de mi papá, pero la toleraba ¿no? yo viví con mi papá al año y medio de que se divorciaron, me sentí muy desplazada, sin casa sin hogar,
Identificación Edipo	yo era la princesa de papá
Relación con la madre	mi mamá, pues indiferente, porque casi siempre trabajaba (_) más bien, siem-siempre trabajó y nunca estaba en casa, mi mamá es una mujer muy difícil
Transferencia al analista/entrevistadora	detesto los psiquiatras pero con la-a doctora Abigail te sientes en confianza, puedes hablar, me ha ayudado mucho me ha ayudado a ver cosas que yo no había visto y que no quería ver, y cosas que dices, no me dice lo que yo quiero escuchar me hace pensar lo que yo estoy diciendo - ajá- no hay un juicio, - ajá-no hay una actitud... agresiva, no hay una actitud de " te estoy estudiando"
Experiencias pasadas influyen en su presente	¡En muchas! Porque no aprendí a-a sobarme, no aprendí a llorar, no aprendí nada, después de sentirte en una burbuja de cristal y después te dicen "No es cierto, no existe esa burbuja" y te topas con la realidad, pues obviamente no te agrada y estás peleada con muchas cosas

Expectativas sobre el resultado y el proceso del tratamiento	soy border, estoy mal, estoy loca, tengo un trastorno de personalidad y soy un alto alto riesgo y-y de ahí, dije, bueno, si lo soy o no lo soy, yo sí quiero saber ¿no? Si lo soy, hay que tratarlo, y si no lo soy, entonces que ya me dejen en paz -mjum-
Usa las propias habilidades en el proceso	*Cumpliendo, siendo honesta (_) digo, me puedo callar y contar mil historias, ¿no? y quién sabe si sean verdad (_) pero-o a mí me interesa estar bien y la única manera que lo puedo hacer es siendo honesta, siendo puntual, cumpliendo – mjum*

ANEXO 7: Ejemplo de un cuadro concentrador del resultado del análisis existencial de una paciente (Olivia) (siguiendo a Martínez, 1996).

Relacionabilidad

PREGUNTAS-DIMENSIONES	TEMA ACLARADO: Relación consigo misma	EVENTO-SUJETO: OLIVIA
Quién y con quién actuó	Agentes o actores	Consigo misma: "Soy muy insistente, o sea, soy como muy perseverante (_) a pesar de mis broncas, de mis problemas, miedosa"
Qué hizo	Acto o acción realizada	"Me independicé"
Cuándo y dónde	Escena de la acción (tiempo, contexto)	"Hace tres años, cuando no pude más, me salí de la empresa familiar, entré en la escuela de Psicología"
Cómo y con qué medios	Calidad, estilo, manera y medios	Con muchos conflictos
A que nivel psicológico actuó	Nivel de conciencia y responsabilidad	Intuitivo, con responsabilidad hacia ella misma
A quién fue dirigido el acto	Dirección de la acción	A ella misma
Por qué lo realizó	Motivación	Porque se sentía vejada, explotada
Qué significa	Elementos existenciales	Su lucha por ser independiente

www.ingramcontent.com/pod-product-compliance
Lightning Source LLC
Chambersburg PA
CBHW062202270326
41930CB00009B/1620